马克思主义新闻观
教育统编教材

丛书主编　李昌文
　　　　　常　庆

马克思主义新闻观

主　编　刘明洋
副主编　张晓雪　徐苒

山东大学出版社
SHANDONG UNIVERSITY PRESS
·济南·

图书在版编目(CIP)数据

马克思主义新闻观 / 刘明洋主编.—济南:山东大学出版社,2022.5(2025.8 重印)
马克思主义新闻观教育统编教材 / 李昌文,常庆主编
ISBN 978-7-5607-7443-5

Ⅰ.①马… Ⅱ.①刘… Ⅲ.①马克思主义—新闻学—教材 Ⅳ.①A811.67

中国版本图书馆 CIP 数据核字(2022)第 065548 号

策划编辑 滕希功
责任编辑 谭婧婺
封面设计 张 荔

出版发行 山东大学出版社
社 址 山东省济南市山大南路 20 号
邮政编码 250100
发行热线 (0531)88363008
经 销 新华书店
印 刷 山东和平商务有限公司
规 格 720 毫米×1000 毫米 1/16
14.5 印张 265 千字
版 次 2022 年 5 月第 1 版
印 次 2025 年 8 月第 4 次印刷
定 价 42.00 元

前　言

“马克思主义新闻观”是国内高校新闻传播学科各个专业的必修课。对于未来的新闻传播从业人员来讲，只有树立正确的马克思主义新闻观，才能站得稳立场、经得住考验、写得好文章，才能成为一名合格的新闻工作者。

近年来，国内许多专家学者结合自身学术积累与实践经验，出版了一些有关马克思主义新闻观的教材。与这些教材相比，本书最大的创新之处在于从“十大关系”入手全面解读马克思主义新闻观。具体来说，本书大体包括以下三个方面的内容。

一、马克思主义新闻观的时代背景

学习马克思主义新闻观，以及对马克思主义经典理论的掌握，其根本目的都是用来指导我们当下及未来的新闻传播实践。通过学习马克思主义新闻观的基本理论、基本观点，掌握它的基本方法，可以有效地在新闻传播实践中分析问题、解决问题。但在这之前还有一个重要的前提和基础，就是了解和掌握马克思主义新闻观的时代背景。

本书围绕“媒介化社会”“大数据传播”“智能化趋势”三个词汇，并从新闻变革、媒体变革、受众变革、舆论变革四个维度，对马克思主义新闻观面临的时代背景进行了全面阐释。

二、马克思主义新闻观的哲学基础

任何一种成熟的理论和思想都具备体系性。马克思主义新闻观与马克思主义理论在其他领域（如社会理论、政治经济学理论等）的贡献一样，也具有完整的体系。同时，马克思主义新闻观又是马克思主义丰富思想体系的一个组成部分，与其哲学理论、经济学理论、社会学理论、法学理论甚至是政治学理论都具有高度关联性。全部的马克思主义思想体系是一个既相互关联又相互渗透的统一体。

学习一种理论，除了要掌握其基本原理之外，还要学习掌握其认识论与方法论，并将认识论与方法论用于指导实践工作，这是避免在学习过程中可能出现的教条主义和本本主义的有效方法。因此，本书专门从“三观”“三论”共六个视角讲述了马克思主义新闻观的哲学基础，并将其与新闻传播工作的实践相结合。“唯物观”视角，从马克思主义唯物论出发，提出用物质决定意识规律认识新闻传播的本质；“辩证观”视角，提出对立统一法则制约新闻传播机制；“发展观”视角，提出量变质变规律影响新闻传播价值判断；“动力论”视角，提出人民在历史中的主体地位决定人民是新闻事业的动力；“认识论”视角，提出经济基础与上层建筑的互动规定新闻事业的性质；“方法论”视角，提出从事物的普遍联系视角考察人类社会交往的必要性。

三、马克思主义新闻观的“十大关系”

马克思主义新闻观内容丰富，涉及党的新闻事业的方方面面，也涉及具体新闻工作的各个方面。为更好地理解与把握马克思主义新闻观丰富的内容体系，本书从十个方面具体阐释马克思主义新闻观的不同内容，并确定为“十大关系”。书中分析每一对关系，都采用了从历史到现实、从理论到应用的视角，既体现马克思主义新闻观核心理论问题的不断发展，也体现马克思主义新闻观在新闻传播实践中的不断创新。

“十大关系”分别对应了新闻工作多个方面的问题。“党的事业与新闻工作”“党性与人民性”“新闻自由与宣传纪律”“正面宣传与舆论监督”“大局意识与本地思维”“事实表象与新闻本质”“新闻伦理与职业使命”“社会效益与经济效益”“新闻事业与人才队伍”“普遍原理与中国特色”，这十大关系分别对应了新闻使命、新闻原则、新闻规范、新闻导向、新闻能力、新闻真实、新闻责任、新闻价值、新闻队伍、新闻创新这十个方面的问题。

本书的框架，特别是对于马克思主义新闻观“十大关系”的阐释，目的是为在新时代背景下学习、掌握和运用马克思主义新闻观提供一种更加有效的方法和路径。应该说，这是一次全新的尝试，既具有创新性，也具有挑战性。

编　者

2022 年 4 月

目　录

第一章 马克思主义新闻观的时代背景

学习新闻传播学中的任何一个经典理论，其根本目的都是用来指导当下或未来的新闻实践，通过学习基本理论、基本观点，掌握基本方法，进一步用于分析问题、解决问题。如果我们不能够掌握合理的、科学的、求真务实的方法，就很难做好新闻传播工作。除了理论学习，还要从事具体的新闻实践，这就需要我们了解当下新闻传播的发展状况及其特点和新的规律。因此，要理论联系实际，将当下和未来的新闻传播实践与马克思主义新闻思想的基本立场、观点、态度、方法相结合，才能更好地学习理解马克思主义新闻观。

第一节 时代背景中的三个关键词

马克思主义新闻观的时代背景主要围绕着三个词汇展开，一是媒介化社会，二是大数据传播，三是智能化趋势。

一、媒介化社会

当下，我们已经进入了高度媒介化的社会，其重要表现之一是媒介与每一个人的关联度、关切度越来越高，我们每个人、每一天都在利用媒介从事各种各样的工作。例如，疫情期间的网络授课是通过互联网媒介实现的，现代人人手一部的手机也是一种媒介。经典的大众传播学，便是以媒体与大众为基本研究对象。关于现代媒体的分类，一般认为第一代媒体是纸媒，第二代是广播，第三代是电视，第四代是互联网。但互联网不仅仅是媒体，还是一个工具、一个平台。当今社会，人们基于互联网形成的新的媒体传播方式来进行信息交流。

媒体与媒介高度关联，但媒介的概念外延要大于媒体的概念外延。随着技术的发展，当下各个学科、各个领域都离不开信息的传播，由此我们发现很多过去没有被列入大众传媒领域的介质，现在已经成为了具有重要传输功能的媒介，这就是万物皆媒——一切物质都成为一种媒介、一种介质。教室里黑板是媒介，桌椅亦是媒介。走在马路上，高墙耸立，楼宇密布，霓虹闪耀，这些都是媒介。甚至作为个体的人，当他表现出喜怒哀乐时，也是在传递某种信息的媒介。因此，当下媒介化社会高度发展的重要原因，首先是媒体的高度发展，其次则是媒体技术在各个领域的广泛应用。

从 20 世纪八九十年代的模拟信号移动电话到 2G 甚至 3G 时代的数字信号移动电话，手机仅仅是一个通信工具。而现在手机早已突破了通信工具，成为了移动终端综合体，或者说移动的介质。除了通信之外，手机还被用来学习、打游戏、追剧、购物等。此外，手机作为一种新的媒介方式，也改变了媒介与每一个人之间的关系。当下的生活离不开手机。疫情期间，进入很多公共场所需要用手机出示健康码，查询过去 14 天的行程需要手机提供行程码，这些都是通过手机来完成的。因此，传统的通信功能在手机应用中的占比越来越低。原因在于，作为一种新的媒介，它已经彻底改变了人们与过去大众传媒之间的关系。依靠手机，人们可以解决很多其他过去通过传统媒介无法解决的问题。

媒介化社会的另一个重要特征是媒介与社会之间的关系发生了改变。我们每个人都生活在不同的社会组织、社会结构、社会关系中，媒介的一个重要功能就是在不同的关系主体之间建立关系。新的媒介技术改变了社会的运行方式，改变了社会的发展模式，改变了社会的基本生产力和生产关系。新闻生产过程中也存在生产力和生产关系。每一位新闻记者、新闻编辑乃至社会中的每一个人都是新闻生产力的重要元素。全媒体社会中，每个人都是新闻人。当人人都是新闻参与者、新闻制作者的时候，新闻生产力的主体到底由哪些人来构成呢？曾经有人做过调查，每年全国十大热点话题中，有多少是传统的主流媒体、职业新闻人采写报道的，有多少是由在社交媒体、公共媒体平台上的自由新闻人制作出来的。统计后发现，后者所占的比重越来越高。其原因在于，在当下的传播场域中，自媒体新闻人的比例越来越高，新闻的大众化程度越来越高。

二、大数据传播

大数据根本地改变了我们的社会形态，改变了我们每个人的生存方式、生活方式和工作方式。

以网购为例，网民的全部购物信息都会在网购平台存留，进而平台可以依据浏览痕迹和购物信息对个人进行网购行为画像，并对个人喜好等许多方面做出准确判断。互联网的虚拟空间，给每个网民创造了一个在现实世界中无法实现的梦想，而这种梦想是靠大数据去实现的。大数据分析技术可以有效地帮助企业进行品牌画像，帮助个人进行形象画像。类似的行为都是大数据带来的传播变化。

未来的新闻人如果只具备写作技能，不熟悉包括大数据、短视频等技术方面知识的话，那么将很难成为一个优秀的甚至称职的新闻人。近些年，国内新闻传播类院系纷纷增设了新媒体制作、数据挖掘分析、计算机编程等课程，并且引进了众多具有计算机等相关背景的专业人才。所有这一切说明，仅仅注重人文素养方面的培养是不够的，未来的新闻人还必须具备相当深厚的技术素养。

三、智能化趋势

当今社会已经进入智能媒体时代，智能媒体无处不在。例如，各大网络新闻平台的算法新闻、AI新闻等，这些智能化新闻已经开始改变我们的生活。美国《纽约时报》以有影响力的财经新闻而著称。多年以前，《纽约时报》就已经开始尝试用智能机器人撰写财经报道，并考察它的受欢迎程度能否比肩线下记者所撰写的内容。经过比较发现，机器人撰写的报道比记者的报道更有深度，对数据的挖掘和分析更有说服力，因此也更受读者欢迎。但是，《纽约时报》在尝试用机器人撰写其他类型报道时，有的类型却得到了相反的结果。以体育报道为例，《纽约时报》发现机器人写体育报道明显不如真实记者写得好。究其原因，是因为记者所写的体育报道往往会给人以强烈的现场感，而机器人所写的内容相对比较理性，无法用词库以外的词汇进行情绪化、情感化报道。类似的例子还有很多。当下的智能新闻机器人只能通过将词库中已有的词汇进行组合来写作，而在不远的未来，智能机器人也许会具有思维功能，具有自我创新性，可以进行自我变革、自我更新。

在2017年乌镇举办的世界互联网大会上，苹果公司CEO蒂姆·库克曾表达过，当我们的技术高度智能化的时候，它会改变人的思维方式，人们会变得懒惰，人们的创新能力会变得薄弱。例如，在没有导航的时代，人们开车需要对道路进行不断记忆，而现在，我们打开导航输入目的地，后台系统会马上规划出行车路线，甚至不止一条。这使得我们失去了思考的必要性，路线记忆的能力便开始减弱。在当下社会环境中，人们的很多方面正在经历着这种变化。智能化的出现改变了人的思维能力和创新能力，但这并不是最可怕的。蒂姆·库克还提到，可怕的不是人像机器一样思考，而是机器像人一样思考。这才是许多专家最为担心的事情，机器有了人的思维，不断地自我更新、自我创新、自我演变，那么人类的未来会走向哪里？

第二节　当代新闻传播的四重变革

一、新闻变革

（一）新闻标准变革

1.真实性挑战

传统新闻有严格的新闻标准，包括真实、客观、公正等。现在，通过互联网平台和各种客户端去阅读新闻，接受一些平台媒体推送的新闻，以及广泛阅读互联网上各种信息的时候，人们对信息的真实性是否还能做出基本的判断？在海量的互联网信息面前，我们每天可以接触、阅读到的只是极其有限的内容。近些年，传播学中出现了“信息海洋”的概念，之后又出现了“信息孤岛”，这就是传播中的“茧房效应”。人们面临的信息量越大，越不知道有效的、真实的信息在哪里。

以搜索为例，通过百度搜索一个关键词，会检索到若干相关信息，一篇文章也可以关联到成百上千篇其他文章。在信息量过载的情况下，很难实现信息的精准搜索，反而使我们难以获取真实的有效信息，这对新闻真实性就产生了挑战。传统主流媒体不能像自媒体一样随便刊发各种不负责任的信息，在刊发信息时往往比较慎重。即便如此，近些年媒体的反转新闻、虚假新闻也依然时常出现。这些虚假新闻结构很完整，导语、过程、结果都具备，甚至跟帖回复的论据也很充分，许多人就会把类似的假新闻当作真实的新闻报道。究其原因，还是因为我们没有起码的判断能力。

2.公信力挑战

新闻真实性的挑战带来的另外一个问题是:媒体还有公信力吗?过去有一种说法是“有图有真相”,现在有图有人,但尚不知真相在何处。这就是客观性的问题。新闻媒体客观性的一个重要标准是态度和立场,新闻媒体的新闻态度、新闻立场、新闻观点,要代表绝大多数人的公共利益,要追求公共利益的最大化,而不应以某个人的个体利益或媒体单位的商业利益为目标。现在的网络空间中,有很多人在发泄情绪、批评谩骂、唤起同情,甚至无端“怼人”。作为个体的人,在网络上宣泄个人情感甚至获取某种利益,究竟是代表了个人的立场、观点、态度,还是代表了绝大多数公众的立场、观点、态度?如果不能代表大多数人的利益,就不是客观的。如此便缺乏公信力,因为客观的基本标准是必须站在公众的立场上,必须尊重大多数社会公民的利益。所以在传统媒体时代,新闻媒体也被称之为大众传媒,被看作社会公器,可以用于推动社会发展。

3.理性问题

社会一直在呼唤网络理性,但即便是在大数据时代,分析结论也不一定具有完全的理性和科学性。第一,网络理性取决于数据采集方式和数据源。某些数据公司宣称掌握全网数据,但数据本身是在随时随地更新的,更新速度以秒计算。也就是说,上一秒的网络数据跟下一秒的网络数据都有可能发生很大变化,关于某个话题的数据又会增加很多。因此,获得全网数据是非常困难的。第二,获取数据后要清理掉对得出结论没有太多作用的数据,特别是对实现某种目的不利的数据,更有可能被率先清理。例如,某市房地产市场走势调查数据显示,预计过了某月,该市房价将会出现大幅度上涨,这里面有各种数据、表格的支撑。如果只看这则新闻本身,很多人可能就会盲目跟风,最终导致投资失败。道理很简单——这个结论的得出完全是基于某些商家的商业目的。因此,许多新闻的数据、图表、H5等做得再漂亮,也不一定是理性的和具有科学性的。

4.回归新闻

当前媒体环境中,娱乐新闻经常占据新闻头条,各类明星频繁成为报道对象。新闻媒体在选择新闻的标准和新闻价值的判断上发生了偏差,新闻被过度娱乐化、媚俗化、低俗化。这些年,网络技术的发展使得在新闻传播中互动性、参与性越来越常态化,“饭圈”文化、粉丝文化中的媒体崇拜和偶像崇拜已经到达极致。这与国家主张的社会主义核心价值观、优秀传统文化相脱节,类似的内容必须加以治理。一个良好的舆论生态、舆论环境,绝不能是以偶像明星为中心建构的。有媒体报道,某些歌手靠假唱一场收入上百万,而那些为祖国和社会的发展作出巨大贡献的科学家却鲜为人知,收入水平也难以与前者相比。如此对比,社会的公平何以体现?因此,我们需要反思的是,社会整体理想是什么?社会的价值观是否发生了偏差?社会的分配方式是否发生了扭曲?近些年,媒体的新闻报道出现了一种超越理性、违反理性的现象,国家因此对一些头部媒体平台进行了限制,包括取消它们的新闻发布权,使之影响力大大降低。

新闻理性是一种舆论理性,舆论理性是一种社会理性。越是社会高度发展的阶段,社会价值越多元化;越是社会矛盾频频爆发的时候,越需要用社会理性加以审视。

(二)新闻生产变革

1.新闻生产周期缩短

传统的新闻报道通常有固定的生产周期,特别是报纸,完全按照 24 小时一个周期来运作,即便有突发性重大新闻也无法及时报道。央视每天播出的《新闻联播》,也是以 24 小时为一个周期。因此,周期固定在传统新闻生产中表现得十分明显。

随着网络新媒体的不断冲击,当前的新闻生产方式发生了诸多变化,新闻生产周期缩短便是其中之一。各家传统媒体纷纷开设公众号、上线客户端,力求第一时间报道新闻。同时,选题的过程大大压缩。例如,在冬奥会现场突发的新闻,现场报道人员基本没有时间讨论选题,否则其他自媒体就会抢占先机。数年前在胶济铁路淄博段发生了一起火车脱轨事件,传统媒体面对重大突发事件报道要逐级上报,需要有关领导部门予以批准。但在报道审批过程中,已有乘客自己用手机拍摄视频、照片并上传网络,随即消息遍布网络空间。类似的情况还有很多,这就要求在某些重大突发事件面前,传统媒体不能按照正常的节奏去报道。随着传统媒体向新媒体端的不断延伸,近几年主流媒体的及时报道问题已迎刃而解。

2.多元化主体参与

新闻生产变革的另一个表现是生产主体的变化。传统的新闻生产主要是由专业媒体机构来完成的,现在已经彻底多元化了。统计发现,近些年来,每年的年度热点新闻有很多不是由媒体机构率先报道出来的。较为典型的是在新冠肺炎疫情初期，第一时间发声的基本上是自媒体，后来才有主流媒体介入。从记者的实际分享情况来看，相当数量的记者是从外地赶赴武汉采访。他们以记者的身份现场观察采访后，才了解了一个真实的武汉，才会把更加客观的武汉呈现在公众面前。自媒体人等多元化主体的参与，是当代新闻生产方式发生的一个重要变化。

（三）新闻形态变革

传统的新闻形态界限十分清晰，电视新闻、广播新闻、报纸新闻等泾渭分明，经济报道、社会报道、文化报道、体育报道等区隔明显。无论是横向划分还是纵向划分，新闻报道之间都有明显差异。与之形成对比的是，当下的新闻报道基本全是融合新闻。在媒体融合与新媒体生产方面，《纽约时报》2012 年对一起雪崩事件的融合新闻报道堪称早期经典案例。《纽约时报》王牌记者约翰·布朗奇耗时 6 个月对华盛顿州喀斯喀特山脉隧道溪所发生的雪崩进行调查和信息采集，该报制作团队共同制作了一篇集合了文字、照片、视频等多媒体呈现方式的报道，讲述了 6 个惊心动魄的故事。2012 年 12 月 20 日，这一专题免费上线后，在一周内获得了 350 万的点击量和 290 万的访客，而在其中有接近三分之一的人是首次访问《纽约时报》网站。近些年，人们越来越习惯于通过手机终端浏览新闻，这里面包含图片、视频、音频等各种内容元素。新媒体可以将过去分布在不同介质、不同媒体里的元素进行数据化、可视化处理，加工成适宜网络平台传播的融媒体新闻产品。

（四）新闻技术变革

新闻技术变革，重要的是考量一项技术在媒体生产或媒体运行过程中的角色。传统媒体机构中的技术部门只是一个辅助机构，新闻采编部门才是核心。当下，二者的角色已经出现了变化，技术部门成为媒体中的主力部门。其中一个重点的表现是，媒体从以往注重作品转向了注重产品。

作品是每个人可以独立完成的。一篇新闻作品，如评论、通讯，可以写得像散文一样优美；每一位作者拥有专属的语言风格，作品特色有辨识性。曾经的一位新闻前辈，可以为了采访一位赤脚医生而一同出诊半个多月，往返于许多山村之间，最终凭借自己的采访写出优秀的稿件。这是那个时代对于新闻工作者的要求。

现在，任何一个融合新闻产品都不是一个人能够完成的。在生产过程中，技术人员对产品包装的加持是一个新闻产品能够获得好评的重要原因。没有技术的参与，基本上无法完成新闻产品的生产。现实中，人们对于技术已经形成了一种依赖。在依赖过程中，媒体平台可能有技术霸权、技术“暴力”夹杂其中，但是在“暴力”之下，大家都在积极地享受“暴力”。公众显然是不甘于某些技术霸权的，但是在不勾选同意便无法使用的情况下，我们别无选择。

（五）新闻职业变革

曾经的新闻人有一种职业的光芒，被称为“无冕之王”。但是现在，记者只是一种职业。记者除了具备与其他职业相同的职业规范之外，还有服务于大众、服务于社会、服务于国家安全与稳定等方面的职责，但是这种光环正随着整个媒体的变化渐渐消失。若干年前，报纸是主流媒体，以山东为例，山东境内有影响力的省级报纸屈指可数。因此，作为一个媒体工作者，身份是独特的，因为宣传的问题只能由媒体来解决。后来，随着职业环境的剧烈变化，媒体越来越多，许多企业也拥有了专属的自媒体。这些企业逐渐放弃了与其他外部媒体的合作，自发构建自媒体矩阵进行传播，有些还取得了非常不错的传播效果。当今时代，圈层化的传播日益凸显。媒体构建了新的圈层，圈子文化、圈层传播已经成为一种新的社会方式、生活方式，甚至也是一种新的文化方式。受此影响，新闻职业变革将继续进行下去。

二、媒体变革

（一）媒体身份

传统意义上，人们习惯把媒体分为主流媒体和非主流媒体，如今二者之间的界限标准变得难以确定。例如，以前报纸媒体都在追求发行量，发行量越大，向客户收取的广告费用就可以越高，由此也导致很多纸媒在发行量上造假。同样的，电视和广播节目的收视率、收听率等也存在注水现象。现在国内影响力最大的报纸每天的发行量都可能不及一位一线明星的粉丝量，明星更新一个状态，都会获得上百万人点赞回应。

因此，近年来出现了一种主流媒体“再主流化”的呼声。党和国家的声音，特别是事关国计民生的主流舆论，如果不掌握在具有高度社会责任感、具有坚定立场的主流媒体手中，任由商业资本控制的平台随便发布，这个社会将充满危机。所以,必须重新建构主流媒体主流化的身份,提高媒体的传播力、引导力、影响力、公信力。

（二）媒体角色

过去媒体是职业角色,现在媒体的社会角色越来越强。媒体的话题与社会话题融合度越来越高,媒体热点就是社会热点,社会热点就是媒体热点,媒体场域与社会场域相互融合。过去人们认为媒体构建了一个虚拟世界,现在媒体世界和现实世界几乎一样,数字孪生已经实现。过去媒体场域与现实之间存在交叉,如今基本上重合了。在现在的环境中,我们很难将媒体场景称为虚拟场景。人们总是生活在媒体场景里,媒体场景就是社会场景,社会交往也在其中实践着。现实生活中,我们有许多无法实现的梦想,如成为领袖、英雄或者其他一些大人物,但是网络游戏实现了虚拟世界与现实世界的深度融合,游戏中人人可以当英雄,策马扬鞭,纵横驰骋。在媒体赋权的情况下,每个人都具有媒体话语权。但话语权也是有禁区的,即便拥有话语权也不能随意发声,要掌握分寸、尺度、边界。人人都是麦克风,但麦克风操作不当,也无法发声。

（三）媒体产业

基于大媒体的概念,媒体产业的空间变得非常博大。当我们把一座城市或者城市的某个广场、某个街区、某个街道当成一个媒体进行规划时,要考虑的重点就是传播效果。媒体产业不仅是报纸、广播、电视、信息公司、头条公司等,其未来格局一定会更大,甚至需要我们对媒体产业进行重新定义。

（四）媒体格局

中国未来的媒体格局一定会发生变化,在未来的格局里,我们要聚焦产业链中主流的、能够占领产业前沿的方面。“微笑曲线”中,两端的“创意设计”和“销售”是利润率最高的,中间的“生产者”利润率是最低的。以前中国人主要做的是材料加工等低端产业,未来我们在媒体产业里要加强两端的投入,以此来赢得更大的媒体市场,获取更有附加值的媒体收益。

（五）媒体融合

国家从 2014 年开始提出媒体融合战略,到目前为止,从中央到地方的媒体融合实践已经取得了一些成果。从“中央厨房”的建立，到传统媒体的新媒体实践，再到众多优秀融媒体新闻作品的推出，媒体融合的效果渐次显现，媒体融合的未来逐渐清晰。从“你就是你，我就是我”到“你中有我，我中有你”，再到“你就是我，我就是你”，这条清晰的路径成为了我国媒体融合的未来方向。

（六）媒体新质生产力

媒体的发展也需要源源不断的新质生产力。媒体的新质生产力实质上来源于内容生产的改革。作为内容产业，媒体的核心竞争力一定是内容，只有优质的内容输出能够让媒体立得住、走得远。有的时候技术具备很强的可复制性。第一位技术研发者可能会获取丰厚的红利，但是，后续的跟进者回报率就没有那么丰厚了。而持续的、创新的内容生产才是媒体间彼此竞争的核心。在实现内容为王的过程中，渠道的便利性也非常重要。如何增强互动性，怎样传播，以什么方式传播等，也是媒体提升新质生产力的一部分。

三、受众变革

（一）受众主体

媒体受众是一种传统的称呼方式，现在人们更习惯称之为媒体用户。以往是一方传递一方接受，现在，互动、参与、众筹等新闻生产方式出现以后，受众的概念被进一步弱化。过去新闻话语权单纯掌握在生产者的手里，现在消费者、接触者、用户也有了话语权。

（二）受众互动

新闻的另一种生产方式是互动式生产。传统的生产方式是媒体告诉用户是什么、怎么认知。现在报道中的点评等内容只是这个事件本身价值的一部分，其后大量的跟帖可能会使价值反转，或重新补充许多新的内容，这就是新的互动式生产。

（三）受众分享

以往电视观众或报纸读者在收看或阅读新闻之后，与他人的面对面交流几乎是唯一的分享过程。新媒体出现以后，通过朋友圈的转发可以实现新闻报道的二次分发和圈层传播。这种分享相较于之前的分享来说，传播面更广，传播人群更加圈层化。在主体的分享过程中，分享得越多，主体与他人的圈层化趋势越明显，构建的圈子越明确，最终圈子文化逐渐形成。圈子即媒体，圈子即传播。

（四）受众阅读

现在对新闻的阅读和浏览，不只是为了获取知识来丰富自己、提升自己，娱乐也占据了很重要的比重。传播学者赖特很早就将娱乐纳入了传播的社会功能加以研究。伴随着各类媒体娱乐化程度的加深，如何通过游戏参与其中，成为了受众评判媒体的重要指标。也因为如此，强化互动成为许多媒体发展的方向之一。

（五）受众行为

在媒介化的社会环境中，对媒体的使用已经成为我们的一种生活方式。媒介化生活虽然不是人们日常生活的全部，但是所占比重日益提高。从吃饭的团购、外卖，到出行的导航、网约车，再到社交的沟通、娱乐，很多场景都在媒体平台上实现。智能手机的缺失对于现代人来说影响是巨大的，特别是在疫情期间，离开了智能手机，绝大部分人将寸步难行。媒体传播中的受众行为已经成为了一种生活方式。

（六）受众素养

对大众来说，受众素养其实就是媒介素养。随着媒介化社会的到来，人们的媒介化生存成为普遍现象。此时，受众在媒介素养方面的理念显然要适时更新，以跟上时代发展的步伐。总的来说，受众的媒介素养可以包括认识媒介、应对媒介和利用媒介三部分。随着媒介化生存的加深，受众的媒介素养将成为一种全民素养。素养越高，对社会的适应性程度便越高。

四、舆论变革

（一）舆论规律认知

从重视新闻宣传到重视新闻舆论，表现出了我们党对新闻传播规律的认知提升。宣传是一种自上而下的工作，重点在推广和灌输。历史上，党的新闻宣传曾经对确立党的权威、统一全党全国各族人民思想、传播党的路线方针政策起到过关键性作用。这在一定历史条件下，是有其合理性和必然性的。随着媒体环境的变迁和群众认识的提升，以往以宣传为主的新闻传播模式遇到了瓶颈。单纯的宣传开始向双向交流转变，新闻舆论开始成为新闻工作的主流。

不同于宣传的自上而下，舆论是一种自下而上的传播模式。当然，主流舆论的确立仍然需要自上而下的引导，但是这种引导并非口号式的，而是经由一种公众认可的沟通方式确立的。对于舆论规律的认识，是我党在把握新闻传播规律方面的最新实践成果。

（二）自媒体舆论

舆论在大众场域中才能产生，因此，相对应地就产生了民间舆论场的概念。这些年大量的舆情发端于民间舆论场，但是民间舆论场表象中的内容是否科学、理性，是否符合大众的公共认知、公共心理，则是需要去研究和判别的。事实证明，在民间舆论场中，情绪化的表达往往多于对事实真相的理性探讨。如何有效引导自媒体舆论，使其向着理性方向发展，是舆论引导中需要解决的问题。

（三）社交化舆论

当社会舆论对于社会的变革到达了一定影响程度时，舆论社会作为一种社会形态就开始出现了。舆论社会可以理解为社会贴上了浓重的舆论标签，舆论已经成为我们这个社会成长、发展、稳定、和谐、进步极为重要的推动力。这种动力可以是正向的，也可以是逆向的，这取决于舆论的发展方向对社会是建构性的还是解构性的。

（四）舆论管理

舆论的出现往往会经历一个过程，即便是表现为显性突发性的舆论事件，其前期隐性的积累也必不可少。因此，舆论是一个过程，对于过程需要加以管理。以往的舆论管理更多是打压式管理，而现在转向以追求引导和控制为主的均衡式管理。在人人都是麦克风的时代，试图让所有人噤声几乎不可能，但让舆论有倾向性则可以做到。

（五）舆论效能

从国家治理体系来看，舆论引导已经成为全部治理体系的一部分。因此，通过舆论引导有效提升国家治理水平，是舆论效能在国家层面需要达到的目的。从社会层面来看，舆论是构建和谐社会的重要工具，良好的舆论环境对于社会的健康发展不可或缺，这是舆论效能在社会层面需要达到的目的。就个人来说，舆论能够帮助个体全面厘清是非、深刻认识社会，提升自己适应社会的能力，这些方面是舆论效能在个人层面需要达到也可以达到的目的。

思考题

1.怎样理解当代马克思主义新闻观中的媒介化社会、大数据传播和智能化趋势？

2.如何理解当代新闻传播中的四重变革？

第二章　马克思主义新闻观的哲学基础(上)

马克思主义是一个完整的、丰富的理论体系,其哲学基础主要包括“三观三论”。其中,“三观”是指唯物观、辩证观和发展观,“三论”是指动力论、认识论和方法论。作为马克思主义的重要组成部分,“三观三论”同样也是马克思主义新闻观的哲学基础。本章内容将围绕“三观”展开论述,阐述作为马克思主义新闻观哲学基础的唯物观、辩证观和发展观之于新闻传播的价值与意义。

第一节　唯物观视角:认识新闻传播的本质

一、唯物观视角:从物质决定意识认识新闻传播

(一)物质决定意识

马克思明确指出:“不是人们的意识决定人们的存在,相反,是人们的社会存在决定人们的意识。”①物质是不依赖于人的意识,并能为人的意识所反映的客观实在。唯物主义哲学认为,物质第一性,意识第二性,物质决定意识,意识是物质世界发展的产物,它是人脑对客观事物的反映。首先,物质对意识具有决定作用。物质决定意识,意识是对物质的反映,是对客观世界的主观映像。其次,意识对物质具有能动作用。意识的能动作用首先表现在意识能够正确反映客观事物,还突出地表现在意识能够反作用于客观事

① 《马克思恩格斯选集》第2卷,人民出版社2012年版,第2页。

物。正确的意识能够指导人们有效地开展实践活动,促进客观事物的发展;错误的意识则会把人的活动引向歧途,阻碍客观事物的发展。

(二)事实第一性、新闻第二性

事实作为一种不依赖于人的意识,并能为人的意识所反映的客观存在,具有物质性,是第一性的;新闻作为对新近发生事实的报道,是对客观事实的一种反映,是第二性的。马克思在论述什么是"真正的报刊"、判断"好报刊"与"坏报刊"的标准时,提出关键要看"哪一种报刊说的是事实,哪一种报刊说的是希望出现的事实"[①]。无论新闻对于客观事实的反映是真实的还是虚假的,都不影响它的属性地位。

(三)新闻在意识形态领域的作用

哲学是理论化、系统化了的世界观,或者说是人们世界观的理论体系。作为理论形态世界观的哲学,它从总体上研究人和世界的关系。而人和世界关系最本质的方面就是思维和存在、意识和物质的关系问题。

恩格斯在总结哲学史的基础上明确指出:"全部哲学,特别是近代哲学的重大的基本问题,是思维和存在的关系问题。"[②]思维和存在是人和世界关系的两个最本质的方面。世界上的事物和现象极其繁多,数不胜数,归结起来无非属于思维或存在、意识或物质、主观或客观。思维和存在是哲学的两个最高范畴,思维和存在的关系反映着人与世界关系的最根本的方面。因此,思维和存在的关系是哲学体系的基本问题。

作为对新近发生事实的报道,新闻所反映出的是一种典型的思维与存在的关系问题。事实是客观存在,报道是思维反映。报道有真有假,有全面有片面,但都是对于已发生事实的反映。新闻报道是意识形态领域中对于客观存在的一类特殊反映,如同人类意识领域中的文学、艺术、法律等一样不可或缺,共同构成了人们丰富多彩的意识世界,并对人类社会、人类行为起到反作用。

新闻传播学是研究新闻传播事业和新闻传播规律的科学。新闻传播学是以人类社会客观存在的新闻传播现象作为自己的研究对象,研究的重点是新闻传播事业和人类社会的关系,新闻传播学是探索新闻传播事业的产

---

① 《马克思恩格斯全集》第1卷,人民出版社1995年版,第191页。
② 《马克思恩格斯选集》第4卷,人民出版社2012年版,第229页。

生、发展的特殊规律和新闻传播工作的基本要求的一门科学。可以看出，新闻传播学探讨的也是一种思维与存在的关系问题。与哲学一样，新闻传播的本源是事实，是人类在自然交往中和社会生活中所发生的客观事实，二者具有同源性。但是不同于文学、艺术、法律等其他学科对于规律的探讨，新闻传播学所探讨的规律集中于新闻传播领域，尽管有时也会存在交叉，但是研究领域依然较为清晰。以新闻学为例，其研究的领域主要指向新闻理论、新闻史和新闻业务。

二、新闻传播的关系化呈现

基于上述认识，对于新闻传播中的物质与意识的关系还可以从传播本质、传播过程和传播需求三方面进行理解。

（一）传播本质：媒体、人、社会的关系呈现

传播的本质即关系的呈现，其首先是媒体间的关系。近些年，随着技术的发展，大众媒体之外还出现了社交媒体、自媒体。无论何种传播方式，其本质都是构建不同的关系。在新的传播格局中，媒体之间存在什么关系？具体来讲，传统的主流媒体与新兴的社交媒体、自媒体平台到底是什么关系？从影响社会发展、塑造社会话题、影响人的角度去考虑，哪类媒体影响力更大、话语权更强、对于社会的发展进步发挥着更重要的作用，这是新闻传播领域一直在研究的课题。对于自媒体平台来说，其与大众媒体平台之间有哪些相通之处、有哪些不同之处，在传统的议程设置、具体的传播方式、传播渠道等领域，媒体之间又有哪些差异和不同，都是需要研究的问题。研究这些问题对于主流媒体传播有很大的帮助作用，对于打破传统主流媒体的边缘化现象也有启发意义。

其次是媒体与人的关系。所有传播的目标都是要影响人，包括人的思维方式、价值判断等。传播效果是通过舆论动员，在某些领域达成共识，形成统一行动目标、行动路径、最终行为。传播学的一个重要起源是二战时期关于宣传动员的效果研究，后来逐渐发展成为传播学系统理论。媒体与人之间的关系究竟是怎样的？许多新闻传播学理论都基于关系视角去探讨其影响机制，包括传播主体、客体对于传播行为共同构建的传播链条等话题。

最后是媒体与社会的关系。传播社会学或媒介社会学是传播学的重要分支，专门研究媒介与社会之间的关系，重点是媒介如何通过一定的方式渗

透到社会领域,在社会组织构建、社会力量动员、社会文明提升、社会文化传承等领域去发挥作用,以及如何形成作用机制。坚持物质决定意识是这些研究的前提条件。解决媒体与社会的关系首先要基于社会自身变革、自身状况、社会组织、社会成员之间的流动性去设置研究话题、报道话题,才有可能与社会产生密切互动。前些年流行一种网络体新闻报道,即记者不需要外出采访,在办公室通过上网浏览检索得出新闻结论。该类新闻稿件写作速度快,内容有一定深度,但是缺少新闻写作中最基本的"到新闻现场去"的要求。互联网为人们提供了海量的信息,网络成为基本信息的供应商,也成为基本观点的供应商。如果媒体记者只沉溺于这种层次的新闻来源,就会失去与社会的互动、接触,难以从社会的发展变动中发现问题、报道问题。若不能解决媒体与社会的互动问题,新闻报道与社会的距离会越来越远。

(二)传播过程:关系发现、关系建立、关系改变

任何传播都是一个过程。当一家媒体召开选题会时,各个部门需要上报各自选题。无论是问题报道、时政新闻报道还是经济报道,都需要有统一的编前会,这是许多媒体常态化的工作方式。编前会通过对比预测的报道成效与实际的报道情况是否一致,决定是否继续跟进报道或者进行深度报道、系列报道。报纸媒体在夜间还会召开定版会,除梳理需要报道的常规报道外,还需要选择添加新华社通稿。以上这些流程决定了当晚报纸版面的内容。

在同样的新闻背景下,面对同样的采访对象,记者的能力在于发现事实、发现新闻。特别是在联合采访、集体采访中,所有记者面对同样的新闻素材、新闻故事时,采访之后发出的报道或许会有很大差别。媒体人发现与采访对象的关系后,以有效的方式再次建立二者关系,将媒体人的价值传递至受众处,从而完成整个传播过程中最具影响力的环节。传播关系是流动的关系,并非恒定不变。新闻媒体人的职业生涯中如能获得几次"中国新闻奖",是极大的荣誉。大多数情况下,报道写作与关系抓取也需要明确合理的判断,有些关系被基本呈现出来即可,有些关系则需要被挖掘,甚至被改变。

(三)传播需求:真实、客观、公正

在报道中可以加入短评、编者按、札记,这些内容的前提是采访报道的

事实一定是准确、客观、公正的，这是传播的需求。如果呈现虚假内容，一个新闻事实的漏洞可能会导致整个新闻报道的失败。从唯物论的视角看真实、客观、公正，是建立关系、体现媒体对人与社会正向度影响的重要前提和保障。应当注意尽量不要将个人情绪化的内容传递给公众，即便是个人的采访札记，也应基于客观公正的立场。有人出于对采访对象的崇拜，写作情感较为激荡，将对其情感化的内容报道出来，不能做到客观公正，这是应当尽量避免的。在某年的全国"两会"上，有位新华社的年轻女记者采访了陈道明，在之后发表的新闻稿件中通篇表达了对陈道明的崇拜。如此心态和写作方式显然不利于写作好的新闻作品。记者应努力摆正角色，避免将情绪带入工作，从而影响报道的整体效果。

二、媒介与社会的新闻化呈现

（一）社会角色与社会职能

新闻对社会的塑造包括塑造社会观念、社会形态及社会运行方式。一篇报道可以改变社会现象或个人命运，对社会观念潜移默化的改变也很重要。新闻报道应该长期传播真善美，提升社会文明程度，倡导创新改革，进而改变人的价值观念甚至构建新的价值体系和价值观。价值观不仅指人的价值观，也包括企业的价值观、社会的价值观、国家和民族的价值观。在现代的媒体环境中，媒体在社会层面承担的责任越来越多。在传统观念上，人们将媒体看作是社会公器、"第四权力"，是解决社会公共问题的渠道和方法，是社会瞭望者。时至今日，媒体早已不仅扮演社会瞭望者的角色，更多的是社会参与者，而且是积极参与者、主动参与者、重要参与者。媒体的社会角色与社会职能都发生了变化。媒体不再是站在社会的边缘去观察社会、反映社会，而是渗透到社会的圈层中去，运行于庞大的社会体系之中。媒体是社会的重要细胞与组成部分，这就是角色与职能的变化。

（二）新闻人的社会化

传统的新闻职业有其独立性，新闻记者被称为"无冕之王"，具有一定的职业优越感。由此，记者可以跳出社会看社会，以旁观者的心态去仔细观察社会百态。如今则发生了很大变化，一些新闻职能是"社会人"发挥出来的。以往的摄影记者需要随身携带各种摄影设备才能完成工作，没有这些设备就如同战士失去了武器。现如今,手机就是随身携带可用于拍摄的工具,不仅职业媒体人可以拍,普通的社会人也可以拍。记者装备的变化改变了“职业人”与“社会人”之间的区隔,以至于在任何一个社会场景中,“社会人”都可以完成职业新闻人的新闻行为。

(三)新闻社会、公民社会与媒介社会

以往人们习惯于通过阅读新闻来实现对社会的认知,新闻媒体的报道极大影响了公众的认知广度、认知深度。人们通过大众传媒建构社会的认知框架,提升对于社会的认知程度,这种社会可以称之为新闻社会。新闻社会之后,进入公民社会。在公民社会,个人对社会的参与程度越来越高,是社会的主动参与者,此时对于社会的建构来源于亲身的社会实践。公民社会之后则是媒介社会。在高度媒介化的社会中,个体本身就是建构社会认知的主体,媒体与社会的融合程度越来越高。

(四)大社会与大新闻

越是变动的世界对于新闻的获取就会越多,越是在大变革、大变动、大发展的时代,就更容易产生大新闻。这里的大新闻指的是能够摆明观点、站稳立场、对社会产生重大影响的新闻。哪怕是一则短消息、对一个事件的简单述评、对于过往事件不同角度的反思,只要能够对社会产生重大影响,就是大新闻。

第二节　辩证观视角:认识新闻传播的机制

一、辩证法视角:对立统一法则制约新闻传播机制

(一)对立统一

正如恩格斯所说:“相互作用是事物的真正的终极原因。”[①]对立统一规律是唯物辩证法的根本规律,亦称矛盾规律。它揭示出社会和思想领域中的任何事物以及事物之间都包含着矛盾性,事物矛盾双方既斗争又统一,推

---

① 《马克思恩格斯选集》第3卷,人民出版社2012年版,第920页。

动着事物的运动、变化和发展。对立统一规律的内涵体现在:矛盾双方的斗争性与同一性;矛盾的普遍性与特殊性;事物发展过程中的矛盾以及矛盾双方发展的不平衡性。辩证法是解决一切矛盾的方法论。

(二)新闻传播活动中的矛盾

如同人类的其他社会活动一样,新闻传播活动中也贯穿着对立统一和矛盾的发生。矛盾的斗争性与同一性存在,才使得新闻报道精彩纷呈,并最终产生新闻效果;矛盾的普遍性与特殊性存在,才使得新闻素材源源不断,而且报道之间差异明显;矛盾双方发展的不平衡性存在,才使得新闻报道的进程充满不确定性,才使得受众充满接近事实真相的心理期待。总之,在新闻传播活动中,矛盾无处不在,无时不有,各方面矛盾的存在,推动着新闻传播活动不断地运动、变化和发展。

(三)新闻传播的社会流程

1.新闻传播的三个要素

(1)新闻事实。新闻事实是新闻传播的反映对象,是新闻传播的内容和根据,是新闻传播的出发点。

(2)新闻报道者。新闻报道者即新闻传播者,事实要成为新闻,必须经过新闻传播者。有新闻传播者,事实才成为新闻并为新闻受众所接受,传播者是新闻传播中最活跃、最关键的因素。新闻传播者的基本作用是对客观存在的事实进行采集和选择,并通过一定的传播手段进行传播。

(3)新闻接受者。新闻接受者即新闻受众,是新闻传播的归宿和目的地,任何新闻的传播都必然包括新闻受众。因此,受众又是新闻传播的原动力。受众对新闻报道的反应包括选择和反馈。

2.新闻传播的三个阶段

(1)选择事实阶段。新闻传播的起点是事实。事实作为新闻传播者的反映对象,是客观存在物,它具有不以人们意志为转移的客观物质性。

(2)事实转换阶段。所谓事实转换,就是把新闻事实变成新闻作品。新闻事实要经过新闻媒介向社会广泛传播以后,才能变成为广大受众所接受的新闻。

(3)信息接受阶段。受众接受新闻作品,获得新闻信息。这是新闻传播过程的最后阶段,新闻传播最终在受众这里完成。

3.新闻传播的反馈

新闻传播中的反馈,是新闻传播者通过新闻媒介,将制作好的新闻,传播给受众。受众接收到新闻后,根据自己的需求重新加以选择、理解,产生一种反应,又将这种反应通过各种方式,反馈给新闻传播者,从而保证新闻传播能够继续顺利进行。

据此可见,在新闻传播的整个社会流程阶段,处处存在矛盾,处处存在变数。在选择新闻事实阶段,也是新闻传播矛盾的发生阶段,没有矛盾的发生就不会有新闻事实的出现。当然,有可能同时发生若干新闻事实,选择什么放弃什么,也是矛盾选择。在新闻报道阶段,选择什么媒体作为新闻传播者,媒体机构选择什么人作为具体的报道者,该报道者在将这一事实转化为新闻的过程中的能力高低、视角差异等等,都是该环节可能存在的矛盾,也会影响最终的报道质量。在信息接受阶段,根据传播学中的选择性理论,受众是否选择浏览该报道,是否根据个人的倾向接受该报道的观点,是否对这一报道做出反馈,以及做出什么样的反馈,等等,都是这个环节可能存在的矛盾。对于同一篇新闻报道的理解,虽然不能说是“一千个人眼中有一千个哈姆雷特”,但是接受甚至反馈的差异在不同人之间还是客观存在的。因此,要善于从以下三个方面运用对立统一法则指导新闻传播活动。

(1)坚持辩证法,运用对立统一法则指导新闻传播活动。这要求人们从事物发展变化的角度去观察事物,把握事物运动的走向和发展规律。

(2)对立统一法则要求新闻传播者全面地观察事物,处理各种社会矛盾关系。矛盾总不是单方面的,要将全面的眼光和独特的视角相结合进行新闻报道。

(3)对立统一法则要求新闻传播者具体问题具体分析,实事求是地反映和指导实际工作。任何矛盾都有其特殊之处,具体问题具体分析才能使报道有特色。

二、新闻传播中的对立统一关系

(一)新闻宣传与新闻管理

新闻无禁区,宣传有纪律。新闻是没有禁区的,只要善于观察,具有独特的新闻视野以及新闻敏锐度,就可能会在别人发现不了的地方发现新闻素材。所有的新闻素材是否全部报道出去,是否适合在公众领域中传播,在社会层面是否有价值，需要甄别和取舍。传统的大众媒体时代，发现十条新闻线索，适宜报道的可能只有一条。管理部门会对新闻报道进行事先预防与事后监督，对于敏感信息的报道，则会提前规范报道的框架与形式，做好规范性工作。对于违反宣传纪律的报道，也会做出相应的处理。因此，只要是拥有新闻价值的信息都可以报道，但前提是要遵守党的宣传纪律。

在自媒体时代，出现了许多以炒作、炫富、猎奇、扮丑为吸引手段的网红，甚至出现了谁更低俗谁粉丝量更大的不良现象，网络社区“饭圈”化、过度娱乐化现象频发。当我们以这些信息去判断社会所处的状态时，可能会陷入误区，因而适当的新闻管理是必须的。在人人拥有话语权的当下，在获得自由发言权利的同时，个体和平台都要扮演好把关人的角色。

（二）新闻活动中的主体与客体

传统观念认为：传播者是主体，受众是客体；新闻媒体处于主动发布信息的状态，受众处于被动接受信息的状态。新的传播图景下，传受双方的主客体关系发生了变化。在一个话题上，你是主体我是客体；在另一个话题上，我是主体你是客体；同一话题的主客体关系也在变换，呈现出互动传播的新形态。例如，个体A发布了信息，A就是信息发布的主体。但在评论区中，个体B进行了评论，占据了主导地位，B就成为了主体，原来的主体A则变为客体。因此，在新的媒体环境中，传播主体与客体既是对立的，又是统一的，很多时候可以相互转化。

（三）正面宣传与舆论监督

正面宣传为主始终是我国新闻工作的基本原则之一。对于主旋律和正能量的传播，有利于树立良好的社会风气；对于国家建设取得的各项伟大成就的传播，有利于坚定全国人民建设社会主义的信心。舆论监督也是我国新闻工作的重要方面，监督的目的在于建设。正面宣传与舆论监督是辩证的，如果只讲正面宣传，失去了舆论监督，新闻媒体的功能就不健全了。舆论监督的方式或监督者已经由传统的大众传媒职业新闻人转换至每一个个体，新的媒体环境使得公众也拥有了通过新闻信息实现公民监督的可能。

三、新闻素养中的辩证观

(一)大与小

做新闻要有宏观的理念设计,有思想、有态度、有观点、有立场。宏观的新闻思想,体现在具象化的新闻事实的报道中,再宏大的叙事,也要依靠细节、具象的新闻事实加以呈现。

(二)全与精

在过去,新闻记者要做通才;在现在,记者更需要具备专业能力。随着新闻报道专业化程度提高,在专业领域报道中,具备该专业知识背景的记者显然更具竞争力,也可能比单纯新闻传播出身的记者更有深度。因此,在学习新闻知识的同时,增加某方面专业知识储备是有必要的。

(三)破与立

新闻人要立于潮头,通过舆论监督对社会发展中的矛盾与不公大胆揭露。要善于打破一个旧世界,更要善于建立一个新世界。在打破的同时,要提出建设性意见。否则,单纯的破对于国家建设和社会发展来讲,就失去了意义。

(四)思与行

新闻报道首先要真实客观,新闻事实必须准确无误,同时可以有创意与策划。如融合新闻,可以有绚丽的呈现方式,但是不能背离新闻事实。新闻策划也要基于实际情况。例如,一家省级经济类报纸想要策划采访历年诺贝尔经济学奖得主,创意可能很好,但是缺乏实施的基础条件。类似的策划只能是镜中月、水中花,根本无法落地实施。

第三节　发展观视角:认识新闻传播的价值

一、发展观视角:量变质变规律影响新闻传播价值判断

(一)量变质变规律

质量互变规律是唯物辩证法的基本规律之一,它揭示了事物发展量变

和质变的两种状态，以及由于事物内部矛盾所决定的由量变到质变，再到新的量变的发展过程。质变与量变的关系是辩证的。量变不是质变，但又可以引起质变；质变不是量变，但又可以引起新的量变。量变—质变—新的量变，如此相互转化、相互交替，构成了事物的发展过程，形成了量变质变规律或质量互变规律。这一规律，提供了事物发展是量变和质变的统一、连续性和阶段性的统一的观察事物的原则和方法。所谓量变是指事物数量的增减或场所的变更，是一种渐进的、不显著的变化；所谓质变是指事物根本性质的变化，是渐进过程的中断。量变到质变的临界点称之为“度”，也就是事物保持其质的量的界限。

（二）量变质变与新闻传播价值的把握

按照拉斯韦尔的理论，大众传播具备三项基本功能，分别是环境监测功能、社会协调功能和社会遗产传承功能。无论是其中哪一项功能的价值实现，都离不开新闻传播过程中的矛盾运动所引发的量变到质变的变化。以社会遗产传承功能为例，教育是社会遗产传承功能实现的重要一环，通过媒介进行的新闻传播在很多时候承担着对于全社会的教育功能。在全社会推广普及社会主义核心价值观，向全体国人进行中国梦主题宣讲，等等，各个媒体目前所担负的宣传报道正是一种量的积累，在努力推动量变的提升。当媒介的宣传达到一定规模，人们对于核心价值观和伟大的中国梦实践已经真正掌握的时候，质变就形成了。类似情况在新闻传播价值的实现过程中是一种常态，新闻传播的量变经常会导致最终质变的发生，从而实现新闻传播价值。当然，量变需要一个过程，能否实现质变，需要看对于“度”的突破如何。

（三）新闻传播中“度”的把握

量变到质变的临界点称为“度”，也就是事物保持其质的量的界限。按照这一观点，如果想要事物维持现状，就要努力将量变控制在“度”以内；如果想要事物改变现状，达到另一种境界，就要努力突破“度”的界限，实现质变。新闻传播领域也是如此，通常情况下，媒体对于常见的人物和事件的报道总是维持在“适度”的范围之内，报道节奏较为舒缓。但是对于需要树立为典型的人物、重点报道的事件、必须引导的舆论，媒体的阶段性报道会提高频次、加大力度，突破“度”对于报道的限制，形成质变。当然，质变一旦形成，目的一旦达到，又会回到新的量变阶段，“适度”原则会再次发挥作用，报道节奏也会舒缓下来。“量变—质变—量变”的发展规律,在新闻传播过程中也会反复出现。二战时期纳粹德国宣传部长戈培尔的“谎言重复三次就是真理”的论断,曾成为传播学史上经典的案例,这其中就包含有关新闻传播中量变、质变和“度”的关系把握的问题。

二、新闻传播中的价值维度

(一)新闻事业的价值

从发展的角度看,新闻事业自身就是一步步自我发展过来的。从报纸、杂志、电台、电视台,到现在的互联网以及其上的各种社交平台,新闻事业的成长匹配于社会的发展,甚至新闻事业的成长会帮助社会成长。作为社会公器,新闻事业一直在矫正社会偏差,促进社会健康发展。改革开放以来,几次大的变革基本上都与新闻事业的助推密不可分。《光明日报》的《实践是检验真理的唯一标准》引发全国大讨论,让国人的思想重回正轨;《深圳特区报》的《东方风来满眼春——邓小平同志在深圳纪实》同样引起全国关注,有利地促进了改革开放和特区建设的进一步发展。可以说,在中国发展的背后,新闻事业的贡献非常重要。

(二)新闻报道的价值

新闻报道的价值具备过程性特征,不完全取决于报道者专业的新闻媒体人身份,也不完全取决于报道者的自身价值观念。媒体的新闻报道发布后,新闻价值就完全实现了吗?不一定。当下新闻的阅读接受是参与式的,发帖评论可能延续新闻报道原有的立场价值与框架,也有可能颠覆既有的价值观念。不同的受众对事件的参与或评论,成为整个新闻报道过程中的有机组成部分。以往的新闻发表之后,新闻报道的过程就完结了。当前媒体环境中,发表只是第一步,后续的跟帖互动参与,也是新闻报道过程的一部分。

新闻价值不是由报道者个人完成的,也不是由媒体组织完成的,而是由报道进入新闻传播平台后,大量的接收者、消费者、受众、用户共同参与完善并最终完成的。这种完善可能是沿着媒体和记者既有的思路,形成量的积累。也可能发生质的改变,从根本上颠覆媒体预设的新闻价值。新闻价值的反转以新闻事实为前提。

新闻报道素材的选取也有一个筛选把关的过程。一般情况下,记者对于新闻事实和新闻素材的选取,应该是可以支撑个人报道态度与观点,与所建构的新闻价值一致的。这样一来,就可能存在被遗忘或有意丢弃的新闻事实,这些事实对于报道对象来说有可能非常重要。但是为了构建预设的新闻价值,报道者可能通过有意设计忽略部分事实。当其他读者发现事实缺失后,会进行二次或N次补充,这样的补充可能会带来新闻事实乃至新闻价值的反转。

新闻价值是一种过程性呈现,新闻报道需要尊重过程。即便是新闻真实,也应当置于一个周期中去审视。以某位企业家的新闻报道为例,最初的新闻侧重于报道他做事操切,改革过于激进,对于这种评价也要放置在一个过程中去考察,因为该企业家的做法,可能使这家企业在当年确实出现了生产经营业绩下滑的状况,但是经过两年的坚持努力,该企业出现了很大转机,生产经营迈上正轨。这反而说明企业家具有前瞻性、创新性。越有前瞻性的决策,风险越大。纵观我国改革开放发展史,类似的案例不胜枚举。第一个吃螃蟹的人总是冒着巨大的风险,但是不改革只有死路一条。因此,要过程性地看待新闻价值,特别是在环境、状况变动之后,新闻价值的判断可能也会相应发生变化。

(三)新闻职业的价值

新闻理想决定新闻职业价值。新闻价值至少包含宏观的国家、社会和微观的个人两个维度。从国家、社会维度看,国家、社会越是在发展变革中,越需要新闻,新闻职业对国家进步、社会发展具有重要作用。从个人维度看,以往的职业新闻人具有荣耀感,现在则需要考虑新闻职业的尊严感。新闻职业与其他职业相比,收入能否满足个人的需要,成果是否符合公众的需要,都会产生不同的尊严感。

媒体变革的大潮中,职业新闻人的转型甚至转行早已不再鲜见。他们当中投身新媒体行业的占据较大比例,还有相当一部分转行进入原来从事新闻工作时的对口行业,如法治新闻记者进入律师事务所,体育新闻记者进入职业体育俱乐部,等等。目前来看,尽管自媒体高度发达,人人都是麦克风,但新闻职业仍然是一个神圣的职业。无论时代如何变迁,环境如何变化,新闻职业、新闻行业、职业新闻人终究会回归原有的价值。

人们的日常生活离不开新闻。新闻价值的回归是新常态下新闻报道的目标指向,其中,生活才是新闻价值的源泉所在。当公众强烈依赖于新闻报道的时候,新闻报道可以给进行阅读的每一个人带来更有价值的生活,这也是新闻职业价值的重要组成部分。人们的生活态度、价值观念很大程度上来自于新闻,媒体信息场成为人们生活的"工程师"。当下的新闻很多早已不是传统意义上的新闻报道,而是生活服务、信息服务的一种呈现,这种呈现又与以信息为主要生产素材、生产资料的新闻职业高度关联。过往的新闻已经改变很多人的生活态度、生活方式,未来的新闻将继续在影响人们生活方面发挥建设性作用。这是新闻职业价值的另一种呈现。

思考题

1.怎样理解马克思主义新闻观中的唯物观?

2.怎样理解马克思主义新闻观中的辩证观?

3.怎样理解马克思主义新闻观中的发展观?

第三章　马克思主义新闻观的哲学基础(下)

马克思主义新闻观以辩证唯物主义和历史唯物主义作为自己的哲学基础,认为人民是历史发展的根本动力,社会主义新闻事业应当全心全意为人民服务;新闻传播者在长期的新闻实践中认识世界、报道事实,通过事实潜移默化地影响社会舆论,新闻事业就具有了鲜明的意识形态属性,反映经济基础,同时反作用于经济基础。为了生存与发展,人们需要在社会中进行各种交往活动,从而产生了广泛的联系,这就成为社会信息流动的基础。新闻产生于人类社会进行交往和传递信息的需求。在新媒体时代,关系即连接,传播者基于社会关系进行内容的生产、选择和交换,加速了信息的流通。

第一节　动力论视角:以人民为中心的工作导向

马克思主义的新闻思想实际上是和马克思主义整个理论体系一脉相承的,是马克思主义理论体系中的一个重要组成部分。其中,马克思主义诞生和发展过程中的一些基本概念、基本理论、基本方法都可以在马克思主义新闻观中得到印证。

动力论是一个重要的视角。马克思于1859年写的《〈政治经济学批判〉序言》第一次完整地、准确地表述了“五种社会形态”理论。马克思指出:“大体说来,亚细亚的、古希腊罗马的、封建的和现代资产阶级的生产方式可以看做是经济的社会形态演进的几个时代。资产阶级的生产关系是社会生产过程的最后一个对抗形式……但是,在资产阶级社会的胎胞里发展的生产力,同时又创造着解决这种对抗的物质条件。因此,人类社会的史前时期就以这种社会形态而告终。”[①]因此，马克思、恩格斯把人类社会分为原始社会、奴隶社会、封建社会、资本主义社会、社会主义社会、共产主义社会这样几个发展阶段，这是马克思主义社会发展理论描述的一个社会前行的逻辑。马克思、恩格斯站在无产阶级的立场上，运用科学的方法，揭示了人类社会发展的一般规律和资本主义社会发展的特殊规律，并且对共产主义社会作出了科学的展望。他们认为人类社会同自然界的发展一样，有自己的规律，人类社会发展的一般规律是生产力决定生产关系，经济基础决定上层建筑。在人类社会中，生产力和生产关系的矛盾、经济基础和上层建筑的矛盾，这两对基本矛盾推动着人类社会从低级到高级的发展。马克思主义认为，社会基本矛盾是社会发展的根本动力，人的需要、科学技术、阶级斗争等因素也会助推社会的发展。对于人类社会的形态，我们还可以从其他的角度去划分。比如，从农业社会到工业社会，到后工业社会，再到信息社会、智能化社会，从这样的角度去理解人类社会发展的规律，是以技术为主线的，或者说是以影响社会发展、影响社会进步的技术力量为主线的。

对于推动人类社会历史发展的根本性力量，马克思作出了和过去历史唯心主义完全不同的回答。历史唯心主义把社会发展的动力归结为某种精神力量，认为历史发展是由人的主观意志尤其是少数英雄人物的意志推动的，有的唯心主义者则认为，是神或者“客观精神”决定了人类社会的发展，历史唯心主义的主要缺陷就在于看不到人民群众在历史发展中的重要作用，把群众视作消极的历史因素。马克思、恩格斯在《德意志意识形态》中针对唯心史观关于历史发展过程的错误解读，明确地指出：“生产力和交往形式之间的这种矛盾——正如我们所见到的，它在迄今为止的历史中曾多次发生过，然而并没有威胁交往形式的基础——每一次都不免要爆发为革命，同时也采取各种附带形式……因此，按照我们的观点，一切历史冲突都根源于生产力和交往形式之间的矛盾。”[②]马克思主义唯物史观则认为人民群众是推动社会历史发展的动力，历史活动是群众的事业，人民群众是物质资料生产活动的主体，是社会物质财富的创造者，也是社会精神财富的创造者，是社会变革的决定力量。所以，马克思主义新闻观坚持人民群众是推动历史前进的根本力量、根本动力。中国共产党的历代领导人都提出了以人民为中心的工作导向，就是尊重人民群众的首创精神，把人民群众作为我们历

---

① 《马克思恩格斯选集》第 2 卷，人民出版社 2012 年版，第 3 页。

② 《马克思恩格斯文集》第 1 卷，人民出版社 2009 年版，第 567～568 页。

史前进、社会发展的重要推动力量，这是党的传统。中国共产党在过去一百多年的发展过程中，都把动员群众、参与革命、参与斗争作为重要的工作策略，而在任何一个重要历史关键时刻，人民群众都为党的胜利作出了重要的贡献。人民也是新闻事业发展的动力，新闻工作要以人为本，成为党和人民的耳目喉舌。

一、新闻职责

2019 年，习近平总书记对《大众日报》创刊 80 周年作出重要批示，要求《大众日报》始终把坚持党性原则、坚持正确政治方向放在第一位，弘扬沂蒙精神，加强改革创新，为鼓舞大众、团结大众、服务大众作出新的贡献。由此可见，大众日报的新闻职责应该是“鼓舞大众、团结大众、服务大众”，这也是党的新闻事业的职责所在。

（一）鼓舞大众

中国共产党早期的领导人大多都曾从事新闻工作，是杰出的新闻宣传工作者。陈独秀创办了《新青年》，李大钊是其中主要的撰稿人；毛泽东从北京大学回到湖南以后就创办了《湘江评论》；瞿秋白在苏联学习期间就开始写通讯。他们都是著名的新闻人，对新闻也有着各自的见解与观点。是什么原因导致了这种状况？原因就在于那个年代的新闻阵地以报纸、杂志、传单为主。通过新闻宣传，让群众对马克思主义有所了解，对共产主义的理想信念产生认同，这就是鼓舞大众。鼓舞大众是我们党的优良传统，也是新闻人的重要职责。

在新的历史时期，鼓舞大众同样也是非常重要的工作。任何一个时代都需要典型报道，用典型报道来鼓舞大众，对凝聚民族力量、推进社会主义建设意义重大。过去的典型报道，如《县委书记的榜样——焦裕禄》《谁是最可爱的人》等，鼓舞了一代又一代的党员干部和革命战士。进入新时代后，时代的发展呼唤全新的典型报道。新时代的奥运冠军、中国航天员、一系列的大国工匠等等，都值得新闻媒体去挖掘报道，用这些人的英雄事迹来鼓舞新时代的中国人。

（二）团结大众

统一战线是中国共产党在中国革命中战胜敌人的三个主要的法宝之

一，时至今日依然是中国共产党凝聚人心、汇聚力量的重要法宝。统一战线要求团结一切可以团结的力量，形成海内外全体中华儿女万众一心、共襄民族复兴伟业的生动局面。在这方面，党的新闻工作同样发挥了重要作用。

革命年代，中国共产党在敌占区、国统区创办了一系列报刊，《新华日报》是其中的典型代表。1938 年《新华日报》华北版发刊词中明确指出，该报的任务之一便是："立足华北，坚持敌后抗战，鼓励、推动全国团结抗战与进步。"[①]重庆《新华日报》在周恩来的直接领导下共出版 9 年多，在国民党政治、经济、文化中心占领了舆论制高点，被人民群众誉为"茫茫黑夜中的一座灯塔"，成为中国共产党推进抗日民族统一战线的有力工具和沟通外部世界的一个重要窗口。

在和平建设时期，我国的媒体始终坚持正面宣传为主的基本原则。正面宣传就是为了突出成绩，坚定信心，从而团结带领广大人民群众积极投身社会主义建设。新闻媒体坚持团结稳定鼓劲，通过主题宣传、典型报道、热点引导、舆论监督等手段，宣传科学理论和先进文化，塑造美好心灵，弘扬社会正气，推动全社会形成团结一致、稳定和谐的良好局面。

(三)服务大众

我们党始终坚持立党为公，执政为民，全心全意为人民服务，媒体作为党的新闻事业的组成部分，毫无疑问，必须服务人民。例如，从 1939 年创刊到中华人民共和国成立，《大众日报》在服务群众方面做了很多工作，包括农耕时节应该如何去做、如何养猪养牛等科普类知识推广。另外，解放战争时期许多革命同志文化水平不高，《大众日报》便利用业余时间开办"识字班"，为战士们提供了一个读书识字的机会。这些都是媒体服务大众的一些做法。

在新的媒体环境中，服务大众还是媒体生存和发展的根本保证。新时期媒体服务大众的方式更加多样化，服务层次也更为宽广。例如，在县级融媒体中心的建设中，服务地方是一个重要的功能，包括政务服务、商事服务、民生服务等。从新闻服务的角度来说，要认识到服务大众是县级融媒体建设的根本目的，做好服务是县级融媒体建设的初衷，县级融媒体可以通过讲好本地故事，传递本地声音，服务本地群众，实现媒体服务的功能。

---

① 刘江、鲁兮主编:《太行新闻史料汇编》，太行新闻史学会编印，1994 年，第 366 页。

二、新闻策划

从事新闻工作可能会面临一个问题:到底需不需要新闻策划?一种观点认为,新闻是一种客观呈现,一旦引入策划,似乎就成为了“摆拍”。其实不然,新闻策划是新闻工作过程中非常重要的一环,新闻策划不等于策划新闻。如主旋律新闻的策划,包括每年的“两会”报道在内,都会事先进行新闻策划,形成完整的策划案。策划案涉及围绕每年“两会”进行哪些主题性的报道,如以什么方式去采访报道委员和代表个人、是否需要记者开办专栏、评论如何写作、政府报告以何种方式解读等等。

新闻策划存在一个视角问题,即在新闻策划中,人民群众扮演何种角色。曾经有一段时间,国内媒体充斥着一种“精英情结”。新闻报道只关注精英人物,给一些精英人物贴上标签,甚至把不同人的要素贴在某个人身上,以得出一个更鲜亮的标签,从而刻画出接近完美、没有瑕疵的精英人物。其实,在现实中几乎不存在具备如此标签的人,看上去再完美的个体也有其弱点或瑕疵。

当新闻工作以人民群众为中心时,就会发现人民群众才应该成为报道最多的对象。因此,国家提出新闻工作者的“走转改”和新闻报道的“三贴近”。新闻报道要贴近群众、贴近实际、贴近生活,这里面居于首位的便是贴近群众。贴近实际、贴近生活也是要在实际生活中去发现人民群众的价值。

三、新闻作风

2016 年党的新闻舆论工作座谈会上,习近平总书记指出,好的新闻报道,要靠好的作风文风来完成,靠好的脚力、眼力、脑力、笔力得来。

新闻工作中好的作风体现在以人民群众为中心,想人民群众所想,急人民群众所急。群众希望解决的问题,应该是新闻媒体需要报道的问题;群众迫切需要解决的问题,应该是新闻媒体优先报道的问题。另外,对于新闻线索的挖掘和新闻素材的搜集,不能只是通过间接渠道进行。新闻工作者要走出办公室,深入基层,深入一线,用脚力去丈量新闻的力量。《大众日报》记者陈中华和《齐鲁晚报》记者张刚就是这方面典型的代表。

陈中华作为一名记者,在《大众日报》工作期间,跑了山东 100 多个县(市、区)、300 多个村镇,记了满满 36 个采访本、120 多万字的采访笔记,写出 100 多篇重点、深度报道,获得 50 余项各种级别的新闻奖,获评全国优秀新闻工作者。在2021年8月6日病逝前的15年里,他身患重病,治疗期间仍坚持采访,把新闻事业当成生命的支柱和动力,与病魔抗争。2009年,中宣部、中国记协下发了《关于在全国新闻界开展向陈中华同志学习活动的通知》。在陈中华同志病逝之后,中华全国新闻工作者协会发来唁电:“长期以来,陈中华同志坚持‘三贴近’、深入采访一线,以优良的作风文风诠释了坚定的理想信仰、精湛的专业能力和崇高职业精神,为党的新闻事业作出了贡献!”

张刚是《齐鲁晚报》的一名社区新闻记者。从事记者工作以后,他以饱满的热情,深入社区、扎根社区、服务社区,走千街巷进万家门,写出一篇篇反映百姓酸甜苦辣的新闻稿件。他以实事求是的思想作风、忘我投入的职业作风、身心俱到的采访作风和关爱民生的负责作风,坚定不移践行着“三贴近”的真谛,赢得了百姓尊重,从一名“胡同记者”成长为山东省的“名牌记者”,并成为党的十九大代表。

四、受众获取

(一)建立清晰的受众画像

宣传报道要吸引受众,首先是要有一个清晰的受众画像。新闻工作者要厘清什么人关注这则报道,这些人的需求是什么,他们喜欢什么样的报道方式。有的新闻媒体经常做读者调查,这样会掌握什么新闻栏目最受欢迎,哪篇报道是最好的报道……如此一来,新闻媒体就可以明确下一步需要调整的方向。

当今时代,传播格局发生了深刻变化,社交媒体、自媒体平台等发展迅速。面对传播中的个体,需要了解个体的特点和属性;面对传播中的群体,需要掌握群体的特点和属性。只有对传播受众进行全方位分析研究,才能去匹配受众的媒介需求。

过去媒体有全国性媒体和区域媒体之分。而在如今的互联网平台上,随着传播技术的发展,已经难以对一个媒体简单定义为是全国性媒体还是区域媒体了。从基于互联网平台的电子传播方式看的话,任何网络媒体都是全球化媒体,都需要对用户的性格、喜好、行为、需求等特征进行挖掘提取,进而定义用户画像。

另外,受众群的稳定性或流动性也需要考察。粉丝是“一般粉”还是“铁粉"、粉丝的活跃度如何等,都需要进行评估。因此,建立受众画像一方面是将受众作为传播主体加以重视,另一方面是充分了解受众的需求。

(二)获取全面的受众认同

关系、价值、情感、文化是新闻报道中几个重要的需求维度,是基于互联网进行传播时涉及到的方面。理想的情况是:通过新闻报道同报道对象建立起一种价值认同,进而在情感上达到共鸣,最后形成一种文化认同感。在整个新闻传播的舆情框架里,受众群体具有非常重要的作用,对传播链条的构建、新闻话语的构建产生着重要影响。

在互联网时代,经常提及互联网时空中的身份认同。这种身份认同与现实生活中的身份认同不完全一致。互联网时代中的人们隔了一层滤纸,甚至还加了一层"伪善"的标签。网络的匿名性提供给受众扮演多种不同社会角色的机会,人们的身份不再固定,增加了在互联网中形成受众认同的复杂性。因此,媒体需要通过数据分析了解用户行为,同时也需要通过用户访谈等方法分析用户的心理特征和态度偏好,从而获取全面的受众需求。

(三)建构受众的自我场域

新技术加持下的沉浸式媒介消费正在成为主流。这种消费的内容不是单一的新闻报道、图片、视频,而是要在核心内容的传播过程中附加其他的内容。新闻报道要有场景设计,照此逻辑,有可能逐渐构建一个把传播场景、受众自我场景结合在一起的媒介场域。在这种媒介场景中使受众接受媒介表达,也可能会演变成生活化的场景,以使受众产生更深的认同感。

《人民日报》曾经推出过一款互动融媒体产品"我的军装照",后来又推出了"文物唱两会"的媒介产品。当然,文物本身的属性与要"唱"的内容是关联的。仅就这种尝试来看,无疑是把一些重大的课题娱乐化、场景化,使受众更易于接受。

(四)满足受众的偶像期待

新闻传播在很大程度上是在构建对象,无论是英雄、偶像,还是把一个普通群众贴上英雄的标签,从传播规律上来说,这满足了人们对于英雄、偶像的崇拜。偶像研究一直以来都是传播学研究的一个重要领域。媒体如何塑造偶像？如何通过塑造偶像的方式唤起公众对公共价值的认同？在新时代背景下，如何满足受众对偶像的期待，让传播达到良好的效果，非常值得去研究。传播是一种媒体行为，把偶像文化置于媒体平台之上——既有现实的又有虚拟的，最终让受众形成从行为到价值观的转化，提升英雄传播、偶像传播的效果。

第二节 认识论视角：经济基础与上层建筑互动规定新闻事业性质

一、经济基础决定上层建筑，上层建筑具有反作用

马克思在1859年写的《〈政治经济学批判〉序言》中，对经济基础和上层建筑的理论作了精辟的表述："人们在自己生活的社会生产中发生一定的、必然的、不以他们的意志为转移的关系，即同他们的物质生产力的一定发展阶段相适合的生产关系。这些生产关系的总和构成社会的经济结构，即有法律的和政治的上层建筑竖立其上并有一定的社会意识形式与之相适应的现实基础。"[①]一定社会的经济基础是该社会的经济关系的体现，即生产关系的总和，主要包括生产资料所有制、生产过程中人与人之间的关系和分配关系等三个方面，其中生产资料所有制是首要的、决定的部分。而一定社会的上层建筑是复杂庞大的体系，由该社会的观念上层建筑和政治上层建筑两个部分组成。观念上层建筑包括政治法律思想、道德、宗教、文学艺术、哲学等意识形态。政治上层建筑在阶级社会指政治法律制度和设施，主要包括军队、警察、法庭、监狱、政府机构和政党、社会集团等。其中，国家政权是核心。观念上层建筑和政治上层建筑是相互联系、相互制约的。观念上层建筑为政治上层建筑提供思想理论根据，政治上层建筑为观念上层建筑的传播和实施提供重要的保证。

经济基础是上层建筑赖以存在的根源，是第一性的；上层建筑是经济基础在政治上和思想上的表现，是第二性的。经济基础决定上层建筑，上层建筑反作用于经济基础。

---

① 《马克思恩格斯选集》第2卷，人民出版社2012年版，第2页。

二、意识形态的利益归属

意识形态具有鲜明的阶级功能。马克思、恩格斯曾就革命阶级的阶级意识写道："进行革命的阶级，仅就它对抗另一个阶级而言，从一开始就不是作为一个阶级，而是作为全社会的代表出现的；它以社会全体群众的姿态反对唯一的统治阶级。"[①]不同的社会集团和阶级由于其利益的差异而有不同的意识形态，而不同的意识形态在社会中所处的地位，是由其所代表的阶级的地位决定的。资产阶级有资产阶级的意识形态，无产阶级有无产阶级的意识形态。从根本上说，这是由各自的经济基础所决定的。每个社会的统治阶级的意识形态，都是占社会统治地位的意识形态，它集中反映该社会的经济基础，表现出该社会的思想特征。因此，作为上层意识形态领域的一部分，无产阶级新闻事业必然是为广大人民群众的利益而服务，资产阶级新闻事业则是为资产阶级的统治集团利益服务。

意识形态具有能动作用。唯物论认为，物质决定意识，同时意识对物质具有能动作用。同样，社会存在决定社会意识，社会意识对社会存在也具有能动的反作用。先进的、革命的、科学的社会意识对社会存在的发展产生巨大的促进作用；落后的、反动的、不科学的社会意识对社会存在的发展起着阻碍作用。

三、新闻事业"属性论"

通过上述分析可以看出，按照马克思主义社会结构理论，新闻事业在社会结构中处于上层建筑的意识形态领域，按照马克思主义基本矛盾学说，作为意识形态一部分的新闻事业的性质，是由经济基础的性质来决定的。此外，新闻事业的本质属性是社会性和阶级性的统一，具有二重性。

（一）社会性

首先，新闻事业的社会性，是指新闻事业要面向整个社会，为各个阶级的社会公众提供信息服务。

其次，新闻事业的社会性由下列因素决定：第一，新闻传播公开面向全社会，接受者是社会上的不特定的大众；第二，新闻传播中有相当一部分内

---

① 《马克思恩格斯选集》第1卷，人民出版社2012年版，第180页。

容反映的是社会各阶级各阶层各政党各集团的共同利益和共同生活;第三,不管哪一阶级、哪一集团的新闻传媒都会追求社会公众的广泛认同。

(二)阶级性

首先,新闻事业的阶级性,是指在阶级社会中,新闻机构及新闻工作者在新闻传播过程中表现出的立场和观点,代表一定阶级的利益和要求,为一定阶级服务。

其次,新闻事业的阶级性由下列因素决定:第一,新闻事业的行为主体,包括传播主体和接受主体,都能反映和代表一定阶级的利益和要求;第二,新闻事业在一定的国家和社会制度下所受到的控制,能反映和代表一定阶级的利益和要求;第三,新闻事业的性质由经济基础的性质决定,反映和代表一定阶级利益的经济基础,决定了新闻事业要反映和代表一定阶级的利益和要求。

第三节　方法论视角:以普遍联系为基本的工作思路

任何事物都处于普遍的联系之中,这是马克思主义的一个基本原理。互联网传播是一种关系传播,构建了新的传播方式。互联网传播建立的是一种弱关系。强关系是紧密的,弱关系则可能随时破灭。报道新闻事件或者新闻现象,它的价值意义是否仅仅在该事件周期以及事件本身?是否局限于当时的认知水平?任何事情都不是孤立的,都有前因后果。任何一个新闻事件都有纵向的前因后果以及横向的影响。新闻报道应当遵循普遍联系的方法论,切勿将单一事件割裂、孤立,否则可能影响新闻的真实性、客观性。

一、"联系"是马克思主义分析社会现象的基本方法

恩格斯指出:"当我们通过思维来考察自然界或人类历史或我们自己的精神活动的时候,首先呈现在我们眼前的,是一幅由种种联系和相互作用无穷无尽地交织起来的画面。"[①]普遍联系作为一般哲学范畴,通常是指事物或现象之间以及事物内部要素之间相互连结、相互依赖、相互影响、相互作用、

① 《马克思恩格斯选集》第3卷,人民出版社2012年版,第395页。

相互转化等相互关系。在无限的宇宙中，联系不是个别事物之间暂时的、特殊的关系，而是一切事物、现象和过程所共有的客观的、普遍的本性；任何事物都不能孤立地存在，都同其他事物发生着联系；世界是万事万物相互联系的统一整体；任何事物都是统一的联系之网上的一个部分、成分或环节，都体现着普遍的联系。

联系是世界上一切事物的客观本性。唯物辩证法所说的联系，是指事物的存在和运动所固有的、不以人的意志为转移的客观联系。世界上的每一个事物或现象都同其他事物或现象相互联系着，没有绝对孤立的东西。任何事物的存在和运动都在于它内部结构要素之间的某种特定的联系及其运动，都在于它同周围其他事物的一定联系、相互作用及其变化。离开了联系便没有事物的存在和运动。

普遍联系的观点是唯物辩证法的一个基本观点。在马克思主义以前，一些思想家曾以不同方式探讨过联系的问题。但总的说来，孤立的、片面的形而上学的观点曾长期占据重要地位，只有马克思主义哲学才真正明确而完整地阐明了普遍联系原理及其在科学世界观体系中的地位。它指出，只有通过相互联系和相互作用的考察，才能科学地说明物质的运动、变化和发展。关于事物、现象普遍联系的观点，是唯物辩证法的本质特征之一。恩格斯说，辩证法是“关于普遍联系的科学”①。普遍联系的原理为人类在总体上和细节上深入地把握世界的辩证性提供了有力的武器。因此，普遍联系的观点是马克思主义分析社会现象的基本方法。

二、用联系的方法指导新闻实践

事物之间的联系是客观存在的，具有普遍性和多样性，同时联系的发生又是有条件的。因此，我们要学会用联系的观点来看问题，用联系的思维来把握新闻传播规律。

首先，坚持整体与部分的统一。要求我们树立全局观念，立足整体、统筹全局，选择最佳方案，实现整体的最优目标，从而达到整体功能大于部分功能之和的理想效果。同时必须重视部分的作用，搞好局部，用局部的发展推动整体的发展。

其次，掌握统筹优化的方法。这一点要求我们用综合的思维方式来认

---

① 《马克思恩格斯选集》第 3 卷，人民出版社 2012 年版，第 841 页。

识事物,单一的、片面的思维方式都会产生认识偏差,无法统筹优化。

2004年曾发生过轰动一时的西安宝马彩票事件。当年3月23日,西安市体彩销售现场,刘亮中得价值近48万元的宝马轿车和12万元现金,随后主办方请刘亮坐上宝马车巡游宣传。3月24日,西安市体育彩票管理中心对刘亮的彩票真伪提出质疑,认为其交来的彩票为假票,表示将暂缓为其兑奖。3月25日,刘亮再次到销售现场要求提车,遭拒之后爬到现场广告牌顶端索要奖品,场面一度相当混乱。当日,《华商报》等媒体报道了这一事件,引起社会关注。3月26日,陕西省体彩中心召开紧急新闻通气会并表示,经国家体彩中心等部门鉴定,最终确认这张中奖彩票是一张假票。该中心主任贾安庆则表示"拿人头担保体彩中心不会造假"。3月27日,刘亮向媒体表示假彩票不是其原来的彩票。体彩中心称,此事已向公安部门报案,造假者可能将因涉嫌诈骗被拘。4月6日,刘亮把一纸诉状递到了西安新城区法院,要求西安市体彩中心履行兑奖承诺。8日,法院正式立案。众多记者在调查中发现,在刘亮之前有3位抽中"宝马"大奖的得主(杨小兵、刘小莉、王军)的资料均破绽重重,后经查实,均为体彩承包商的"托儿"。随即国家体育总局紧急通知,暂停在陕西境内销售即开型体育彩票,随后,在全国范围内全面叫停。5月11日,陕西省体育局和西安市体育局党组对省市体彩中心主要领导做出相应处分:责令负有领导责任的省体彩中心主任贾安庆、西安市体彩中心主任樊宏辞职;省体彩中心副主任张永民停职检查。6月初,包括上述人员在内的众人因涉嫌受贿罪、玩忽职守罪、滥用职权罪、诈骗罪、行贿罪等被依法逮捕。

在整个事件过程中,记者们围绕一张伪造的彩票,深入挖掘事件的来龙去脉,甚至将之前的获奖者联系起来进行调查。对彩票发行机关、承包商、获奖者、彩票等几方面加以关联考察,最终发现了将这几方联系在一起的巨大利益网。也许记者们并没有刻意用普遍联系的观点来探究这一新闻事件,但是用联系观点来做新闻的思路帮助他们发现了新闻背后的真相。

思考题

1.如何理解新闻媒体的意识形态属性?

2.如何认识"联系"概念在新闻传播中的作用?

第四章　党的事业与新闻工作

——马克思主义新闻观“十大关系”之一

在中国共产党的百年奋斗史中，新闻舆论工作一直是党的工作的一条重要战线，党的新闻事业与党在不同历史阶段的需求密切相关。新闻作为一个行业，新闻工作者作为一种职业，努力推动着党的事业向前发展。在2013年8月19日召开的全国宣传思想工作会议上，习近平同志明确指出，意识形态工作是党的一项极端重要的工作。他强调，宣传思想工作一定要把围绕中心、服务大局作为基本职责，胸怀大局、把握大势、着眼大事，找准工作切入点和着力点，做到因势而谋、应势而动、顺势而为。这是对党的新闻舆论工作属性的明确界定，更是对党的新闻舆论工作的明确要求，是对新闻舆论作为党的事业和新闻工作之间关系的准确阐述。

第一节　革命年代党的事业与新闻工作

一、新闻舆论工作是党的工作中的一条重要战线

习近平同志在党的新闻舆论工作座谈会上提出了党的“新闻舆论工作”，超越了以往对“新闻工作”的提法。党的新闻舆论工作是我们整个党的工作中的一条重要战线。这条战线在解放战争时期是除了武装斗争以外的一条重要战线，是一条看不见的战线，但它对中国革命的胜利起到了重要作用。

新闻战线既有形也无形。有形之处在于各级媒体以及媒体从业者、职业新闻人，无形之处在于基于网络平台形成的新的舆论终端，这些终端并不

见得体现为高楼大厦这种实物，这是基于当前新的传播环境出现的新形态。

在早期的马克思恩格斯时期，新闻理论和新闻实践密切相关。马克思、恩格斯作为马克思主义新闻观的创始人，他们理论的形成来自于各自早期的新闻实践。马克思曾经办过报纸，当过报纸政治评论版的编辑，并且是重要的撰稿人，报刊活动也因此成为了早期马克思主义思想传播的主要平台。马克思、恩格斯的论著，三分之二是以报刊文章和时政小册子的形式发表的，其中相当多的是新闻通讯。他们创办、主编、参与编辑和领导的报刊共有 13 家，签约撰稿的报纸有 3 家，即英文版的《纽约每日论坛报》、普鲁士德文版的《新奥得报》、奥地利德文版的《新闻报》。他们在世界各国的 200 多家报刊发表过文章，他们论著中提及的报刊多达 1500 多家，覆盖了当时世界的大多数报刊。马克思和恩格斯通过给报刊撰写评论、编辑文章等一系列与新闻相关的工作经历，逐渐丰富了他们的新闻思想。如果没有早期丰富的实践，可能不仅其新闻思想无法形成，革命思想也很难形成。因此，马克思、恩格斯的新闻实践对马克思主义理论的丰富和发展起到了重要推动作用。

马克思、恩格斯的新闻观可以用三个递进关系来表示：早期他们参与创办的报刊是“民主报刊”，新闻思想强调民主；之后为“工人报刊”，强调工人是推翻旧世界的重要力量；最后是“党的报刊”，自觉用各种报刊传播马克思主义思想。每一个时期的新闻思想都与他们当时所处的社会现实有关，与他们当时推进革命建设的思路相关，包括经济环境、社会思潮、社会运动等。在当时，报刊是最基本的媒体，通过报刊可以宣传民主思想。在报刊的宣传鼓动下，无产阶级成为了追求民主的骨干力量。但是这种力量需要有组织地聚合在一起，于是就出现了政党。所以从“民主报刊”思想到“工人报刊”思想，再到“党的报刊”思想，表现为一个完整的进化关系。“党的报刊”思想和后来党的新闻事业结合更加紧密。

二、党的新闻事业与党的阶段性需求密切相关

十月革命之前，列宁的新闻思想已经产生，他的新闻思想是从撰写新闻评论和创办报刊等新闻实践活动中产生的。列宁是一位典型的报人，通过办报这种方式宣传马克思主义思想。据统计，列宁本人直接创办和参与了 40 多份报纸。革命领袖在宣传其革命主张时，媒体的作用至关重要。十月革命早期、夺取政权时期和国家建设时期，列宁的新闻思想也发生了显著变

化，呈现出脉络式发展的变迁。

列宁、毛泽东等无产阶级革命领袖，早期的新闻思想与其革命主张是一致的，即发动革命推翻旧政府、建立新政权。任何一位革命领袖，他们新闻思想的发展一定与党的新闻事业的阶段性需求是共通的。不断发展的党的事业，在每一个阶段都有其工作的焦点和侧重点。例如，党的十一届三中全会开启了改革开放的伟大历程，党的十九大提出了“新时代中国特色社会主义”的全新概念，新时代中国社会的主要矛盾也发生了变化，由“人民日益增长的物质文化需要同落后的社会生产之间的矛盾”转化为“人民日益增长的美好生活需要和不平衡不充分的发展之间的矛盾”。进入新时代，党的新闻事业同样发生了新的改变。

1978 年是改革开放元年，至今已经有 40 多年。从改革开放初期到现在，很多具体的领域都发生了重要的变化。比如，对于计划和市场的认识，对于特区姓“资”还是姓“社”的认识，对于取消农业税的认识，等等。这些重要变化意味着什么？意味着党和国家的阶段性需求发生了变化。在这样的背景下，新闻舆论工作必须适应党的事业要求。从马克思、恩格斯和列宁在不同阶段形成的新闻思想可以看出，每一个阶段新闻舆论工作的中心任务一定是为党在这个阶段的中心任务提供服务、提供支撑。

中国革命的历史也是如此。众所周知，毛泽东同志是伟大的无产阶级革命家、战略家、理论家，中国共产党、中国人民解放军和中华人民共和国的主要缔造者和领导人，马克思主义中国化的伟大开拓者。同时，他还是一位杰出的新闻人。毛泽东同志曾为创刊于 1939 年的《大众日报》题词。《新华日报》《大众日报》等报刊，均创刊于中国革命的艰难时期。在当时的情况下，确实需要这样的宣传阵地来宣传党的革命主张。大众日报编辑部在当时不仅出版报纸，还出版杂志、宣传手册等一系列的出版物，用以宣传那个时期党的路线方针政策。毛泽东同志曾经亲自给《大众日报》写过多篇社论，之所以这样做，一方面是因为当时在华北地区急需这样一个有广泛影响力的媒体平台来宣传党的主张，另一方面是因为在特殊时期确实需要毛泽东同志写文章来鼓舞全党，厘清思路，发动群众。从日本侵略者到国民党反动派，为了争夺当时的舆论控制权，先后极力打压《大众日报》，报社的许多记者、印刷工人和发行人员也为此付出了年轻的生命。“战争 10 年，578 位报社职工，160 多位好乡亲，将宝贵的生命献给了这张中国报业史上连续出版时间最长的党报，誓死捍卫了党的舆论阵地，创造了中国乃至世界新闻史上的奇迹。”①

三、革命领袖与党的新闻舆论工作密不可分

一个媒体在它的成长过程中，不仅能够宣传党的事业主张，还能为党培养人才，成为党的人才摇篮。从《大众日报》走出了若干中国著名人物，有外交家、学者、市长等。为什么一份报纸能够出这么多优秀人才？因为媒体的各方面工作都可以磨炼从业者的意志，在炮火打击下能够坚守媒体岗位，这是一种信念。

中国共产党推翻了三座大山建立起新中国，在这个过程中，毛泽东同志的战略思想、军事思想等方面都受到了新闻工作的影响。新中国成立之后，党的领导人们的新闻实践主要分为两类：一类是亲自执笔撰写文章。即便是在当下，依然笔耕不辍，只是发表形式发生了变化。例如，主流媒体发布的领导人讲话也是领导人创作的一种方式。另一类是对新闻工作提出指导意见。“文化大革命”结束后，邓小平同志复出工作，第一次接受新闻媒体的专访就选择了意大利著名女记者奥琳埃娜·法拉奇。法拉奇是世界著名记者，采访过许多国际著名政治人物和国家领导人，她的提问风格刻薄、刁钻、尖锐甚至尖酸，令采访对象头疼不已。小平同志敏锐地意识到，接受法拉奇的采访是一次向国际展示中国形象和中国道路的绝佳时机，在这方面，外国记者的影响力会更大，这就是有效地利用媒体。再如，一年一度的全国“两会”这种全国性会议，新闻报道方面一届比一届更加开放，这充分体现了党和政府高度重视利用媒体做好新闻宣传工作，特别是创新新闻宣传工作。《小丫跑两会》是央视在“两会”期间推出的一档创新类新闻节目，一经推出，反响良好，就此掀起了以个人品牌做重要报道的高潮。在近些年的“两会”期间，中央财经频道还聘请了多名外国记者报道“两会”，以外国人的视角采访“两会”、解读“两会”，使节目看起来更客观、更有说服力。

领导人们的新闻实践活动，首先是对新闻工作提出指导，例如党的原则问题、人民性问题、新闻工作服务于党的全局工作问题。给新闻工作定导向、定规矩、定方向、定要求，这是他们新闻实践的重要内容。其次是发表重要讲话，例如习近平同志在福建、浙江工作期间就与新闻媒体有密切合作。

因此，无论是革命年代还是改革开放新时代，党的事业和新闻工作是高

---

① 于岸青：《一张报纸的抗战——大众日报社史撷英》，山东人民出版社2017年版，第274页。

度结合的。没有新闻工作的支撑支持，党的事业在推进的过程中可能就会遇到很多障碍。现代新闻事业不仅需要传统媒体，还需要新媒体、社交媒体、个人媒体等各种各样的新形式加以支撑。新的媒体环境变化使党的舆论工作的方式、节奏和内容都发生了重大变化，但新闻事业依旧是党的事业的重要支撑，是一条重要战线。

第二节　社会主义建设时期党的事业与新闻工作

一、社会主义建设时期新闻事业的作用

在革命年代，新闻事业主要是通过宣传党的主张来发动群众。在社会主义建设时期，新闻事业对推动党的建设依旧发挥着重要作用。

社会主义建设时期可以划分为不同时段或诸多领域。在每一个重要的时间节点，对党的工作产生重要推动作用的经常是新闻媒体。国家建设中所取得的重要成就、重要进步，都离不开新闻媒体的宣传。例如，要推进一项改革，首先要让人民群众对这项改革形成共识，这就需要媒体对改革的必要性进行宣传。如果要策划中华人民共和国成立 75 周年的图书，可以以中华人民共和国成立至今的新闻报道为线索，分门别类，详尽展示过去 75 年中国在经济、政治、文化教育等各方面取得的成就，而每一项成就都有当时的新闻报道进行过宣传。

除了成就报道外，在人物报道方面，新闻媒体的宣传同样发挥了重要作用。《县委书记的榜样——焦裕禄》是著名记者穆青的代表长篇报道，该报道在成功塑造焦裕禄的光辉形象同时，也将穆青本人的新闻职业生涯推向了一个高峰。为什么这篇报道在当时受到那么广泛的关注？因为那个时代需要焦裕禄这样的典型，他是那个时代“艰苦创业、一心为民”的精神象征。应该说，每个时代都需要代表时代精神的典型人物。当今时代，国家倡导“工匠精神”，因此各级媒体对代表“工匠精神”的典型人物做了大量宣传报道。

【案例】

焦裕禄是中国共产党的革命烈士、干部楷模。他在兰考县担任县委书记时，兰考正在遭受严重的内涝、风沙、盐碱三害，他坚持实事求是、群众路线的领导工作方法，同全县干部和群众一起，与深重的自然灾害进行顽强斗争，努力改变兰考面貌。他身患肝癌，依旧忍着剧痛，坚持工作，1964 年 5 月

14 日病逝于郑州，终年 42 岁。焦裕禄用自己的实际行动，铸就了亲民爱民、艰苦奋斗、迎难而上、无私奉献的焦裕禄精神，被誉为“党的好干部”“人民的好公仆”，他的事迹和崇高的品格感动了一代人。

经济建设方面的每一项工作都离不开媒体的作用。社会治理方面，新闻媒体的作用也非常明显。许多法规条例的颁布、制定、修改，都与新闻媒体的呼吁关系密切。新闻舆论工作可以打碎一个旧世界，也可以建构一个新世界。在社会主义建设时期，新闻舆论工作依旧是推进党的事业的重要力量。

二、媒体宣传重点源于党的事业需求，解决共识问题

无论在什么阶段或时期，党和国家在推进某项中心工作的时候，都需要通过新闻媒体去发动，通过新闻舆论做引导，以此来澄清误区，达成共识。

1978 年 5 月 11 日，《光明日报》发表了评论员文章《实践是检验真理的唯一标准》（见图 4-1），由此引发了一场全国性的真理问题大讨论，各级媒体纷纷参与其中。在此之前，关于这篇文章能否发表，在哪个媒体上发表，发表后可能会产生什么影响，等等问题，都经过激烈的争论。共产党人讲究真理，真理的标准是什么？实践是一个活跃的过程，需要不断创新、接续探索，需要打破陈规。这一系列与实践相关的表述都是讨论真理标准问题时需要厘清的思想。基于此，邓小平提出了“摸着石头过河”“黑猫白猫论”“姓资姓社”等一系列观点。

实践是检验真理的唯一标准

本报特约评论员

检验真理的标准只能是社会实践

理论与实践的统一，是马克思主义的一个最基本的原则

图 4-1 《实践是检验真理的唯一标准》

因此，配合当时形势，国内媒体进行的真理标准问题大讨论，并不是新闻媒体刻意策划出来的新闻噱头，而是在那样一个特殊时期，围绕我们党要解决的中心任务、中心问题开展的新闻活动，活动的目的就是要解决国人思想解放的问题，进而用思想解放推动改革开放。这一切都不是一个简单的媒体行为，而是党中央围绕那个阶段的需求通过新闻媒体平台推进工作的行为，是党的事业需求。1978 年党的十一届三中全会明确提出党和国家的工作重心转移到经济建设上来。如果不是借助媒体平台，让人民群众在改革发展问题上形成共识，之后的改革开放将很难顺利开展。因此，看待媒体行为一定要看到它背后存在的党的事业需求，新闻舆论工作必须要配合党的中心工作。

三、新闻媒体推动党的事业发展

（一）站在时代前沿

新闻媒体要有效推动党的事业发展，需要有境界、有眼光，需要站在时代前沿。只有具有良好的把握能力，并具有前瞻性和预见性，才能取得好的效果。

新闻是新近发生事实的报道。新近发生的事实有些会对今后产生影响，带来变化。作为有思想的新闻工作者和有责任感的新闻媒体，也需要将这种可能的影响和变化传递给读者受众，引导他们对现实、对未来做出正确的认知和判断。同时，党的政策主张很多时候也需要媒体进行前瞻式的解读。通过解读，引导群众思想，引领时代发展，使之符合党的预期和人民的期盼。

（二）由点及面的思维

各级党委和政府推行某项政策的时候，一定不是单纯基于某个人的决策判断的，而是在经过充分调研、论证和规划之后做出的决定。因此，媒体在关注新闻事件的时候，不应该只关注个人的行为。此外，有改革就有得失，有收获就有失去。任何人、事、物都不是完美的，会有遗憾甚至犯错误，要学会用全面的观点来看问题。

城市经济体制改革发端于 1984 年。改革之后，企业的经营权和所有权相分离。城市中很多企业习惯了传统经营方式，很难在短期内适应新的经营方式。针对这一问题，《大众日报》推出了一组报道，要解决的问题是：如何通过新闻舆论的方式推进现阶段经济体制改革深入实施。在经济体制改革的早期，许多媒体都采用了借助人物报道的方式去探讨经济问题，从一个人物话题引申开来，最终触及经济体制改革的社会问题，“傻子瓜子”创始人年广久的相关报道就是这方面的典型案例。后来，国家出台的深化教育体制改革、深化卫生体制改革等一系列重大举措，都通过这样一种方式去进行报道，去推进整个事业的发展。

【案例】

小平同志关心“傻子瓜子”①

1982年底和1983年初，素以文教报道为特色的《光明日报》，突然把视线转向极其敏感的经济体制改革的领域。继1982年11月7日至24日，分6次连载《安徽滁县地区“大包干”生产责任制纪实》的长篇通讯，又于1982年12月20日在一版发表安徽芜湖“傻子瓜子”的两则消息。转年的1月4日，又在二版以半版篇幅刊登了介绍“傻子瓜子”的经营者年广久的经历以及因“傻子瓜子”而引发的一场尖锐的思想观念的撞击。

这篇报道即是题为《“傻子”和他的瓜子》的通讯。

……

后来学习《邓小平文选》，发现小平同志对“傻子瓜子”曾经有过几次重要讲话，这使我感到无比欣慰。特别是，1992年1月18日至2月21日在武昌、深圳、珠海、上海等地的谈话要点中提到“傻子瓜子”问题。

他说：“这次十一届八中全会开得好，肯定农村家庭联产承包责任制不变。一变就人心不安，人们就会说中央的政策变了。”“农村改革初期，安徽出了个‘傻子瓜子’问题。当时许多人不舒服，说他赚了100万，主张动他，我说不能动，一动人们就会说政策变了，得不偿失。像这一类的问题还有不少，如果处理不当，就很容易动摇我们的方针，影响改革的全局。城乡改革的基本政策，一定要长期保持稳定。”

这次谈话，小平同志把对待“傻子瓜子”的政策和农村家庭联产承包责任制并列，视之为“城乡改革的基本政策”，明确指出“一定要长期保持稳定”。他还语重心长地告诫我们：“当然，随着实践的发展，该完善的完善，该修补的修补，但总的要坚定不移。即使没有新的主意也可以，就是不要变，

---

① 金涛：《小平同志关心“傻子瓜子”》，《文摘报》2018年10月27日。

不要使人们感到政策变了。有了这一条,中国就大有希望。”

（三）正面宣传为主

一篇报道并不会孤立地表达一个意图。新闻舆论工作首先要有大局观,就是围绕党和政府每年工作的重点来做文章。新闻工作要围绕主旋律进行主题策划,江泽民同志担任总书记期间就提出了“团结稳定鼓劲、正面宣传为主”的新闻方针,习近平总书记也多次强调正面宣传为主的重要性。党的新闻舆论工作要将落脚点放在有利于团结、有利于经济发展上,实现这个目标就要以正面宣传为主。为什么是为主而不是完全正面呢?因为党和政府需要舆论监督。但在一些重要的时间节点上,正面宣传的比重会比较大。例如,每年“两会”期间,为了团结稳定鼓劲,正面宣传报道就成为新闻报道的基本形式,所有的新闻稿件都围绕过去一年发生的重大变化、取得的成绩而展开。从这个角度上看,党的新闻舆论工作是在不同的阶段围绕党和政府的工作重心,进行思想发动和典型引导的具体工作。

（四）聚焦重大节点事件

在党和国家发展的每一个重大历史节点时期,新闻舆论工作都发挥着重要作用。工作重心的转移、经济特区的创建、党对人才工作的领导、市场经济的确立等一系列重大事件,媒体都进行了及时报道。我国第一颗原子弹爆炸、第一颗卫星上天、第一次南极科考、第一艘航母下水等重大科技成就,也是由新闻媒体报道出来的。聚焦重大节点事件,是新闻媒体推动党的事业发展的重要一环。

1992年春天,邓小平同志到南方考察,发表了重要的南方谈话。南方谈话厘清了当时出现的各种混乱思想,有力推动改革开放进入了第二个春天。南方考察期间,《深圳特区报》发表了著名的长篇通讯《东方风来满眼春——邓小平同志在深圳纪实》(见图4-2),作者是时任《深圳特区报》副总编的陈锡添。对于邓小平的南方谈话,文章不是在套用讲话内容,而是将邓小平讲话与肯定深圳特区的发展融为一体。选择《深圳特区报》来发表这篇文章显然是有特殊含义的,是在用深圳发展的事实来印证改革开放创办特区政策的正确性,进而坚定全国人民坚持改革开放的决心。

东方风来满眼春
——邓小平同志在深圳纪实

图 4-2 《东方风来满眼春——邓小平同志在深圳纪实》

(五)新的舆论场构建

党的主张不仅仅通过新闻报道进行传递,还通过舆论场的构建来加以传播。舆论场的构建,既包括主流舆论场,也包括民间舆论场。新的历史条件对党的新闻舆论工作提出了更高的要求,也就意味着我们需要用与时俱进的态度和与时俱进的思维方式来考虑当下的问题。在当前背景下,任何一个重大新闻事件,都不是一篇新闻报道能够完整传递的。营造新的舆论生态,一定要善于利用更多舆论工具,这是新时代做好党的新闻舆论工作必须掌握的本领。

思考题

1.怎样认识党的新闻事业与党的阶段性需求之间的关系?

2.新闻媒体如何推动党的事业发展?

第五章　党性与人民性

——马克思主义新闻观的“十大关系”之二

党性是一定政党所具有的政治属性、政治立场、政治倾向。新闻媒体总是代表某一阶级的，具有一定的政治立场、价值取向、利益诉求，因此新闻媒体具有的这种倾向性、政治性和阶级性就是新闻工作的党性。新闻工作的党性，是贯穿马克思主义新闻观的一条红线。党性原则是社会主义新闻工作的根本原则，是马克思主义新闻观的精髓。历史和实践表明，只有坚持党性原则，才能正确把握新闻舆论工作的政治方向。坚持社会主义新闻工作的党性原则，就是要在思想上坚持以马克思主义为指导，在政治上同党中央保持一致，在组织上坚持党对新闻工作的领导。党自诞生之日起，就没有自己的特殊利益，而是始终代表着最广大人民的利益。坚持新闻工作党性和人民性的统一，就是要把宣传党的路线方针政策与反映人民的呼声相结合。坚持以民为本、以人为本，把维护好、实现好、发展好最广大人民的根本利益作为新闻工作的出发点和落脚点，同时要做好新闻舆论的引导工作，把党的路线方针政策变为人民群众的自觉行动。

第一节　新闻工作党性原则的历史发展

新闻工作的党性原则是党在革命斗争的实践过程中形成的基本原则和行为准则，是党的新闻工作的优良传统。中国共产党在革命、建设和改革过程中的新闻工作都表明，只有坚持党性原则，新闻工作才能对党和人民的工作起到推动作用，否则就会对党和人民的事业造成重大损失。

一、马克思、恩格斯对党性的认识

在马克思、恩格斯的著作中，并没有使用过“党性原则”这个概念，但是在他们的报刊思想和理论体系中，却奠定了党性原则的基础。在《共产党宣言》问世的前几年，恩格斯在批判德国思想家用“抽象的人性”和“普遍的爱”来宣扬“绝对的社会主义”时，最早使用了“党性”一词。

恩格斯在《“傅立叶论商业的片断”的前言和结束语》中写道：“而这种社会主义，由于自己在理论领域中没有党性，由于自己的‘思想绝对平静’而丧失了最后一滴血、最后一点精神和力量。可是人们却想用这些空话使德国革命，去推动无产阶级并促使群众去思考和行动！”[①]但是，当时恩格斯是从哲学和理论层面论述的，在这里“党性”主要是指政党的理论原则或政治立场、政治志向，还不是从无产阶级政党的严格意义上论述无产阶级政党的品质和属性，并且恩格斯也没有进一步阐明党性的内涵。

无产阶级政党的纲领性文件《共产党宣言》中虽然没有直接出现“党性”一词，但是马克思、恩格斯第一次明确论述了无产阶级和共产党在政治上的先进性品质及其在理论和实践上的体现，而这也是共产党之所以成为共产党而不是其他什么政党的根源所在，其实就是我们所说的“党性”。

二、列宁关于党报党性的新闻思想

列宁高度重视党性，在其著作中多次使用“党性”一词，并赋予其丰富的思想内涵。

（一）列宁提出党性原则的历史背景

19 世纪末 20 世纪初，资本主义发展到垄断资本主义阶段。此时的俄国正处于风暴的中心，资本主义的迅速发展与俄国沙皇的黑暗腐败统治以及大量的封建残留之间的矛盾，俄国沙皇统治阶级与普通劳苦大众的矛盾，资产阶级与无产阶级的矛盾，俄国不同民族之间的民族矛盾，这些矛盾日益激化，一触即发。在这样的情况下，布尔什维克党的前身——俄罗斯社会民主工党登上了历史舞台。1898 年 3 月 13～15 日，俄国社会民主工党第一次代表大会在明斯克秘密召开，大会宣告俄国社会民主工党的成立。不幸的是，

① 《马克思恩格斯全集》第 2 卷，人民出版社 1957 年版，第 659 页。

党的中央组织很快被沙皇警察破坏，俄国社会民主工党名存实亡。在没有中央组织统一领导的情况下，党员们没有或很少有“党”的意识，说话做事随心所欲，战斗力极差。1903 年 7 月 30 日，俄国社会民主工党第二次代表大会在布鲁塞尔开幕。这次大会通过了党章、制定了党纲，并选举出党的领导机构。这次大会的召开标志着一个新型的、与西欧社会民主党完全不同的无产阶级政党诞生了。[①] 然而，由于缺乏相关意识，回到各自小组的党代表们仍以党小组为中心，甚至做出违背党章、党纲的事情。列宁曾经对此评论说：“俄国社会民主党还要经历最后一个困难的过渡，从小组习气过渡到党性。”[②]这是列宁最早将党性的概念和党的出版物联系起来。此后，党性成为列宁特别强调的一个概念。后来他旗帜鲜明地喊出了一系列口号：“打倒小组习气，首先是打倒党报编辑部中的小组习气！打倒瓦解组织的分子！能够真正遵守党代表大会的决议、尊重党的纪律和组织的无产阶级政党万岁！”[③]显然，列宁对出现新的非党性的现象极为愤怒。

列宁对加强党性教育和严格纪律非常重视，并在文章中反复提及。在《论党的改组》中，列宁明确提出衡量“党性”的三条标准，即党的纲领、党的策略和各国无产阶级联盟的全部经验（组织经验）。符合这些的言行是具有党性的，不符合这些的言行是违背党性的。1905 年，列宁在《新生活报》上发表《党的组织和党的出版物》，这篇文章被视为集中论述党的出版物党性原则的经典之作。在这篇文章中，列宁明确论述了党报党刊与党的关系、党报党刊的基本任务等问题，他提出衡量是否坚持党性的标准一共有四条：党的纲领、党的章程、党的策略决议和“各国的无产阶级自愿联盟的全部经验”。此后两周，列宁根据当时残酷的斗争环境，进一步在《社会主义政党和非党的革命性》一文中论证了坚持党性对党的重要意义。他写道：“严格的党性是阶级斗争高度发展的伴随现象和产物。反过来说，为了进行公开而广泛的阶级斗争，必须发展严格的党性。”[④]为了捍卫党性，他还在 1905 年出版了布尔什维克的第一家机关报——《前进报》。《前进报》对孟什维克的路线和策略进行有力的批判，通过独立的舆论阵地宣传布尔什维克的纲领和策略，在理论上坚持马克思主义的革命原则，把制订、宣传和捍卫布尔什维克的思

---

① 参见魏晔玲：《党性的诠释——事说党性二三事》，首都经济贸易大学出版社 2016 年版，第 11 页。

② 《列宁全集》第 8 卷，人民出版社 1986 年版，第 19 页。

③ 《列宁全集》第 8 卷，人民出版社 1986 年版，第 113 页。

④ 《列宁选集》第 1 卷，人民出版社 1995 年第 3 版，第 672 页。

想路线和斗争策略作为自己的重要任务，成为党的机关报的代表。

（二）党性作为一个哲学概念的使用

列宁在1894年底至1895年初所著的《民粹主义的经济内容及其在司徒卢威先生的书中受到的批评》一书中指出："唯物主义本身包含有所谓党性，要求在对事变做任何评价时都必须直率而公开地站到一定社会集团的立场上。"[①]在讲这段话时，俄国既没有工人政党，也没有党的报刊，列宁在这里谈的实际是马克思主义哲学中的党性问题，即是说，党性是个唯物主义问题，是马克思主义世界观中阶级性的突出体现。

（三）党性和阶级斗争

1905年，列宁在《社会主义政党和非党的革命性》一文中强调："严格的党性是阶级斗争高度发展的伴随现象和产物。反过来说，为了进行公开而广泛的阶级斗争，必须发展严格的党性。因此，觉悟的无产阶级政党——社会民主党，应该随时同非党性作斗争，坚持不懈地为建立一个原则坚定的、紧密团结的社会主义工人政党而努力。"[②]列宁提出："严格的党性原则是使阶级斗争成为自觉的、明确的、有原则的斗争的条件之一。"[③]1906年，列宁再次强调："党性是高度发展的阶级对立的结果和政治表现。"[④]党性是无产阶级阶级性发展过程中的升华，是无产阶级实现由自发斗争到自觉斗争的基本条件之一。

（四）党性和党的组织纪律性

列宁对党性与党的组织纪律性有着深刻论述。他指出，严格党纪能让党摆脱不良状态，发扬集中统一的党性以完成使命。1904年，列宁在《进一步，退两步》一书中特别强调坚持党性原则，针对孟什维克在党的建设上降低党员条件、赞美小组习气、为无政府状态辩护的谬论，列宁主张建立一个革命的、集中的、有战斗力的无产阶级政党，这就必须强调党的组织纪律性。1905年11月，列宁在《党的组织和党的出版物》中主张，凡是要求入党的，一

---

① 《列宁全集》第1卷，人民出版社1984年版，第363页。
② 《列宁选集》第1卷，人民出版社1995年版，第672～677页。
③ 《列宁选集》第1卷，人民出版社1995年版，第678页。
④ 《列宁选集》第13卷，人民出版社1987年版，第63页。

定要参加党的一个组织，接受党组织的监督，遵守起码的组织纪律性，这是入党的最低要求，也是最重要的党性原则。强调要坚持党报的党性原则，即写作事业是整个无产阶级事业的一部分，应当成为党的工作的一个组成部分，要接受党的监督，为党的事业服务。列宁关于党报的论述表明，坚持党性，最重要的就是坚持党的原则，坚持党的纪律，以此来维护党的团结和统一。

三、中国共产党领导人对于党性的论述

毛泽东的党报思想具有深厚的中国语境。在毛泽东早年的革命实践中，他始终重视"笔杆子"工作。延安时期，毛泽东的新闻宣传思想进一步升华，并且在《在延安文艺座谈会上的讲话》以及《解放日报》改版实践中得以落实。1942 年 4 月 1 日《解放日报》改版社论旗帜鲜明地亮出党报宗旨："什么是党报？一提起这个问题的时候，大家必然会想起'报纸不仅是集体的宣传员和集体的鼓动员，而且还是集体的组织者'（列宁）、'报纸是我们最锐利和最有力的武器'（斯大林）这一类名言。但是试问报纸到底如何才能成为集体宣传者集体鼓动者集体组织者呢？究竟怎样才能成为党手中最锐利和最有力的武器呢？那么，必须：第一，贯彻着坚强的党性。……第二，密切地与群众联系，反映他们身受的苦难和惨痛，宣达他们的意见和呼声。……第三，洋溢着战斗性。……在检讨我们过去的工作之后，我们认为需要使我们的工作有一个彻底的改革。改革的目的，就是要使《解放日报》能够成为真正战斗的党的机关报。要达到这个目的主要的环节，就是要使我们整个篇幅贯彻党的路线，反映群众情况，加强思想斗争，帮助全党工作的改进。这样来贯彻我们报纸的党性、群众性、战斗性和组织性！"①在社论中，中国共产党首次明确地把"党性、群众性、战斗性和组织性"概括为党报的四大品质。社论还强调《解放日报》不仅要成为真正战斗的党的机关报，同时也要成为党性与人民性相统一的报。

在革命时代，作为革命党，共产党需要将报刊媒体打造成锐利的武器，目的是为革命服务，捍卫革命合法性，赢得革命的胜利。因此，衡量党报是否有党性的一个标准就是看党报是否能够正确地把握住党的政策，宣传是否符合党的政策。

---

① 《致读者》，《解放日报》1942 年 4 月 1 日。

毛泽东在1942年9月给陈毅的电报中就曾经指出，务必使报刊宣传服从于党的政策。[①] 1942年10月，中共中央书记处起草的给各中央局、中央分局的指示中又强调："查各地中央局、中央分局对当地通讯社工作及报纸工作注意甚少，对宣传人员及宣传工作缺乏指导，尚不认识通讯社及报纸是革命政策与革命工作的宣传者组织者这种伟大的作用，尚不懂得领导人员的很多工作应该通过报纸去做。西北中央局已经发表了一个关于报纸工作的决定，各地亦应仿此办理，改正过去不讨论新闻政策及社论方针的习惯，抓紧对通讯社及报纸的领导，务使通讯社及报纸的宣传完全符合于党的政策，务使我们的宣传增强党性。……克服宣传人员中闹独立性的错误倾向。"[②]这就与列宁提出党性的背景有了较大的差异。列宁提出的党性，针对的是没有党性的情况，要求党摆脱小组习气，要建立全党的意识，毛泽东谈到的党报的党性，则是要求党报要承担起机关报的职责，能够指导党的工作，党报工作者要主动宣传党的方针政策。

新中国成立以后，中国共产党由革命党转变为执政党，强调媒体必须体现党的意志，贯彻党的路线方针政策。媒体不仅要成为党的喉舌、人民的喉舌，同时也应是社会的组织者。1959年，毛泽东提出了"政治家办报"的概念，这是新闻事业党性原则在新的历史语境下的又一表现。毛泽东强调的"政治家办报"是因为新闻工作者从事的是一项政治性、政策性很强的工作，因此新闻工作者必须是一个合格的马克思主义者，尤其是在写政论文章时，媒体工作者一定要能够从整体上把握政治形势，"多谋善断"，具有高超的媒体驾驭能力。毛泽东认为，所有的新闻工作者都是党的宣传员和组织者，他甚至提出党委第一书记要亲自抓社论，把握党报宣传的基调。报纸要由"一个完全懂得党的正确路线和正确政策的同志，将大样看一遍，改正错误观点，然后出版"[③]。只有这样，党报宣传才不会偏离方向。

邓小平的新闻宣传思想，是马克思主义新闻观在改革开放语境下的产物，是中国从"非常态"时代转向"常态"时代的产物。邓小平的贡献之一就是将人民和媒体该有的权利返还给他们，包括表达的权利和监督的权利。媒体作为连接执政党和人民的纽带，其功能在"文化大革命"期间遭到严重扭曲，致使媒体与人民的亲和性被阻断，党的新闻宣传事业陷入被动。通过

---

① 参见《毛泽东新闻工作文选》，新华出版社1983年版，第96页。
② 《毛泽东新闻工作文选》，新华出版社1983年版，第97页。
③ 《毛泽东新闻工作文选》，新华出版社1983年版，第155页。

改革，邓小平让走失的人民性重新回归到党性原则，他强调："党报党刊一定要无条件地宣传党的主张。对党的工作中的缺点和错误，党员当然有权利进行批评，但这种批评应该是建设性的批评，应该提出积极的改进意见。"[①]他强调，我们党的报刊要成为全国安定团结的思想上的中心，为建设社会主义精神文明服务。这一要求的提出，对加强党的舆论工具的建设，促进社会主义"四化"建设具有重要意义。1983年10月12日，邓小平在《党在组织战线和思想战线上的迫切任务》的讲话中指出："所有共产党员都要增强党性，遵守党的章程和纪律。"[②]他批评"把民主同党的领导对立起来，在党性和人民性的问题上提出违反马克思主义的说法"[③]。邓小平新闻传播思想充满辩证智慧：一方面，他强调思想解放，突破形形色色的禁区，还权利于媒体；另一方面，他时刻防范思想解放与舆论开放带来的风险，把控解放与开放的节奏和节点。比如，强调传媒的党性原则，注重传媒的社会效益，要求传媒为改革保驾护航，为经济发展创造良好的舆论环境。

江泽民在多次讲话中都强调了党性的重要性和党性与人民性的一致性。1989年11月28日，江泽民在新闻工作研讨班上发表题为《关于党的新闻工作的几个问题》的重要讲话。他说："我们的新闻工作是党的整个事业的一个重要组成部分。因此不言而喻，必须坚持党性原则。坚持党性原则，也就是坚持工人阶级和人民群众的根本利益的原则，两者是完全一致的。提出'人民性'高于党性，实质就是要否定和摆脱党对新闻事业的领导。"[④]1996年1月2日，江泽民在接见解放军报社师以上干部的讲话中特别强调，办好报纸，"首要的一条，就是必须坚持鲜明的党性原则"，"在坚持党性原则上，不允许有任何的含糊和动摇"[⑤]。1996年9月，他在视察人民日报社时再次指出："党的新闻事业与党休戚与共，是党的生命的一部分。"[⑥]以"党的生命"的说法描述了新闻工作在党的工作中的重要地位，并且强调"新闻宣传在政治上必须同党中央保持一致"。这是江泽民在总结历史教训的基础上，对新闻战线坚持党性原则的强调。

---

① 《邓小平文选》第2卷，人民出版社1994年版，第272页。

② 《邓小平文选》第3卷，人民出版社1993年版，第46页。

③ 《邓小平文选》第3卷，人民出版社1993年版，第42页。

④ 江泽民：《关于党的新闻工作的几个问题——在新闻工作研讨班上的讲话提纲》，《求是》1990年第5期。

⑤ 江泽民：《在接见解放军报师以上干部时的讲话》，《人民日报》1996年1月22日。

⑥ 《江泽民文选》第1卷，人民出版社2006年版，第564页。

胡锦涛关于党性原则的强调则是在社会转型、改革开放、市场经济体制确立的条件下，在互联网和移动互联网乃至大数据时代的大背景下所提出的。2002 年 1 月，胡锦涛在全国宣传部长会议上的讲话中指出："我们的新闻媒体是党和人民的喉舌，一定要坚持新闻工作的党性原则。"①2003 年 12 月，胡锦涛在全国宣传思想工作会议上的讲话进一步强调指出："党管宣传、党管意识形态，是我们党在长期实践中形成的重要原则和制度，是坚持党的领导的一个重要方面，必须始终牢牢坚持，任何时候都不能动摇。各级党委要始终高度重视宣传思想工作，坚持'两手抓、两手都要硬'的方针，切实加强和改善领导。"②从中央文件和领导同志的讲话可以看出，坚持继承和丰富发展党性原则，就要求新闻宣传媒体必须在政治上、思想上、行动上与党中央保持高度一致，努力当好党的喉舌，自觉宣传党的理论、路线、方针、政策，并将此作为自身最重要的任务、最中心的工作。2006 年 1 月，胡锦涛在考察解放军报社时明确提出："要高举旗帜、听从指挥，坚持鲜明的党性原则，坚持正确的政治方向和舆论导向。"③2008 年 6 月 20 日，他在考察人民日报社时强调："必须坚持党性原则，牢牢把握正确舆论导向。"④在这里，他把新闻工作的党性原则作为一个最根本的原则、一个提高舆论引导能力必须始终坚持的原则加以强调。

党的十八大以来，在"全面建成小康社会、全面深化改革、全面依法治国、全面从严治党"战略布局的新时期，如何坚持新闻宣传工作的党性原则，习近平在全国宣传思想工作会议上的讲话中作了如是诠释："坚持党性，核心就是坚持正确政治方向，站稳政治立场，坚定宣传党的理论和路线方针政策，坚定宣传中央重大工作部署，坚定宣传中央关于形势的重大分析判断，坚决同党中央保持高度一致，坚决维护中央权威。"⑤要求所有宣传思想部门和单位，所有宣传思想战线上的党员、干部都要旗帜鲜明地坚持党性原则，对宣传思想战线加强党的领导和党的建设提出了明确要求。他还要求："各级党委要负起政治责任和领导责任，加强对宣传思想领域重大问题的分析研判和重大战略性任务的统筹指导，不断提高领导宣传思想工作能力和水

---

① 胡锦涛：《高度重视并切实做好统一思想的工作》，《人民日报》2002 年 1 月 11 日。

② 胡锦涛：《坚持用"三个代表"重要思想统领宣传思想工作 为全面建设小康社会提供科学理论指导和强大舆论力量》，《人民日报》2003 年 12 月 8 日。

③ 《胡锦涛考察解放军报社 祝贺军报创刊 50 周年》，《人民日报》2006 年 1 月 4 日。

④ 胡锦涛：《在人民日报社考察时的讲话》，《人民日报》2008 年 6 月 21 日。

⑤ 《习近平新闻舆论思想要论》，新华出版社 2017 年版，第 72 页。

平。要树立大宣传的工作理念，动员各条战线各个部门一起来做，把宣传思想工作同各个领域的行政管理、行业管理、社会管理更加紧密地结合起来。”[①]这一要求，体现了合力推进宣传思想工作的战略思路。在我国社会深刻变革和对外开放不断扩大的形势下，宣传思想工作的政治性越来越强、涉及领域越来越多、覆盖范围越来越广，做好宣传思想工作仅靠宣传思想部门是不够的，必须全党合力推进宣传思想工作。

第二节　新闻事业党性原则的基本内涵

中国共产党十九大通过的《中国共产党章程（修正案）》对中国共产党的性质作出了如下表述：“中国共产党是中国工人阶级的先锋队，同时是中国人民和中华民族的先锋队，是中国特色社会主义事业的领导核心，代表中国先进生产力的发展要求，代表中国先进文化的前进方向，代表中国最广大人民的根本利益，党的最高理想和最终目标是实现共产主义。”这个表述从党的阶级性和先进性、党的地位和作用、党的根本宗旨、党的最高理想和最终目标四个方面阐述了党的性质。

党性是一个政党所固有的本性，也是阶级性最高、最集中的表现，是党的性质、目标、宗旨、作风、纪律等各方面要素的综合反映。无产阶级政党的党性，是无产阶级特性的自觉表现，是无产阶级的历史使命和最高利益的集中体现。新闻工作者要遵守党性原则，具体来说，包括以下几个方面。

一、思想上遵循马克思列宁主义

党性原则要求，无产阶级新闻事业和社会主义新闻工作，必须遵循马克思列宁主义，坚持马克思主义在新闻工作中的指导地位，这是新闻工作党性原则的首要要求。列宁认为，办报必须统一思想，具有针对性，而要具有针对性就必须有一个强有力的指导方针，就是马克思主义。在1900年创办《火星报》时，他指出：“我们不打算把我们的机关报变成形形色色的观点的简单堆砌。相反地，我们将本着严正的明确方针办报。一言以蔽之，这个方针就是马克思主义。”[②]列宁的这一论断指出了党性原则的首要原则就是以马克思主义为指导方针。

---

① 习近平：《论坚持党对一切工作的领导》，中央文献出版社2019年版，第27页。

② 《列宁论报刊与新闻写作》，新华出版社1983年版，第86页。

毛泽东十分关心报刊新闻工作者需要具备马克思主义的理论素养和政治素养的问题。他强调，各级领导部门要大力培养一些较多懂得马列主义，又有一定的文化水平、科学知识、词章修养的“秀才”。[①] 1959 年，毛泽东在同《人民日报》总编辑吴冷西谈话，讲到“政治家办报”时，提出：“报纸的领导工作者，要学会按马克思主义办事，按客观情况办事，免除教条主义，才能办出群众爱看的报纸来。各省、市、自治区要有自己的马克思主义理论家，要有自己的出色的报纸和刊物的编辑和记者。”[②]邓小平在《关于目前的形势和任务的报告》中指出，党的报刊要无条件宣传党的主张，具体来说，“要大力宣传社会主义的优越性，宣传马克思列宁主义、毛泽东思想的正确性，宣传党的领导、党和人民群众团结一致的威力，宣传社会主义中国的巨大成就和无限前途，宣传为社会主义中国的前途而奋斗是当代青年的最崇高的使命和荣誉”[③]。江泽民在《关于党的新闻工作的几个问题》的讲话中说：“坚持党性原则，就必须在新闻宣传中旗帜鲜明地、坚持不懈地反对资产阶级自由化。……我们的报刊、广播、电视，今后决不允许再为资产阶级自由化提供基地。”[④]这是历史经验和教训的总结。

2002 年 12 月，习近平在任浙江省委书记期间，在同新闻单位负责人的座谈会上提出了坚持政治家办新闻的四点要求，首先强调：“要坚持马克思主义、毛泽东思想、邓小平理论和‘三个代表’重要思想的伟大旗帜，牢牢把握关键在坚持与时俱进、核心在坚持党的先进性、本质在坚持执政为民的根本要求中，坚持马克思主义的新闻观，始终不渝地用‘三个代表’重要思想总揽全局、指导工作，切实增强贯彻党的基本理论、基本路线、基本纲领、基本经验的自觉性和坚定性。”[⑤]2016 年 2 月 19 日，他在党的新闻舆论工作座谈会上的讲话中指出“新闻观是新闻舆论工作的灵魂”，并提出了要“深入开展马克思主义新闻观教育”和“牢牢坚持马克思主义新闻观”的要求，“引导广大新闻舆论工作者做党的政策主张的传播者、时代风云的记录者、社会进步的推动者、公平正义的守望者”[⑥]。

---

① 参见《毛泽东新闻工作文选》，新华出版社 1983 年版，第 207～208 页。

② 《毛泽东新闻工作文选》，新华出版社 1983 年版，第 201 页。

③ 《邓小平论新闻宣传》，新华出版社 1998 年版，第 28 页。

④ 中共中央文献研究室编：《十三大以来重要文献选编》(中)，人民出版社 1991 年版，第 772～773 页。

⑤ 习近平：《干在实处　走在前列：推进浙江新发展的思考与实践》，中共中央党校出版社 2006 年版，第 307 页。

⑥ 《习近平新闻舆论思想要论》，新华出版社 2017 年版，第 12 页。

坚持马克思主义新闻观，就要用马克思主义新闻观指导具体的新闻实践，在新闻宣传工作中坚持用马克思主义的立场、观点、方法，观察、分析和报道事实，坚持正确的政治方向，准确、生动地报道中国特色社会主义的伟大历史进程。

二、政治上同党中央保持一致

在政治上同党中央保持一致，就要把坚定正确的政治方向放在首位，这是社会主义新闻工作党性原则的根本要求。

列宁在《从何着手》一文中有一个著名论断："报纸不仅是集体的宣传员和鼓动员，而且是集体的组织者。"①对此，延安《解放日报》社论《党与党报》曾予以解说："所谓集体宣传者和集体组织者，决不是报馆同人那样的'集体'，而是指整个党的组织而言的集体。党经过报纸来宣传，经过报纸来组织广大人民进行各种活动。报纸是党的喉舌，是这个巨大集体的喉舌。在党报工作的同志，只是整个党的组织的一部分。一切要依照党的意志办事，一言一行，一字一句，都要顾到党的影响。"②社论明确指出党报必须与党在政治上保持一致，"党报必须是为着党的革命方针和路线而奋斗的战士"，"它不仅要在自己的一切篇幅上，在每篇论文，每条通讯，每个消息中都能贯彻党的观点、党的见解，而且更重要的是报纸必须与整个党的方针党的政策党的动向密切相联系、呼吸相通。报纸应该成为实现党的一切政策，一切号召的尖兵、倡导者"③。这些论述充分揭示了党报在政治上同党中央保持一致的要义。具体来说，需要党报做到以下几点。

第一，要积极忠实地传播党的纲领路线和方针政策。

毛泽东在《对晋绥日报编辑人员的谈话》中指出："报纸的作用和力量，就在于它能使党的纲领路线、方针政策、工作任务和工作方法，最迅速最广泛地同群众见面。"④概括为一点，就是新闻媒体要当好党的喉舌，把党的决定、决议、主张、号召及时地、准确地向群众报道宣传，使之深入群众之心，从而引导群众忠实执行和贯彻党的路线与政策，为实现党的纲领和党所提出的各项任务而奋斗。充当并当好党的喉舌，意味着新闻报道决不能不传达

---

① 《列宁全集》第 5 卷，人民出版社 1986 年版，第 8 页。

② 《党与党报》，《解放日报》1942 年 9 月 22 日。

③ 《致读者》，《解放日报》1942 年 4 月 1 日。

④ 《毛泽东选集》第 4 卷，人民出版社 1991 年版，第 1318 页。

党的声音。中共中央宣传部1942年3月16日发出的《为改造党报的通知》曾强调指出："报纸的主要任务就是要宣传党的政策，贯彻党的政策，反映党的工作，反映群众生活，要这样做，才是名副其实的党报，如果党报只是或者以极大篇幅为国内外通讯社登载消息，那末这样的报纸是党性不强，不过为别人的通讯社充当义务的宣传员而已，这样的报纸是不能完成党的任务的。"[①]这表明党的新闻事业要忠实地传播党的声音，这是任务，也是规定。

第二，新闻传播要与党的纲领路线和方针政策相一致。

毛泽东曾强调指出："务使通讯社及报纸的宣传完全符合于党的政策。"[②]1980年2月，中共中央发布《关于党内政治生活的若干准则》，其中第3条规定："对于关系党和国家根本利益和全局的重大政治性的理论和政策问题，有不同看法，可以在党内适当的场合进行讨论。但是，在什么时候、用什么方式在报刊上进行讨论，应由中央决定。党的报刊必须无条件地宣传党的路线、方针、政策和政治观点。对于中央已经作出决定的这种有重大政治性的理论和政策问题，党员如有意见，可以经过一定的组织程序提出，但是绝对不允许在报刊、广播的公开宣传中发表同中央的决定相反的言论。"[③]1981年1月29日，中共中央《关于当前报刊新闻广播宣传方针的决定》重申了上述纪律，并强调："报刊新闻广播电视是党的舆论机关，要加强组织纪律性。必须无条件地同中央保持政治上的一致，不允许发表与党中央路线、方针、政策相违背的言论。必须接受和服从党的领导，凡是涉及党的路线、方针、政策以及重大政治性的理论问题。对外必须统一于党中央的决定和口径，与党的步调一致，不得各行其是。"[④]也就是说，要从贯彻执行党的方针政策的角度去立言，离开党的方针政策和政治观点的报道与言论，都是不允许的。要站在党的立场上，把党的政治观点、方针政策准确地、生动地体现和贯彻到报道、言论、图片及编排等各个方面。传播党的方针政策和思想观点也有一个执行的问题，在传播党中央的声音时，要严格遵守党中央的部署，同党中央步调一致、口径一致，不能各自为政。擅自抢先、故意落后、态度暧昧、断章取义等等，都是不允许的。

---

① 中国社会科学院新闻研究所编：《中国共产党新闻工作文件汇编(1921～1949)》(上)，新华出版社1980年版，第126页。

② 《毛泽东新闻工作文选》，新华出版社1983年版，第97页。

③ 本书编写组编写：《党章·党规·党纪：党内重要法规学习导读》，中国方正出版社2020年版，第89页。

④ 《中国共产党新闻工作文件选编》，人民出版社1990年版，第46页。

三、组织上接受党的领导，遵守党的纪律

党的领导是新闻事业发展的组织保障。中国共产党是执政党，是建设中国特色社会主义伟大事业的核心力量，新闻事业是中国特色社会主义事业的一个重要组成部分，必须服从和服务于建设中国特色社会主义事业的伟大事业，必须服从和服务于党的事业，必须接受党的领导。党对新闻工作的领导是社会主义新闻工作的党性原则在组织上的体现。

列宁在《党的组织和党的出版物》一文中指出："出版物应当成为党的出版物。……报纸应当成为各个党组织的机关报。写作者一定要参加到各个党组织中去。出版社和发行所，书店和阅览室，图书馆和各种书报营业所，都应当成为党的机构，向党报告工作。"①明确地规定了党的报刊同党组织的关系。中国共产党一大决议规定："杂志、日刊、书籍和小册子须由中央执行委员会或临时中央执行委员会经办。"并且，"应由党员直接经办和编辑"②。中共中央宣传部《为改造党报的通知》规定："把报纸办好。是党的一个中心工作……要使各地的党报成为真正的党报，就必须加强编辑部的工作，各地高级党的领导机关，必须亲自注意报纸的编辑工作。要使党报编辑部与党的领导机关的政治生活联成一气。"③毛泽东在为中共中央书记处起草的给各中央局、中央分局的指示中，指出要"克服宣传人员中闹独立性的错误倾向"④。中国共产党七大通过的党章规定："各级党的组织，必须保证在自己指导下的报纸，宣传中央机关和上级组织的决议与所定的政策。"⑤1948 年 4 月 5 日，《中共中央关于宣传工作中请示与报告制度的决定》规定：党报由党委负责人看大样，社论和政策性问题，必须由党委负责人或几人批准后发表。全国性、全党性或涉及外事的言论，均须报告中央批准才能发表，地方性、局部性问题的重要言论，事先均须向上级党委请示。向全国发表的重要

---

① 《列宁全集》第 12 卷，人民出版社 1987 年版，第 93 页。

② 中国社会科学院新闻研究所编：《中国共产党新闻工作文件汇编(1921～1949)》(上)，新华出版社 1980 年版，第 1 页。

③ 中国社会科学院新闻研究所编：《中国共产党新闻工作文件汇编(1921～1949)》(上)，新华出版社 1980 年版，第 126 页。

④ 《毛泽东新闻工作文选》，新华出版社 1983 年版，第 96 页。

⑤ 中共中央党校党章研究课题组编著：《中国共产党章程编介：从一大到十八大》，党建读物出版社 2016 年版，第 228 页。

言论，在新华社发表之前，不得先在地方性报纸上发表。[①]

新中国成立后，《中宣部关于党报不得批评同级党委问题给广西省委宣传部的复示》指出："党报是党委的机关报，党报编辑部无权以报纸与党委会对立。……不经请示不能擅自在报纸上批评党委会，或利用报纸来进行自己与党委会的争论，这是一种脱离党委领导的作法，也是一种严重的无组织无纪律现象。"[②]《中共中央关于改进报纸工作的决议》指出："改进报纸工作的关键，是加强各级党委对自己机关报的领导。党委的机关报是党委的一个工作部门，各级党委会应当把它们的机关报紧紧地掌握在自己手中，并从政治上、组织上大力健全和充实自己的机关报。"[③]

2015 年 12 月，习近平在视察解放军报社时发表重要讲话，其中强调"要坚持党管媒体原则，严格落实政治家办报要求，确保新闻宣传工作的领导权始终掌握在对党忠诚可靠的人手中"[④]，加强和改善党对新闻舆论工作的领导，就要牢牢坚持党管媒体原则不动摇。2016 年 2 月 19 日，在党的新闻舆论工作座谈会上，习近平强调党的新闻舆论工作要做到"三个坚持"，第一个便是"坚持党的领导"。在此次讲话中，习近平还提出"党媒姓党"的概念，强调"党和政府主办的媒体是党和政府的宣传阵地，必须姓党"[⑤]。"党媒姓党"，明确的是党媒自身的根本属性与定位，强调媒体必须始终坚守党的领导，始终不渝跟党前行，以绝对忠诚对待党，让党完全放心、始终信赖。

坚持党对新闻事业组织上的领导，是我们党在长期的革命和社会主义实践中形成的根本原则，是我们党的政治优势，关系党的执政地位，关系党和国家各项事业顺利推进，关系党和国家的前途命运。无论时代如何发展、媒体格局如何变化，党对新闻事业组织上的领导原则和制度不能变。

---

① 参见中国社会科学院新闻研究所编：《中国共产党新闻工作文件汇编（1921～1949）》（上），新华出版社 1980 年版，第 186～187 页。

② 中国社会科学院新闻研究所编：《中国共产党新闻工作文件汇编（1950～1956）》（中），新华出版社 1980 年版，第 279 页。

③ 中国社会科学院新闻研究所编：《中国共产党新闻工作文件汇编（1950～1956）》（中），新华出版社 1980 年版，第 328 页。

④ 《习近平在视察解放军报社时强调　坚持军报姓党坚持强军为本坚持创新为要　为实现中国梦强军梦提供思想舆论支持》，《人民日报》2015 年 12 月 27 日。

⑤ 习近平：《在党的新闻舆论工作座谈会上的讲话》，《人民日报》，2016 年 2 月 20 日，第 1 版。

第三节　新闻宣传的人民性原则

一、坚持人民性原则的历史梳理

人民性这个概念较早是在文学领域被使用。在文学研究中，较早把人民性作为一个相对独立的文学范畴来论述的是俄国的维严捷姆斯基。他在1819年给屠格涅夫的一封信中提出了人民性的概念，并在文学界引发了争论。

在政治领域，马克思、恩格斯的著作中曾多次提到人民性。

1839年，马克思在《关于伊壁鸠鲁哲学的笔记》中写道："这些哲人和奥林帕斯山上的诸神的塑像一样极少人民性；他们的运动就是自我满足的平静，他们对待人民的态度如同他们对待实体一样地客观。……只要这些神谕还没有人民性，它们就是人民的。这些哲人也是这样。"①这是马克思第一次提到人民性这一概念，并把人民性和人民两个概念联系起来。

1842年，马克思在《第六届莱茵省议会的辩论》中再次使用了人民性概念，提出自由报刊应具有人民性、代表人民精神。他指出："自由报刊的人民性（大家知道，就连艺术家也是不用水彩来画巨大的历史画卷的），以及它所具有的那种使它成为体现它那独特的人民精神的独特报刊的历史个性——这一切对诸侯等级的辩论人说来都是不合心意的。"②这就把报刊和人民群众联系起来，把人民性概念移植到无产阶级新闻学领域，强调人民报刊的人民性、阶级性。

1851年，马克思在致恩格斯的信中写道："大多数人从此就联合起来了，于是爱梅因就可以在《纽约州报》公布一个大秘密：现在已经发现德国未来运动的意义，这就是人民性的原则。"③在这封信里，马克思提出了人民性原则的概念。

1852年，马克思在《选举——托利党和辉格党》和《宪章派》的德文手稿片段中写道："古代日耳曼的习俗能够无阻碍地作为传统延续下来，就是因

---

① 《马克思恩格斯全集》第40卷，人民出版社1982年版，第65～66页。

② 《马克思恩格斯全集》第1卷，人民出版社1995年版，第153页。

③ 《马克思恩格斯全集》第48卷，人民出版社2007年版，第424页。

为它能给英国的阶级议会披上一件廉价的和没有危险的人民性外衣。”[①]随后，马克思在《宪章派》中指出：“一切条顿民族最初所共有的古代习俗所以能够作为传统延续到19世纪，就是因为它不必承担很大的费用和风险，就能给不列颠的阶级议会披上一件人民性的外衣。”[②]在这些论述中，人民性的重要性得到了无产阶级政党领袖的重视。并且，马克思揭示出资产阶级利用人民性的外衣伪装自己、欺骗人民的真面目，开始围绕人民性的问题进行捍卫和斗争。

宣传思想工作坚持人民性，也是列宁的主要思想，并在列宁领导的无产阶级革命与社会主义建设中得到了印证和贯彻。列宁多次使用“宣传鼓动工作”一词，提倡利用报刊宣传鼓动群众，为建设无产阶级专政的社会主义国家、维护无产阶级的利益而努力。尽管俄国传统媒体发展有限，但列宁仍然高度重视发挥媒体的积极作用，积极利用媒体的传播优势，服务于党的需要和发展。列宁表示：“思想一旦掌握群众，就变成力量。”[③]这表明革命理论和先进思想都是引导群众的力量，在俄国开展文化革命就是要用理论掌握群众。列宁强调宣传工作不能仅仅集中在少数知识分子当中，而是要帮助每一个特别有才能的工人变成职业的鼓动员、组织员、宣传员、交通员。只有如此，才能真正发挥群众骨干的作用，切实做到深入群众、引导群众、教育群众。为了能够让群众看得懂报刊的文章，在文风上，要善于用通俗易懂的语言，并且能够借助于日常生活中他们所知道的事实，使宣传工作贴近群众、贴近实际。列宁在宣传思想工作中践行了一切为了群众、一切依靠群众、感情上贴近群众、行动上深入群众的思想，为建立世界上第一个无产阶级专政的社会主义国家奠定了思想基础和群众基础，发扬了马克思主义思想宣传工作的人民性。

中国共产党在革命、建设和改革时期，始终秉持着马克思主义倡导的人民性的价值取向，把实现好、维护好、发展好最广大人民的根本利益作为党和国家一切工作的出发点和落脚点。毛泽东在社会主义革命和社会主义建设中，将马克思主义人民性的思想与中国国情和时代特点相结合，与马克思主义新闻观中人民性的思想一脉相承，又丰富和发展了人民性的思想。他提出，报纸应该靠全体人民群众来办，靠全党来办，这就将最广大的人民群

① 《马克思恩格斯全集》第11卷，人民出版社1995年版，第412页。

② 《马克思恩格斯全集》第11卷，人民出版社1995年版，第426页。

③ 《列宁全集》第32卷，人民出版社2017年版，第324页。

众吸引到新闻传播之中，让广大人民群众积极参与新闻宣传工作。他将群众是否喜爱报刊作为报纸办得是否成功的标准。1957 年，毛泽东在《同新闻出版界代表的谈话》中指出："报纸有一些专业化也好，好像《大公报》那样，开放自由市场的时候，我就爱看它，因为它登这一类的东西多，又登得快。但是，太过于专业化，有时就容易枯燥，人家看的兴趣就少。搞专业的人也要看专业之外的东西。"①报纸有它特有的宗旨和目标，它在专业化方面有自己的追求。然而，报纸是要为大众服务的，过于专业化的信息对群众没有吸引力，因此，报纸还需要大众化。在《反对党八股》一文中，毛泽东特别强调宣传工作者在开展宣传工作时要考虑到自己的文章、演说、谈话、写字是给什么人看、给什么人听的，他说文章写得通俗、亲切，由小讲到大，由近讲到远，引人入胜，这就很好。毛泽东要求做宣传工作的向人民群众学习语言，因为人民的语汇是很丰富的、生动活泼的，最能表现实际生活的。邓小平无论在任何时候，首先考虑的一定是人民群众，一切为了群众利益。他说："我们一定要根据现在的有利条件加速发展生产力，使人民的物质生活好一些，使人民的文化生活、精神面貌好一些。"②他特别擅长用通俗易懂的话语向群众阐释党的路线政策。像"不管黑猫还是白猫，抓住老鼠就是好猫""摸着石头过河"等，就把深刻的理论变成通俗化的语言，把重大命题用口语化方式表达出来了。他说："只要我们密切联系群众，深入地做工作，把道理向群众讲清楚，就能得到群众的同情和谅解，再大的困难也是能够克服的。"③江泽民坚持社会主义新闻事业要为人民服务的理念，坚持用最好的东西"武装人""引导人""塑造人""鼓舞人"。在人民性问题上，江泽民提出了"为社会主义服务，为人民服务"的"两为"方针，提出新闻工作要热情宣传人民群众的新成就、新创造和新经验。胡锦涛在 2008 年视察人民日报社时明确指出，"以人为本"是新闻宣传工作的根本要求。"人民至上"是习近平新时代中国特色社会主义思想的根本立场和内在品质。习近平总书记指出："全党必须牢记，为什么人的问题，是检验一个政党、一个政权性质的试金石。"④一切为了人民、一切依靠人民、一切相信人民，是马克思主义政党的价值取向，

① 《毛泽东文集》第 7 卷，人民出版社 1999 年版，第 262 页。

② 《邓小平文选》第 2 卷，人民出版社 1994 年版，第 128 页

③ 《邓小平文选》第 2 卷，人民出版社 1994 年版，第 229 页。

④ 习近平：《决胜全面建成小康社会　夺取新时代中国特色社会主义伟大胜利——在中国共产党第十九次全国代表大会上的报告》，《人民日报》2017 年 10 月 28 日。

也是习近平新时代中国特色社会主义思想的鲜明立场。

二、坚持人民性的现实要求

新时代我国社会主要矛盾发生了根本性变化，这一转变赋予了新时代宣传思想工作中的人民性以新内涵和新要求，为我们践行“以人民为中心”的宣传思想工作提供了实践导向和遵循原则。我们需要以社会主要矛盾为现实依据，系统地回答实现好、维护好、发展好的人民利益是什么以及如何实现、维护和发展人民利益的问题。

第一，新时代的新闻宣传工作必须以广大人民的根本利益为出发点，倾听人民的呼声，反映人民的意愿，实现好人民的根本利益。习近平提出“两个一百年”的奋斗目标，即全面建成小康社会、建成社会主义现代化强国，实现国家富强、民族复兴和人民幸福的中国梦，共筑全体人民的美好愿景。因此，新时代的新闻宣传工作必须以为人民服务、为社会主义服务为核心，以为实现人民对美好生活的向往为奋斗目标，树立共产主义的远大理想，在马克思主义思想的指导下，统一思想，凝聚力量，把握正确的舆论方向，更好地强信心、聚民心、暖人心、筑同心。具体而言，新闻工作者应该做到：其一，坚持“两个巩固”，即巩固马克思主义对新闻宣传工作的指导地位，巩固全党全国人民团结奋斗的共同思想基础。新闻工作者要贯彻群众观点和群众路线，坚持使用群众的语言，同群众对话，切实让群众感受到马克思主义同人民群众生存与发展的需求相契合。通过马克思主义的时代化、大众化、中国化，使人民群众能够真正地“接受”和“认同”马克思主义和马克思主义所倡导的价值观。其二，新闻工作者一方面应以共产主义的远大理想和中华民族的伟大复兴为奋斗目标，坚持宣传人民群众为实现对美好生活的向往而奋斗的各种事迹，增强人民群众对共产主义奋斗目标的自豪感和自信心；另一方面，也要关注近期的成就和目标，深入宣传党的方针政策和重大决策部署，切实反映人民的伟大实践和精神风貌，让人民真正感受到社会在发展、生活在提高、时代在进步，提高人民的获得感、认同感和幸福感。新时代的宣传思想工作只有坚持远大理想和共同理想，长远目标和短期目标的结合，才能真正团结人民，朝着共产主义的远大目标前进。

第二，新时代新闻宣传工作必须立足于人民主体，尊重人民的主体地位，激发人民群众的活力，发挥人民群众的主体作用和监督作用，维护好人民的根本利益。人民群众是社会变革的决定力量，是物质财富和精神财富的创造者，新时代新闻宣传工作是否坚持“人民主体地位”，在一定程度上决定了该任务的成败。新时代新闻工作要体现出人民性，首先要尊重人民主体地位，依靠人民，彰显人民的意志，激发人民的创造性，发挥人民的主体作用和监督作用。中国共产党作为执政党，坚持立党为公、执政为民，聚焦群众所思、所想、所盼，不断探索、不断创新。媒体应宣传群众、动员群众、服务群众，激发人民的创造活力和参与政治事务的活力，与党共同探索社会主义共同理想和共产主义远大理想的实践路径。其次，新时代新闻宣传工作应积极发挥人民的监督作用。新时代新闻宣传工作的媒介，即报刊、微博、视频网站等，都是人民监督的重要渠道，人民的监督渠道更为多元。党和政府应当科学地利用多元的媒体形式，切实将权力放在阳光下运行。

第三，新时代的新闻宣传工作必须立足于人民的现实需求，满足人民对精神文化的需求，发展好人民的根本利益。当前人民群众对精神文化的需求更复杂多样、更多变、差异性更强，因此新闻宣传工作面临着前所未有的挑战。新时代的新闻工作应该始终坚持中国特色社会主义文化发展道路，推动中华优秀传统文化创造性转化、创新性发展，继承革命文化，发展社会主义先进文化，激发全民族文化创新创造活力，建设社会主义文化强国。应不断丰富和发展精神文化内容，满足不同群众的思想文化需要，用老百姓的语言讲老百姓的故事，满足人民群众精神文化层面的需求。

第四，新时代新闻宣传工作必须将党性和人民性的统一作为根本原则，把实现好、维护好、发展好最广大人民的根本利益作为核心内容和根本任务。新时代宣传思想工作要坚持人民性，并不是要把党性与人民性割裂或者对立起来。无产阶级政党的性质和奋斗目标决定了无产阶级政党的新闻工作所坚持的党性和人民性是一致的、统一的。无产阶级是最广大人民群众的一部分，其诉求与最广大人民群众的利益诉求本身就是一致的、不可分割的，无产阶级致力于改造旧世界、创造新世界的实践活动就是领导最广大人民群众实现解放的运动。因此，党的根基在人民，党的力量在人民，坚持人民性就是坚持党性，党性和人民性是不可分离的。人民性离不开党性，党性也离不开人民性，从本质上说，坚持党性就是坚持人民性。

第四节　坚持党性和人民性的统一

党性和人民性的关系问题，不仅是重大的理论问题，更是根本性的立场问题。党性和人民性从来都是一致的、统一的。中国共产党是全心全意为人民服务、代表中国最广大人民根本利益的马克思主义政党。从本质上说，坚持党性就是坚持人民性，坚持人民性就是坚持党性，党性寓于人民性之中，没有脱离人民性的党性，也没有脱离党性的人民性。把党性和人民性割裂开来、对立起来，在理论上是错误的，在实践上也是有害的。

一、坚持党性和人民性的统一

中国共产党人一直致力于强调党性和人民性统一的关系。毛泽东提出，中国共产党的宗旨是全心全意为人民服务，向全世界宣告党性和人民性是一致的、统一的。他在《在延安文艺座谈会上的讲话》中强调："我们是站在无产阶级的和人民大众的立场。对于共产党员来说，也就是要站在党的立场，站在党性和党的政策的立场。"[①]胡乔木同志也指出："党报是人民大众的报……我们要使人民的东西能在报上反映出来，这样来加强人民报纸的党性，也就是人民性。"[②]坚持报纸的党性就是人民性的思想。

1947 年 1 月 11 日，作为我党机关报之一的《新华日报》发表编辑部文章，明确指出："由于中国共产党是一个人民的政党，它代表的是中国最广大人民的利益，它的一切政策是完全从人民的利益出发的，因此，《新华日报》也是完全站在人民的立场，从人民的利益出发。就是说，《新华日报》是一张党报，也就是一张人民的报。《新华日报》的党性，也就是它的人民性。《新华日报》的最高度的党性，就是它应该最大限度地反映人民的生活和斗争，最大限度地反映人民的呼吸和感情、思想和行动。"[③]《新华日报》是党的喉舌，这是我党首次在报刊上公然申明党性就是人民性，具有标志性意义。

1948 年，毛泽东同志在《对晋绥日报编辑人员的谈话》中强调："我们的报纸也要靠大家来办，靠全体人民群众来办，靠全党来办，而不能只靠少数

① 《毛泽东选集》第 3 卷，人民出版社 1991 年版，第 848 页。

② 胡乔木：《人民的报纸》，《新华报人》1945 年 12 月 30 日。

③ 中国社会科学院新闻研究所编：《中国共产党新闻工作文件汇编（1921～1949）》（下），新华出版社 1980 年版，第 80 页。

人关起门来办。"[①]从党报的立场、服务对象、办报方式等多层面论证了党报的人民性原则。后来,《人民日报》被确定为中共中央机关报,可谓是对党性和人民性是一致的、统一的这一思想的生动体现。

20 世纪 80 年代前后,有人以反思"文化大革命"为由,认为"党有时也会犯错误",人民永远正确,因此人民性高于党性,并且提出用人民性来制衡、制约党性,把党性和人民性二者割裂开来、对立起来,使人们不仅对党性,也对人民性产生了怀疑和曲解。针对这些错误观点,1982 年 3 月 11 日,主管宣传工作的胡乔木同志撰写了《关于新闻工作的党性和"人民性"问题》一文,文中指出:"共产党的党性,只能来源于无产阶级的阶级性,来源于科学社会主义思想。……党性来源于人民性又高于人民性的说法难以成立。"[②]1983 年 10 月 12 日,邓小平发表了《党在组织战线和思想战线上的迫切任务》讲话,其中指出,有人"把民主同党的领导对立起来,在党性和人民性的问题上提出违反马克思主义的说法"[③],为当时新闻界出现的思想混乱和实践迷茫指明了方向。江泽民也曾经旗帜鲜明地指出:"提出'人民性'高于党性,实质就是要否定和摆脱党对新闻事业的领导。……事实上,被坚持搞资产阶级自由化的人所把持的新闻单位,根本不是代表人民利益、传播人民声音的喉舌,而成了违背人民意志,制造反对党、反对社会主义制度的舆论工具。……坚持党性原则,就要求新闻工作者必须同人民群众保持最广泛最深刻的联系,从群众的实践中汲取智慧和力量。"[④]2011 年,胡锦涛在庆祝中国共产党成立 90 周年大会上提出:"以人为本、执政为民是我们党的性质和全心全意为人民服务根本宗旨的集中体现,是指引、评价、检验我们党一切执政活动的最高标准。"[⑤]这些指示都对纠正意识形态领域对党性和人民性的曲解和错误认识起到了一定的作用。

在习近平关于新闻舆论工作的重要论述中最突出亮点之一,就是对党性和人民性这一重大问题作出了在继承中发展,又在发展中创新的新表述和新论断。我们知道,关于党性和人民性问题,党的最高领导人都曾发表过看法。习近平继承和坚持了邓小平和江泽民在这个问题上的原则底线,特

① 《毛泽东新闻工作文选》,新华出版社 1983 年版,第 150 页。

② 《胡乔木文集》第 2 卷,人民出版社 1993 年版,第 527～529 页。

③ 《邓小平文选》第 3 卷,人民出版社 1993 年版,第 42 页。

④ 中共中央文献研究室编:《十三大以来重要文献选编》(中),人民出版社 1991 年版,第 772 页。

⑤ 《胡锦涛文选》第 3 卷,人民出版社 2016 年版,第 532 页。

别强调党性和人民性的统一，认为人民性高于党性是一种似是而非的说法，对这种不正确的错误说法必须加以廓清和纠正。他还强调指出："把党性和人民性割裂开来、对立起来、搞碎片化，在理论上是错误的，在实践上也是有害的。"[①]

坚持党性，是新闻宣传遵循的最大原则和最高准则。习近平总书记要求我们"要旗帜鲜明地坚持党性原则"，不要躲躲闪闪，含糊其词，否则就是政治上不合格的表现。坚持党性的核心，就是方向正确，立场坚定，自觉同党中央保持言行高度一致，坚决维护中央权威，坚定宣传和传播党的理论和路线方针政策以及重大工作部署。而我们强调的党性，其中也包含着人民性的深刻内涵。因为"我们党是代表人民利益的党，她没有独立于人民利益的自身利益。……党对每一件事情的看法和主张，应该说就是人民愿望、要求的充分体现，就是人民的看法和主张"[②]。

从毛泽东、邓小平到江泽民、胡锦涛，再到习近平，党的领导人在党性和人民性关系的根本问题上，始终坚持党性和人民性从来都是一致的、统一的，对党性和人民性之间的关系始终保持着清醒的认识和深刻理解，并且一脉相承、一以贯之，牢固树立以人民为中心的工作导向，真正实现党性和人民性的统一。

二、坚持党性和人民性统一的实践路径

中国共产党作为无产阶级政党，从诞生之日起，就把人民群众视为创造历史的主体力量、创造历史的动力、真正的英雄，并且把这个唯物主义的历史观融到自己的政治路线、思想路线、组织路线和工作路线中，形成人民性原则。毛泽东在 1945 年 4 月 24 日所作的《论联合政府》政治报告中指出："我们共产党人区别于其他任何政党的又一个显著的标志，就是和最广大的人民群众取得最密切的联系。全心全意地为人民服务，一刻也不脱离群众；一切从人民的利益出发，而不是从个人或小集团的利益出发；向人民负责和向党的领导机关负责的一致性；这些就是我们的出发点。共产党人必须随时准备坚持真理，因为任何真理都是符合于人民利益的；共产党人必须随时

---

① 中共中央文献研究室编：《习近平关于社会主义文化建设论述摘编》，中央文献出版社 2017 年版，第 23～24 页。

② 习近平：《摆脱贫困》，福建人民出版社 1992 年版，第 83 页。

准备修正错误，因为任何错误都是不符合于人民利益的。”[①]中国共产党作为马克思主义执政党，始终代表最广大人民的根本利益，根本宗旨就是全心全意为人民服务。

在新时代，旗帜鲜明地坚持党性和人民性的统一，坚持对党负责和对人民负责的一致性，是做好新闻宣传的一项根本原则。新闻媒体不仅是党的喉舌，担负着向群众宣传党的路线方针政策的职责，还是党和政府联系群众的耳目，担负着反映人民心声的职责。在新闻报道中坚持党性和人民性的统一，既是一个理论问题，更是一个实践问题，尤其是在复杂的传播环境下，坚持党性和人民性的统一，是确保新闻宣传坚持正确的政治方向的基石。

这要求我们在新闻实践中要做到以下几点。

第一，要旗帜鲜明地坚持党性。做好宣传思想工作，必须讲党性，这是马克思主义新闻观的根本原则，也是新闻宣传的灵魂和基石。无论舆论环境如何变化，时代如何变化，无论在什么时候、什么情况下，党性原则都不能丢、不能忘，不能有丝毫含糊、偏离和动摇。党的新闻事业要讲党性，要理直气壮地讲、大张旗鼓地讲。以前，有些人讲党性存在误区，认为讲党性过时了，现在是互联网时代，应该开放开明，讲党性也是躲躲闪闪、含糊其词，面对历史虚无主义、自由主义等错误思潮时，不敢“亮剑”，不敢批判错误思潮，对党的纪律置若罔闻，甚至与敌对势力“眉来眼去”。中国经济发展了，社会形态变化了，社会舆论更加复杂，利益诉求更加多元，越是这样的环境，就越要坚持党性原则不动摇。坚持党性，首先必须坚持“两个巩固”。“两个巩固”是宣传思想工作的根本任务，体现着党性与人民性的内在的一致性。坚持党性原则，就要站稳政治立场，坚定自觉地同以习近平同志为总书记的党中央保持高度一致，坚定宣传党的理论和路线方针政策，坚定宣传中央重大工作部署，坚定宣传中央关于形势的重大分析判断，坚决同党中央保持高度一致，坚决维护中央的权威。坚持党性原则，必须牢牢把握团结稳定鼓劲、正面宣传为主的重要方针，弘扬主旋律，传播正能量，激发全社会团结奋进的强大力量。必须坚持党管媒体原则不动摇，牢牢掌握意识形态工作的领导权、管理权、话语权，坚持“政治家办报”。坚持党性原则，不能机械僵硬地照搬党的文件，宣传报道保守僵化，而应该站在党和人民根本利益的立场上，用干部群众喜闻乐见的方式方法，生动准确地传达党的主张、人民的心

---

① 《毛泽东选集》第3卷，人民出版社1991年版，第1094页。

声，实现最优的传播效果。

第二，要旗帜鲜明地坚持人民性。做好新闻工作，必须讲人民性。人民性的要求，同样不能丢、不能忘，不能有丝毫含糊、偏离和动摇。坚持人民性，就是要牢固树立人民群众是历史创造者的观点，把全心全意为人民服务作为新闻实践的依据和根本标准，把实现好、维护好、发展好最广大人民的根本利益作为出发点和落脚点，牢固树立以人民为中心的工作导向，坚持以人为本，以民为本。从中国共产党成立百年的经验来看，正是由于得到了最广大人民群众的拥护和支持，中国共产党才拥有了战无不胜、攻无不克的人民武装力量，带领人民推翻了帝国主义、封建主义、官僚资本主义三座大山，建立了新中国。在一百年的奋斗历程中，党始终保持同人民群众的血肉联系，坚决同脱离人民群众、损害人民群众利益的行为做斗争，才能获得不竭动力和胜利之本。在新闻宣传中，有些记者由于思想认识问题，总觉得自己高人一等，不愿意和群众打交道；有的记者投机取巧，习惯于拿材料，跑会议；有的认为群众中没有新闻，眼睛总是盯着上层。这样写出来的新闻作品就会成为无本之木，无水之源。

在新闻宣传中坚持人民性，需要记者在围绕中心、服务大局的同时，做到“三贴近”，关心人民、关心群众的生活，反映群众的心声。坚持人民性，还要把服务群众同教育引导群众结合起来，把满足人民的需求同提高人民素养结合起来。多宣传报道人民群众为中华民族伟大复兴而奋斗的伟大实践，多宣传报道人民群众中涌现出来的先进典型和感人事迹，丰富人民的精神世界，增强人民群众的精神力量，满足人民群众日益增长的精神需求。坚持人民性，还需要坚持推进马克思主义新闻观的大众化，广泛传播社会主义的核心价值观和社会主义的先进文化，从人民群众对掌握先进思想、推动社会进步的迫切愿望出发，坚持不懈地用党的最新理论成果把科学理论变成为人民改造自然、改造社会的强大思想武器。

第三，把体现党的主张和反映人民的心声统一起来。中国共产党代表中国工人阶级的利益，同时代表着中国广大人民和整个中华民族的利益，党除了工人阶级和最广大人民群众的利益，没有自己特殊的利益。坚持全心全意为人民服务的宗旨，是坚持马克思主义唯物史观的根本要求，因此，从本质上说，中国共产党的主张和人民的心声本身就是统一的。在习近平关于新闻舆论工作的一系列讲话里，批评了这样两句话：“你是替党讲话，还是替老百姓讲话”，“你是站在党的一边，还是站在群众一边”。它们是某些基层党员干部，甚至普通党员脱口而出的，但习近平同志敏锐地意识到一些地方基层党群关系的严重对立已危及党的长期执政。他认为，这样把党性和人民性割裂开来、对立起来，思想上是糊涂的，理论上是错误的，实践上是有害的。在新闻实践中，无论是以党性原则代替人民性原则，还是以人民性原则代替党性原则，都会造成危害。坚持党性和人民性的统一，就需要新闻工作者做到关注社会舆情，坚持正确的舆论导向，有针对性地开展正面引导，弘扬主旋律，传播正能量。就需要新闻工作者努力把体现党的主张和反映人民的心声结合起来，把正确舆论导向和反映社情民意结合起来，把教育引导群众和服务依靠群众结合起来。特别是要在对党负责和对人民负责的结合点上多下功夫，既积极向下宣传党的路线、方针、政策，又热情向上传达人民群众的呼声、愿望和要求；既善于把党的政策变为群众的行动，又善于用群众的实践检验党的政策。

思考题

1.什么是新闻工作的党性原则？社会主义新闻工作如何坚持党性原则？

2.如何在新闻实践工作中贯彻人民性原则？

3.实现党性和人民性统一的实践路径是怎样的？

第六章　新闻自由与宣传纪律

——马克思主义新闻观的“十大关系”之三

新闻自由(freedom of the press),是指通过宪法或相关法律法规保障本国媒体和公民采访、写作、报道、发布及接受新闻、创办媒体、出版发行媒介产品等活动的自由权利,又称出版自由、新闻出版自由。新闻自由是民主制度的鲜明标志,作为公民的一项重要的民主政治权利,在近代民主制度中得到了普遍的确认。新闻自由的口号最早是由资产阶级提出的,是资产阶级反对封建专制的武器。新闻自由的提出和实施,为近代新闻事业的迅速发展提供了制度基础。资本主义制度和社会主义两种社会制度的经济基础不同,决定着这两种社会制度下的新闻自由的不同。

第一节　新闻自由的基本内涵

一、新闻自由理念的产生和发展

新闻出版自由是新闻理论中历史最悠久的话题,也是新闻传播业得以生存的基本条件,新闻出版自由从提出口号到形成制度,经历了一个漫长的历史过程。现代新闻出版自由的理念来源于英国政论家、文学家约翰·弥尔顿1644年的著作——《论出版自由》,在这本书中,弥尔顿把出版自由置于非常高的位置,盛赞出版自由是一切自由中最重要的自由。无论是宗教信仰自由,还是个人自由、公民自由,出版自由能够“让我有自由来认识、发抒己见,并根据良心作自由的讨论"[①]。针对当时英国实行的出版物事前检查制度,弥尔顿提出了"观点的公开市场"和"真理的自我修正"理论,并且将出版自由与人权联系起来,使新闻出版自由有了现实的落脚点。但是在当时,由于斗争的险恶和环境的复杂,弥尔顿的出版自由思想并没有得到人们足够的重视。出版自由思想是在18世纪通过法国启蒙思想家的宣传被世人熟知并受到推崇的,并且在法国大革命中发挥了重要的作用。1789年,法国公布了《人权与公民权利宣言》,其中关于出版和言论的条款规定:"无拘束地交流思想和意志是人类最宝贵的权利之一,每个公民都有言论、著述和出版的自由,只要他对滥用法律规定情况下的这种自由负责。"这个宣言和美国的《人权法案》标志着报刊的自由主义思想取代了报刊的极权主义理论,并从革命思想发展为法律条文,成为西方资本主义国家的主导思想。

1881年7月,法国议会通过《新闻出版自由法》,规定印刷和出版享有自由权,日报或者定期出版物在向检察院申报其名称、出版方式、经理姓名地址及报刊承印人后即可出版,无须事先批准,无须缴纳保证金。《新闻出版自由法》首次将《人权宣言》关于言论出版自由的条款具体化,也是人类历史上第一部保护新闻出版的完整法律。

二战后期,美国新闻界提出了国际新闻自由的口号,并且推动1948年联合国新闻自由会议通过了《国际新闻自由公约草案》。《国际新闻自由公约草案》规定:"本国人民及其他缔约国人民在本国境内依法发表或吸收各种新闻与意见之自由,不问其方式为口头、文字、出版品、图画或其他合法运用之视觉或听觉的办法,本国政府均不加干涉。"[②]1951年,国际新闻学会将新闻自由的含义界定为自由接近新闻、自由传播新闻、自由发行报纸、自由表达意见,并且提出了衡量新闻自由的四条标准:(1)采访自由(free access of news);(2)传播自由(free transmission of news);(3)出版自由(free publication of newspaper);(4)表达自由(free expression of views)。

1980年,联合国教科文组织国际交流研究委员会的调查报告《多种声音,一个世界》中,增加了交流权的概念,认为任何公民都应该拥有获知新闻和传播新闻的自由权。报告强调:"人人都应该享有搜集和传播新闻信息以及发表意见的权利。但是,新闻人员需要行使这些权利作为他们有效进行

---

① [英]弥尔顿:《论出版自由》,吴之椿译,商务印书馆1996年版,第45页。

② 转引自王利明主编:《新闻侵权法律辞典》,吉林人民出版社1994年版,第404页。

工作的基本条件。”[①]这个报告强调了新闻工作者的重要性，强调新闻工作者应该享有便于有效进行新闻工作的基本条件。

在我国，学者们对于新闻自由内涵的理解有所不同。综合来看，一般认为新闻自由是民主法治国家公民享有的自由与权利，属于民主政治权利的范畴，它是公民的言论自由在新闻传播领域的延伸，分为采访权、报道权、监督权、著作权。随着社会的发展，新闻自由逐渐发展成为一种“制度性的权利”。一方面，新闻自由以政府、新闻媒体和受众三方之间的权利和义务关系为基础，是三者权利与义务关系的综合性呈现；另一方面，新闻自由表现为一种制度，也就是由宪法、法律、行政法规、行政规章等规定的具体的权利和承担的义务。

二、我国宪法保障下的“新闻自由”

新闻出版自由是我国公民政治权利的重要组成部分。《中华人民共和国宪法》第三十五条规定：“中华人民共和国公民有言论、出版、集会、结社、游行、示威的自由。”言论、出版自由是我国公民享有的一项基本政治权利。言论、出版自由在不同的领域有不同的体现形式，比如在学术领域即学术自由，新闻自由是言论、出版自由在新闻传播领域的体现，是公民依法在新闻传播领域享有并实现的自由。第四十一条规定：“中华人民共和国公民对于任何国家机关和国家工作人员，有提出批评和建议的权利；对于任何国家机关和国家工作人员的违法失职行为，有向有关国家机关提出申诉、控告或者检举的权利，但是不得捏造或者歪曲事实进行诬告陷害。”依据这一条例，公民有依据事实、通过新闻媒介进行批评和建议的权利，由此衍生出新闻媒介对公共事务进行舆论监督和批评建议的权利。第五十一条规定：“中华人民共和国公民在行使自由和权利的时候，不得损害国家的、社会的、集体的利益和其他公民的合法的自由和权利。”就新闻自由而言，违反法律规定滥用自由，侵犯国家、社会和集体的利益以及他人的权益的行为，将构成违法、侵权乃至犯罪行为，要承担相应的法律责任。

新中国成立以来的历部宪法都规定了公民言论、出版、结社的自由，根据宪法的规定，新闻出版自由的主体是全体公民。有学者提出，新闻自由的

① 联合国教科文组织国际交流研究委员会：《多种声音，一个世界》，第二编译室译，中国对外翻译出版公司1981年版，第322页。

主体是作为法人的主体，而不可能是个人，即使是私人报纸、私人电视台，也是以法人的身份出现，而不是完全意义上的纯个人，纯粹的个人无权采访他人，而是要经过申报、审批，具备一定的形式要件，取得法人资格，方能成为新闻自由的主体。这种观点认为公民不应该有出版自由，只有法人才有出版自由，这是把美国的观点和中国的情况混淆了。[①] 新闻自由不是新闻媒介的专有权利，新闻自由的权利属于全体公民。新闻自由的内容既包括普通公民通过新闻媒介享有的知情、参与、表达、监督的权利，也包括新闻工作者所享有的职业权利，即采访权、报道权、舆论监督权、著作权。

三、新闻自由的相对性

新闻自由从来都不是绝对的、无条件的、没有限制的，而是相对的、有条件的、有限制的，要受所在国家宪法、法律的规范和约束，不能触犯所在社会的基本经济、政治制度以及国家的根本利益。

首先，新闻自由受到宪法和法律的制约。在一个民主和法制的国家，遵守宪法和法律是一个合格公民的基本素质，也是新闻机构不可逾越的红线。新闻自由作为宪法和法律赋予公民的一项权利，总是与义务联系在一起的。我国宪法要求公民在行使自由权利的时候，不得损害国家的、社会的、集体的利益和其他公民的合法权利。《国际新闻自由公约草案》也明确指出："凡在新闻中泄露国家机密、危害国家安全者，意图煽惑人民犯罪者，均应依法予以惩罚。"可见，在国家宪法和法律的框架下行使新闻自由权利，是世界各国新闻法制的共识。

其次，新闻自由受到国家利益的制约。任何一个国家都强调国家利益的重要性、独特性和不可替代性，新闻自由要服从和维护国家利益。美国在"9·11"事件发生后对该国新闻界的态度和举动，为全世界新闻从业人员上了关于新闻自由要服从和维护国家利益的一课。2001 年 9 月 11 日，国际恐怖势力劫持多架民航飞机撞击纽约曼哈顿的摩天高楼以及华盛顿的五角大楼，包括美国纽约地标性建筑——世界贸易中心双塔在内的 6 座建筑被完全摧毁，其他 23 座高层建筑遭到破坏，美国国防部总部所在地五角大楼也遭到局部破坏。时任美国总统国家安全事务助理的赖斯与美国五大电视台的新闻主管举行电话连线会议，警告说：如果不经剪辑和内容分析就播出拉

① 参见陈力丹：《新闻理论十讲》，复旦大学出版社 2020 年版，第 233 页。

登及其助手的电视录像带,可能会招致严重后果。2003 年 3 月 20 日,美国发动伊拉克战争。美军中央司令部新闻中心对新闻记者采取“请进来,管起来”的对策,为新闻记者规定了“三不准”:(1)不能问美军和联军伤亡情况;(2)不能提与目前正在进行的军事行动有关的问题;(3)不能问与今后军事行动计划有关的问题。否则,记者就要被清理出去。美国著名战地记者彼得·阿内特只因为接受伊拉克国家电视台采访,在谈及个人对战争的看法时说了“美国初步作战计划已经失败,他们没有料到伊军抵抗如此顽强”之类的话,就被美国政府扣上了“安慰和帮助敌人”的帽子,最后被美国全国广播公司解雇。为了美国的战略利益,美国媒体成了配合美国军事行动的舆论工具,甚至不惜操纵制造和精心策划“拯救大兵林奇”“伊拉克精锐部队 51 师投降”“推倒萨达姆铜像盛况”等不实报道,借以瓦解伊拉克抵抗力量的士气和鼓舞本国的战争情绪。

最后,新闻自由受到社会伦理道德和风俗习惯等方面的制约。各国各民族都有自己的文化传统、风俗习惯和价值观念,特别是有些民族禁忌和宗教戒律等,一般并不为外人所尽知,一旦遭到触犯,不管是有意的还是无意的,都有可能引起轩然大波。

第二节　马克思主义的新闻出版自由观

马克思、恩格斯高度评价了新闻自由对于整个社会政治发展、经济发展的作用。马克思写道:“没有新闻出版自由,其他一切自由都会成为泡影。自由的每一种形式都制约着另一种形式……只要某一种自由成了问题,那么,整个自由都成问题。”[①]恩格斯把新闻自由与英国的海上霸权、工业发展并列为英国发展的基础之一。但是马克思、恩格斯关于出版自由、报刊自由的实质性内涵不同于资产阶级,马恩的报刊自由思想希望人民能赢得出版自由,而且这种自由应当得到国家法律的保障。随着马克思、恩格斯斗争经验的积累,他们逐渐认识到,报刊出版自由是一个历史的范畴、阶级的范畴,他们开始把自由与阶级和阶级斗争联系起来,对于自由报刊理论的思考逐渐被无产阶级党报思想取代。列宁盛赞出版自由是一个伟大的口号,同时他也指出了资本主义制度下出版自由的阶级性和虚伪性。他敏锐地指出,

① 《马克思恩格斯全集》第 1 卷,人民出版社 1995 年版,第 201 页。

只要资本还有统治报刊的权力，这样规定的出版自由就是一种虚伪的宣称。[①]

一、对新闻自由的高度评价

马克思、恩格斯对新闻自由的进步性做出了高度评价。马克思认为，人类的自由包括多个方面，新闻出版自由在人类的自由中占据着极为重要的地位。新闻自由思想的形成和新闻自由作为一种政治口号的提出，是在资产阶级夺取权力的斗争中不断丰富和发展起来的。1848 年，马克思在谈到普鲁士资产阶级要求新闻自由时强调："资产阶级为了达到它的目的，就必然要取得自由讨论自身利益、观点以及政府的行动的可能。它把这叫做'出版自由权'。"[②]文章还指出："很自然，只有在为人民争取权利和自由的幌子下，它才能从政府手中为自己争得权利和自由。"[③]新闻出版自由凝聚着言论自由、思想自由、政治自由，是人类一切自由的基础，也是打破封建枷锁，消除阶级压迫和精神束缚的先决条件。正如列宁所说："'出版自由'这个口号从中世纪末直到 19 世纪成了全世界一个伟大的口号。为什么呢？因为它反映了资产阶级的进步性，即反映了资产阶级反对僧侣、国王、封建主和地主的斗争。"[④]正是依靠新闻自由，英、美、法等国完成了资产阶级革命。但是同样应该看到，在争取新闻自由的斗争过程中，无产阶级和广大劳动人民一样参与了斗争过程，支持资产阶级作为全社会的代表出现在历史舞台上。后来，无产阶级和广大人民也利用新闻自由与资产阶级做斗争，创立了与无产阶级利益一致的新闻自由，无产阶级要求新闻自由与资产阶级压制新闻自由成为现代新闻事业史的斗争焦点。当无产阶级取得政权，建立社会主义制度以后，新闻自由便成为最广大人民的一项基本的政治权利。

二、对资产阶级新闻自由虚伪性的批判

资本主义国家新闻自由的本质是维护资产阶级统治的自由，是少数人通过把持和操纵新闻工具，对广大劳动人民进行经济剥削、政治统治和精神统治的工具，一切威胁到资本主义统治及其根本制度的言论，都会受到严厉

---

① 参见《列宁全集》第 28 卷，人民出版社 1990 年版，第 438 页。
② 《马克思恩格斯论新闻》，新华出版社 1985 年版，第 222～223 页。
③ 《马克思恩格斯论新闻》，新华出版社 1985 年版，第 223 页。
④ 《列宁全集》第 42 卷，人民出版社 1987 年版，第 85 页。

的制裁和限制。资本主义新闻自由的虚伪性就在于，资本主义国家的新闻媒体总是极力地否认和掩盖自己的阶级性，而注重突出其所谓的“独立性”。马克思、恩格斯用唯物主义的世界观分析了新闻自由的阶级性，他们指出：“统治阶级的思想在每一时代都是占统治地位的思想。也就是说，一个阶级是社会上占统治地位思想的物质力量，同时也支配着精神生产资料，因此，那些没有精神生产资料的人的思想，一般地是隶属于这个阶级的。”①在这段话中，马克思、恩格斯明确指出，新闻事业是由在社会上占统治地位的阶级支配、掌控。统治阶级通过掌握大量的媒体资源，发布新闻和评论，宣传统治阶级的思想、观点，使之成为社会的主流思想和主流意识，被统治阶级合法或者非法地创办自己的新闻媒体，宣传自己的思想，但是由于力量悬殊，被统治阶级不可避免地要受到统治阶级思想意识的影响。

以美国为例，虽然美国号称不直接干预媒体的报道方针、内容、形式，但从法律上，美国宪法对媒体还是设置了“底线”，其中有 18 种言论不在保障之列，如危害公共秩序导致暴乱的言论、违背契约而泄露国家机密的言论、妨碍他人权利的言论等。除此之外，美国政府经常公开或隐蔽地插手、干预媒体。“9·11”事件发生后，由于播放了对塔利班领导人奥马尔的采访，“美国之音”台长惠特·沃恩及其主管国际广播理事会主席因违规被撤职，同时，政府还削减了几百万美元的经费以示惩罚。新任台长罗伯特·赖利又因在播出的视频剪辑片段中出现塔利班领导人奥马尔的影像，仅上任 10 个月就被迫辞职。

除直接打压不听话的媒体外，美国政府控制媒体、操纵舆论的手段还表现在以下方面：一是制造假新闻。《纽约时报》曾发表题为《布什当政：一个预先包装的电视新闻的新时代》的文章，对政府不顾客观实际、有蓄谋地编造一系列假新闻进行了批评。伊拉克战争期间，当美军攻占巴格达的消息传来，许多美国人都在电视新闻中看到堪萨斯城一个伊拉克裔美国人激动地说：“谢谢你，布什。谢谢你，美国。”这短短的几秒钟的言论胜过长篇大论，让不少美国人自豪骄傲。但这条新闻却是由美国国务院精心筹划的杰作。在美国，这样预制的“新闻作品”比比皆是。据透露，乔治·布什总统执政期间，至少有 20 家联邦机构（包括国防部和人口普查局）制作并发布了数百条事先制造的“新闻”。二是“选择性”地进行报道，典型写照就是 2011 年

① 《马克思恩格斯全集》第 1 卷，人民出版社 1995 年版，第 98 页。

美国主流媒体对席卷全美的“占领华尔街”抗议运动的报道。当年普利策在为西方新闻理念立调时称：“它将揭露一切诡骗和无耻，抨击一切社会罪恶和弊端。它将以真挚诚恳的态度为人民的利益而奋斗。”然而，当“占领华尔街”运动呼喊出“我们是劳动者，我们是人口的99%，却是现代化奴隶，一小撮华尔街金融寡头不过是人口的1%，却成了国家真正的主人”时，美国主流媒体一改往日对别国同类事件高度关注、密集报道甚至疯狂炒作的姿态，对这场“99%反抗1%”的运动表现出一种无动于衷的冷漠、视若无睹的态度。既没有及时报道，更没有大肆炒作，后来的报道口径主要是与一些政界人物一道，指责抗议民众的“脏乱差”，指斥抗议者为“刁民”“暴徒”“乌合之众”。

新闻自由是人类社会进步的产物，在资产阶级革命的思想启蒙运动中，新闻自由起到了不可或缺的推动作用。但是，资产阶级取得政权后，凭借着其政治、经济、文化等各方面的统治优势，便把本应该由公民平等享有的权利变成了本阶级独享的特权。马克思就以《资产阶级和反革命》为题，在《新莱茵报》上揭露了普鲁士资产阶级在革命前后对新闻出版自由的不同态度。其中写道：“普鲁士资产阶级在其反对封建社会和王权的斗争中，被迫以人民的名义为自己要求了一种武器——结社权、出版自由等等，现在，当受骗的人民已不再利用这种武器去拥护资产阶级而流露出要利用它去反对资产阶级这种危险意图的时候，难道不应当把人民手中的这种武器摧毁吗？”[①]这里，马克思强调了出版自由和结社权都是一种用于阶级斗争的武器，而资产阶级是不敢公开承认这一点的。列宁旗帜鲜明地指出了资产阶级的出版自由是一种虚假的权利：“资产阶级民主制度下的自由和平等是假的……日报所需要的新闻都掌握在资产阶级电讯社手里，广告又由资本家自由支配。”[②]资产阶级历来宣扬自己的民主文化是超阶级的、全民的，但实际上它又被套上许多枷锁，加上种种限制，最终维护的不过是资产阶级的根本利益。

三、对资产阶级新闻自由的资本属性的揭露

新闻自由包括了两方面的内容：一是政治上的新闻自由，即新闻自由实现的政治制度保障；二是经济上的新闻自由，即新闻自由实现的经济制度保障。而在资本主义条件下，经常存在政治上不平等、经济上不平等的情况，这也就决定了资本主义条件下的新闻出版自由只能是某一阶级的自由。

---

① 《马克思恩格斯全集》第6卷，人民出版社1961年版，第130页。

② 《列宁全集》第31卷，人民出版社1958年版，第172页。

马克思认为，新闻出版自由是人类精神的特权，但是在普鲁士政府统治时期，普鲁士政府却把新闻出版自由当成了少数统治者的特权，而对人民的新闻出版自由加以严格限制。列宁进一步指出，资产阶级新闻自由的实质是富人和资本的自由："资本家把取消书报检查和各党派可以自由出版任何报纸叫作'出版自由'。……这实际上并不是出版自由，而是资产阶级富翁欺骗被压迫被剥削人民群众的自由。……为什么会这样呢？大家都很清楚这是为什么。因为出版报纸是资本主义的有利可图的大行业，富人把几百万卢布投入这一行业。资产阶级社会的'出版自由'就是富人有自由在每天数百万份的报纸上有计划地不断地欺骗、腐蚀和愚弄穷人——被剥削被压迫的人民群众。"[①]"在全世界，凡是有资本家的地方，所谓出版自由，就是收买报纸、收买作者的自由，就是买通、收买和炮制'舆论'帮助资产阶级的自由。"[②]

如果看看美国全国传播公司(NBC)、美国广播公司(ABC)、美国有线电视新闻网(CNN)、哥伦比亚广播公司(CBS)背后的大老板，就会发现控制整个美国媒介体制的是极少数的大公司和一小撮媒体寡头：NBC 被通用电气收购，后者则被摩根财团控制；CNN 的后台老板是传媒巨头华纳媒体，而在华纳媒体的 13 位董事会成员中，有 10 位都是投资公司、跨国企业、知名媒体的高管和前政府高官；拥有 ABC 等媒体的另一传媒巨头迪斯尼集团，其董事会成员包括了波音、宝洁、维萨、谷歌、星巴克等多家知名企业的前任或现任高管……实际上，像这样由财团高管出任传媒董事、财团与传媒相互渗透的现象，在西方传媒界十分普遍，西方媒体被财团、企业所操纵，资本的趋利性注定了其新闻媒体无论如何都无法摆脱资本和利益集团的束缚与制约，这种制约必然会埋葬所谓的新闻自由，其中也包括对政府的监督权。

从本质上看，真正决定媒体及其从业人员能否以及怎样批评与监督政府的是资本。媒体对政府的监督，服从的是资本统治的法则，真正至高无上的是经营媒体的垄断资本。在当代西方国家，传媒逐步集中在少数垄断集团手中，被少数实力雄厚的垄断集团兼并和垄断，政府与传媒大亨的关系既是对手，更是"情人"，是一种彼此独立又相互利用、既对立又合作的关系。西方国家的新闻业，无论是由政党、政府举办，还是由私人举办，都有财团或政治集团为背景。新闻从业人员如果违背了他们所从属的财团或政治集团

① 《列宁全集》第 32 卷，人民出版社 1985 年版，第 227～228 页。
② 《列宁全集》第 42 卷，人民出版社 1987 年版，第 85 页。

的意志和利益，就会被解雇，西方的新闻自由实际上是被资本垄断与“绑架”的自由，资产阶级的新闻自由本质上是为维护资产阶级整体利益和资本主义根本制度服务的。

第三节　新闻自由需要纪律约束

在现阶段，国际形势复杂多变，国内改革进入攻坚期和深水区，利益格局进一步调整，利益分化加剧。一方面人民在思想认识上出现各种各样的问题，对社会秩序的稳定构成了潜在的威胁；另一方面，公民对民主的诉求和利益的追求变得越来越强烈，政治参与热情和参与能力不断提高，对政策和社会保障的期盼越来越高。在这样的时代背景下，应当坚持“新闻无禁区，宣传有纪律”的报道原则，要严守党的政治纪律、宣传纪律和长期形成的规矩。

一、新闻自由需要纪律约束

首先，新闻自由需要纪律约束，是由宣传工作的特点所决定的。宣传工作是公开的，影响力广泛，党的许多决议是通过新闻媒介传达的，党的许多政策是通过新闻渠道向广大群众宣传和解释的，党的许多工作是通过宣传工作进行指导的，新闻媒体的言论对社会的影响力是十分巨大的。因此，党一贯重视宣传纪律，要求一切从事党的宣传工作的党组织和党员，必须与党中央保持思想上、政治上的高度一致，认真宣传党的路线、方针、政策和决议。

其次，自由从来都是相对的，没有绝对的自由。西方国家标榜的新闻自由，实质是资产阶级的新闻自由，是为资本主义制度和资产阶级利益服务的。他们的媒体都有财团或者政治集团的背景，因此，不可能发表任何有损于资产阶级及其国家利益的内容。西方的新闻自由仅仅是资产阶级享受的自由，是资产阶级的特权，是虚伪的，具有欺骗性。社会主义国家的新闻自由是人民享有的自由，在社会主义制度下，新闻是党和人民的事业，广大人民依法享有运用新闻媒体发表自己见解，表达自己意志的言论自由。因此，这一自由不能离开党的领导，必须恪守党的纪律。

二、公民、新闻媒体和新闻工作者需要遵守宣传纪律

党的宣传纪律是党的纪律的重要组成部分，是指党对宣传工作的要求

和党对从事宣传工作的党组织和党员规定的工作准则，包括不同时期党和国家机关所发布的可查阅的各种对新闻报道和宣传的规定，以及党和国家领导人对近期新闻宣传工作的具体指示。不同历史时期，党规定的宣传纪律也有所不同。解放战争时期，中共中央颁发了《关于宣传工作请示与报告制度的规定》《关于中央人民政府成立后宣传工作应注意事项给新华社各总分社和各地党报的指示》，从不同侧面强调了宣传工作的请示报告制度。1981年，党中央颁发《关于当前报刊新闻广播宣传方针的决定》，要求新闻机构必须坚持为人民服务、为社会主义服务的方向，对十一届三中全会以来党的路线、方针、政策和四项基本原则进行深入广泛的宣传。1994年，由中宣部新闻局和新闻出版署报纸管理司编的《新闻法规政策须知》，汇集了改革开放以来党和政府关于新闻、宣传工作的政策和党规方面的文件。这些决定、规定、通知、指示、纪要等等，发出的部门不同，有中宣部、广电部、新闻出版署，也有上述单位与其他部委联合发出的，也有党中央、国务院发出的。以上文件在广义上也被视为宣传纪律。

毛泽东要求，新闻工作要无条件地服从党的领导，遵守党的纪律，符合党的要求和使命。他在党的八届二次会议上指出，“要把新闻记者、报纸工作人员和广播工作人员召集起来开个会，跟他们交换意见，告诉他们宣传的方针”[①]，使新闻工作者有所遵循，不致偏离党所规定的方向。邓小平沿袭了毛泽东的党性新闻观和新闻宣传功能观，明确提出，党报党刊一定要无条件地宣传党的主张，党的新闻事业应当坚持四项基本原则，党报党刊要成为全国安定团结的思想上的中心。同时，新闻工作应当把工作重点转移到对社会主义经济建设的宣传上来，要为党和国家改革开放的总方针服务，为宣传和服务“四化”建设发挥积极作用。他要求思想文化教育战线都要以社会效益为一切活动的唯一准则。[②] 江泽民在解放军报社讲话时告诫报社的同志：“要有很强的国家利益观念，严守党、国家和军队的秘密，严守新闻宣传纪律，尤其在对外交往中要慎之又慎。”[③]胡锦涛则强调：“严格宣传纪律，做到守土有责，在重大问题、敏感问题、热点问题上把好关、把好度。大力宣传稳定压倒一切的思想。”[④]

---

① 《毛泽东新闻工作文选》，新华出版社1983年版，第183～184页。

② 参见《邓小平文选》第3卷，人民出版社1993年版，第145页。

③ 江泽民：《在接见解放军报师以上干部时的讲话》，《人民日报》1996年1月22日。

④ 胡锦涛：《在人民日报社考察工作时的讲话》，《人民日报》2008年6月21日。

习近平熟悉新闻宣传工作，他高度重视网络的舆论斗争和网络媒体管理。2013 年 8 月 19 日，他在全国宣传思想工作会议上指出，“互联网已经成为舆论斗争的主战场，一切数字报刊、移动电视、手机媒体、手机短信、微信、博客、播客、微博客、论坛等新兴媒体都不能为错误言论提供空间和便利。”为完善互联网管理领导体制，2014 年 2 月，中央网络安全和信息化领导小组（后改为中央网络安全和信息化委员会）成立；5 月，中央网信办发布《关于加强党政机关网站安全管理的通知》，进一步规范了党政机关网站的开办审核、信息发布、安全管理等；2017 年 5 月，国家互联网信息办公室出台新修订的《互联网新闻信息服务管理规定》，对应用程序、微博客、公众账号、即时通信工具、网络直播等的管理作出明确规定。2018 年 2 月，国家互联网信息办公室颁布《微博客信息服务管理规定》，加强对微博的管理。2021 年 10 月，国家网信办发布新版《互联网新闻信息稿源单位名单》，除中央和地方新闻媒体、新闻网站之外，将公众账号和应用程序纳入名单，对建设良好的网络生态，营造清朗的网络空间起到了积极作用。

总之，社会主义的新闻自由是有纪律、法律约束的新闻自由。强调严守新闻宣传纪律，正是为了保障我们的新闻自由沿着正确的方向健康发展，更好地发挥新闻媒体的功能和作用。

思考题

1.我国宪法和法律法规中对言论出版自由有哪些具体的规定？
2.怎样理解新闻自由的相对性？
3.如何理解资本主义新闻出版自由的虚伪性？
4.为什么新闻自由需要宣传纪律约束？

第七章　正面宣传与舆论监督

——马克思主义新闻观的“十大关系”之四

习近平总书记在党的新闻舆论工作座谈会上指出:“舆论监督和正面宣传是统一的。”[①]这一重要论断,充分体现了马克思主义辩证唯物论的思想方法,具有丰富的科学内涵,为媒体在新闻实践中如何把握正面宣传与舆论监督之间的关系提供了基本遵循,具有很强的思想性和指导性。从根本上讲,舆论监督和正面宣传是统一的而不是对立的。正面宣传为主是从新闻报道的整体来说的,是要求新闻工作者能够真实地反映社会主义中国的真实面貌。在现实生活中,有积极的,也有消极的,有正面报道,也会有负面报道。对待工作中存在的问题,新闻工作者也要勇于直面揭露,激浊扬清,针砭时弊,帮助解决问题、改进工作,疏导社会情绪,化解社会矛盾,维护社会稳定。新闻工作者在坚持正面宣传为主的同时,也要发挥舆论监督的积极作用。这样既坚持了党性原则,也符合党和人民的根本利益。

第一节　唱响主旋律

一、正面宣传为主的基本方针

“团结稳定鼓劲、正面宣传为主”,是党的新闻舆论工作必须遵循的指导方针和工作原则,是开创党和国家社会主义事业发展新局面的有力保障,也是继承和发扬马克思主义新闻观的内在要求。“团结稳定鼓劲、正面宣传为

① 习近平:《论党的宣传思想工作》,中央文献出版社2020年版,第188页。

主”作为党的新闻舆论工作的基本方针，有其深刻的理论渊源、历史发展和现实基础。

坚持“以正面宣传为主”的方针，正式以党的文件的形式确立是在1989年11月召开的全国省、市、自治区党报总编辑新闻工作研讨班上。李瑞环同志在会上发表了《坚持以正面宣传为主的方针》的讲话，要求：“新闻报道必须坚持以正面宣传为主的方针，这是社会主义新闻事业必须遵循的一条极其重要的指导方针。……坚持这个方针，就是要准确、及时地宣传党的路线、方针、政策，实事求是地反映社会现实生活的主流，让人民群众用创造新生活的业绩教育自己，形成鼓舞人们前进的巨大精神力量，在当前就是要造成一个有利于稳定局面的舆论环境。”①什么是正面？他强调了7个方面的“鼓舞和启迪”，指出：“我们所说的‘正面’，所说的‘为主’，就是要着力去宣传报道鼓舞和启迪人们发展社会生产力的东西，鼓舞和启迪人们坚持四项基本原则、坚持改革开放的东西，鼓舞和启迪人们加强社会主义民主和法制建设的东西，鼓舞和启迪人们推进社会主义精神文明建设的东西，鼓舞和启迪人们热爱伟大祖国和弘扬民族文化的东西，鼓舞和启迪人们维护国家统一和民族团结的东西，鼓舞和启迪人们为推动世界和平与发展而斗争的东西。总之，一切鼓舞和启迪人们为国家的富强、人民的幸福和社会的进步而奋斗的新闻舆论，都是我们所说的正面，都应当努力加以报道。”②从此，“以正面宣传为主”作为我国新闻和宣传工作的一项基本方针被确定了下来。后来，《人民日报》原总编辑范敬宜发表了《正确理解正面宣传为主的宣传方针》，对“正面宣传为主”的方针进行了分析和阐释，澄清了以“正面宣传为主”的模糊认识，并且纠正了一些对“正面宣传为主”的错误认识。他指出：“不能简单地认为，只要版面100%登的是正面报道，就算做到了正面宣传为主了。更重要的是看正面宣传是否成为一张报纸的基调和主旋律。从根本上说，以正面宣传为主的这个‘为主’，是个倾向问题。”③

江泽民和胡锦涛在继承马克思主义新闻观的基础上，进一步阐明“正面宣传为主”内涵和要求。江泽民要求，新闻宣传工作必须“团结稳定鼓劲、和正面宣传为主”④，这是江泽民同志对新闻工作提出的十分重要的方针。这

① 李瑞环：《坚持正面宣传为主的方针——在新闻工作研讨班上的讲话》，《新闻战线》1990年第3期。

② 李瑞环：《坚持正面宣传为主的方针——在新闻工作研讨班上的讲话》，《新闻战线》1990年第3期。

③ 范敬宜：《正确理解正面宣传为主的方针》，《新闻战线》1990年第7期。

④ 江泽民：《论“三个代表”》，中央文献出版社2001年版，第128页。

个方针与“两为”基本方针有着密切的联系。为人民服务、为社会主义服务是整个新闻事业的基本要求;团结稳定鼓劲和正面宣传为主,则是对新闻宣传的原则要求。前者是纲,后者是目。为了坚持“两为”方向,必须贯彻“正面宣传为主”的方针;只有贯彻落实“正面宣传为主”的方针,才能保证“两为”方向的实现。在2001年初召开的全国宣传部长会议上,江泽民同志发表讲话,强调指出:“要继续唱响主旋律,打好主动仗。主旋律唱响了,主动仗打好了,就能在全社会形成和发展积极向上的舆论环境,使科学理论和正确思想在社会生活中发挥主导作用,使广大干部和群众保持良好的精神面貌,不断巩固和发展全国各族人民团结奋斗的思想基础。这是我们在新形势下做好宣传思想工作的一条成功经验。”①在这里,唱响主旋律,打好主动仗,是保证新闻工作坚持为人民服务、为社会主义服务方向的又一重要方针,它与团结稳定鼓劲、正面宣传为主的方针是完全一致的,而且更鲜明、更有力、更具体。胡锦涛继续强调指出:“唱好主旋律、打好主动仗,是新形势新任务对宣传思想工作的基本要求。”②。

2013年8月19日的全国宣传思想工作会议上,习近平提出:“坚持团结稳定鼓劲、正面宣传为主,是宣传思想工作必须遵循的重要方针。”③这一讲话重申了“以正面宣传为主”的方针在我国新闻宣传中的重要地位,也为新时代我国媒体如何更加有效地进行舆论引导,坚持正确的政治方向指明了道路。2016年2月19日党的新闻舆论工作座谈会上,习近平总书记再次提出:“团结稳定鼓劲、正面宣传为主,是党的新闻舆论工作必须遵循的基本方针。”④他同时对正面宣传与舆论监督的关系,做了十分精辟的论证,从而阐述清楚了“正面宣传”的内涵,并且对“正面宣传”与“舆论监督”的关系进行了清晰的梳理。

当前,人们思想活动的独立性、选择性、多变性、差异性增强,在这种背景下,坚持“团结稳定鼓劲、正面宣传为主”的基本方针,增强信心、凝聚共识,激发全社会团结奋进的强大力量,具有十分重要的现实意义。

---

① 江泽民:《论“三个代表”》,中央文献出版社2001年版,第124～125页。

② 《胡锦涛在全国宣传部长会议上发表重要讲话要求宣传思想战线　唱响主旋律　打好主动仗》,《人民日报》2000年1月12日。

③ 《习近平谈治国理政》第1卷,外文出版社2018年版,第155页。

④ 习近平:《论党的宣传思想工作》,中央文献出版社2020年版,第186页。

二、构建主流舆论场

唱响主旋律,加强正面宣传,需要壮大主流阵地,构建主流舆论场。在新的媒介环境下,构建主流舆论场需要加强和改善党对新闻舆论工作的领导,秉持"创新为要"的理念,推动媒介融合,借助新媒体优势壮大主流舆论,加强网上舆论引导,占领新传播格局下信息传播的制高点。

第一,构建主流舆论场,需要加强和改善党对新闻舆论工作的领导,坚持党管媒体的原则不动摇。习近平强调,"党性原则不仅要讲,而且要理直气壮讲,不能躲躲闪闪、扭扭捏捏",明确指出党性原则是党的新闻舆论工作的根本原则。党管媒体原则不仅针对党和政府主办的重点新闻媒体,也包括其他各类媒体,坚持正确的舆论导向要始终贯穿各类媒体的各个环节。在舆论工作中,各级党委应自觉肩负起政治与领导责任,领导干部需提升与媒体打交道的能力,借媒体宣讲政策、洞察民情、化解矛盾、引导情绪、发动群众、推进工作。

第二,构建主流舆论场,需要以创新壮大主流媒体,增强舆论影响力。创新是一个民族进步的灵魂,是一个国家兴旺发达的不竭动力,也是中华民族最鲜明的民族禀赋。面对复杂的改革环境、艰巨的发展任务,新闻宣传工作要想发展壮大,保持强大生命力,关键在于是否能够创新,做到常做常新。那么,新闻工作如何做到常做常新呢？习近平总书记指出:"随着形势发展,党的新闻舆论工作必须创新理念、内容、体裁、形式、方法、手段、业态、体制、机制,增强针对性和实效性。要适应分众化、差异化传播趋势,加快构建舆论引导新格局。"①这就要求新闻工作者首先要解放思想、创新理念,同时要在实践工作中突破旧的体制束缚,适应新的时代发展,满足人民群众精神文化方面的需求。习近平总书记还强调:"尊重新闻传播规律,创新方法手段,切实提高党的新闻舆论传播力、引导力、影响力、公信力。"②这对于我们在新时代做好党的新闻舆论工作有深刻启发。主流媒体要在新的媒体生态中发展壮大,要保持和增强舆论引导能力,构建新型主流舆论场,唯一的出路就是创新。习近平在视察解放军报社时还明确指出:"对新闻媒体来说,内容

---

① 中共中央宣传部新闻局编:《习近平总书记党的新闻舆论工作座谈会重要讲话精神学习辅助材料》,学习出版社2016年版,第7页。

② 《担负起巩固壮大主流思想舆论的责任——习近平总书记在党的新闻舆论工作座谈会上的重要讲话引起强烈反响》,《人民日报》2016年2月24日。

创新、形式创新、手段创新都重要,但内容创新是根本的。"[①]相比较于社交媒体等新兴媒体的娱乐化、情绪化,传统媒体的优势就在于真实、客观、公正、准确的内容,只有通过优质原创内容才能吸引受众,获得公信力和影响力,从而引导舆论。

第三,构建主流舆论场,需要加快媒体融合发展,打造新型主流媒体。在意识形态领域斗争尖锐复杂和媒体格局深度变革的大趋势下,加快推进新旧媒体的融合发展成为主流媒体生存发展、提升舆论引导能力的必由之路。2014 年 8 月 18 日,中央全面深化改革领导小组第四次会议审议通过了《关于推动传统媒体和新兴媒体融合发展的指导意见》,提出整合新闻媒体资源,推动传统媒体和新兴媒体融合发展,"是适应媒体格局深刻变化、提升主流媒体传播力公信力和舆论引导能力的重要举措"[②]。正如习近平总书记指出,要"着力打造一批形态多样、手段先进、具有竞争力的新型主流媒体,建成几家拥有强大实力和传播力、公信力、影响力的新型媒体集团,形成立体多样、融合发展的现代传播体系"[③]。在这一思想的指导下,我国媒体融合发展迅速,平台支撑有力,打造了一批影响力强的融合媒体平台,推出了一批融媒体产品,如《人民日报》的"人民号"、新华社的"现场云"、中央电视台的"智慧融媒体"等等。地方媒体也大力开拓新媒体市场,推进媒体融合。如上海报业集团、四川日报报业集团打造的"澎湃新闻""封面新闻"等移动媒体的拳头产品相继上线。作为国家发展战略,主流媒体依托国家政策、资金支持、品牌和专业人才优势,从组织机构、新闻生产流程、经营管理、平台再造、技术创新等方面入手,突破现状、勇于创新,推动媒体融合发展,快速提升内容生产能力,占领舆论的制高点,在新的媒体格局中掌握主动权。

2017 年 7 月 30 日,我军首次举行以庆祝建军节为主题的盛大阅兵仪式,中央军委主席习近平检阅部队并发表重要讲话。盛大的阅兵仪式激发了网友的自豪感,主流媒体和新兴媒体形成良性互动,共同将"朱日和阅兵"话题推向高潮。短短 24 小时内,新浪微博话题"建军 90 年"阅读量就达到了 3.7 亿次,话题"朱日和阅兵"阅读量高达 2 亿次。微信公众号上各大主

---

① 《习近平视察解放军报社时强调　坚持军报姓党坚持强军为本坚持创新为要　为实现中国梦强军梦提供思想舆论支持》,《人民日报》2015 年 12 月 27 日。

② 《推动主流媒体在融合发展之路上走稳走快走好》,《人民日报》2014 年 8 月 21 日。

③ 《习近平主持召开中央全面深化改革领导小组第四次会议强调　共同为改革想招一起为改革发力　群策群力把各项工作抓到位》,《人民日报》2014 年 8 月 19 日。

流媒体发布的相关话题文章在当日几乎都迅速突破10万阅读量。新华网超3200万网民通过网站、移动端和微博观看了阅兵式的直播，央视新闻移动网手机直播同时在线观看人数也达到2812万。

第四，构建主流舆论场，需要强化网络舆论引导。习近平在全国宣传思想工作会议上强调，根据形势发展需要，“要把网上舆论工作作为宣传思想工作的重中之重来抓”[①]。随着新的传播技术的发展，习近平准确指出：“很多人特别是年轻人基本不看主流媒体，大部分信息都从网上获取，必须正视这个事实，加大力量的投入，尽快掌握这个舆论战场上的主动权，不能被边缘化了。”[②]因此，适应舆论生态的变化，积极抢占新兴舆论阵地，把主流媒体的影响力向网络空间延伸，对于巩固壮大宣传思想阵地、构建主流舆论场具有重要意义。

三、构建主流话语体系

唱响主旋律，传播正能量，需要构建主流话语体系。主流话语体系的构建，不仅体现在国内的新闻舆论工作当中，还体现在国际传播中对外话语体系的建设方面。在对外传播中构建融通中外的话语体系，增强我国在国际传播中的话语权。

首先，构建主流话语体系，需要贴近民众，丰富主流媒体的话语表达。中国共产党自成立以来一向十分重视贴近和深入群众，重视党的作风和文风建设。在宣传方面，毛泽东要求新闻工作者在宣传时“采取和读者处于完全平等地位的态度”[③]。进入新世纪以来，党中央提出“从贴近实际、贴近生活、贴近群众入手，加强和改进新闻宣传工作”的新要求。习近平强调要“运用丰富的新闻语言、形式、方法、技巧创作出精品力作来”[④]，“要善于表达，深刻道理要通过讲故事来打动人、说服人”[⑤]。在此精神的指导下，传统主流媒体在新闻舆论工作中更多采用广大群众喜闻乐见的生动文风，不断增强新

---

① 中共中央文献研究室编：《习近平关于全面深化改革论述摘编》，中央文献出版社2014年版，第83页。

② 中共中央文献研究室编：《习近平关于全面深化改革论述摘编》，中央文献出版社2014年版，第83页。

③ 《毛泽东文集》第7卷，人民出版社1999年版，第277页。

④ 《习近平视察解放军报社时强调 坚持军报姓党坚持强军为本坚持创新为要 为实现中国梦强军梦提供思想舆论支持》，《人民日报》2015年12月27日。

⑤ 中共中央宣传部新闻局编：《习近平总书记党的新闻舆论工作座谈会重要讲话精神学习辅助材料》，学习出版社2016年版，第16页。

闻宣传的生动性、可看性，努力提高新闻宣传的质量和水平。

像《人民日报》“学习小组”就在探索领导人报道的新视角方面，进行了积极的探索。他们起名叫“学习小组”，给自己的定位是深度版的“学习粉丝团”。2014年9月12日，“学习小组”推出《跟着习大大去出访》系列，称将“独家更新习大大出访行程，与组员们一道跟进一位大国领导人的出访细节”。“学习小组”还表示，“新闻中的领导人聊的都是天下大事，学习小组希望分享一段不一样的视角、一些生动的故事”。

“学习小组”记录的习近平会见吉尔吉斯斯坦总统阿塔姆巴耶夫的细节如下：“会见持续到7点多，大大还没吃上晚饭。一结束，他还要马不停蹄去塔总统家做客。插播一句，中午饭呢，下午2点多签字仪式时，大大还没顾上。这个节奏，是出访的正常节奏……（难怪今年他自问，时间都去哪儿了！）”

塔吉克斯坦总统拉赫蒙在家里宴请习近平的现场，“学习小组”自称“家庭聚会进不去”，但听说了几件事：看到总统子女儿孙身着节日盛装在门口迎接，习近平说，“三代同堂在中国是福气”。饭后，拉赫蒙邀请习近平夫妇茶叙，并亲手摘下一颗果实递给习近平。

“是苹果、是梨还是李子，嗯，统统不重要，重要的是……得洗洗再吃。”“学习小组”卖完萌后接着披露：“习近平夫妇回到酒店，已经是夜里11点多。”

诸如此类生动活泼的语言表述在“学习小组”中屡见不鲜，它大胆探索以新的视角报道习近平的讲话和活动，近距离发布领导人信息，内容时而卖萌时而有料，生动展现了国家领导人的亲民形象和魅力风范。

其次，构建主流话语体系，需要构建融通中外的话语体系。改革开放以来，我国越来越重视世界信息的沟通。邓小平多次强调我们的宣传要具备世界的眼光。胡锦涛也指出要形成与我国国际地位相称的外宣舆论力量。进入新的历史时期，国际传播中我国话语体系建设的重要性日趋凸显。话语体系是知识体系和思想体系的外在表达形式，是国家软实力的重要组成部分，对外话语则是一个国家面向世界的自我陈述。习近平在党的新闻舆论工作座谈会上指出，我们在国际上有理说不清的一个重要原因，是话语体系没有完全建立起来。因此，习近平在哲学社会科学工作座谈会上的讲话中指出，“要注意加强话语体系建设”[①]。培植对外主流话语体系，重在坚持国家站位，坚持全球视野，坚持事实说话，坚持平等交流。重在“创新对外宣传方式，加强话语体系建设，着力打造融通中外的新概念、新范畴、新表述”[②]。

四、传播主流价值观

一个国家和民族，要同心同德迈步前进，必须有共同的理想信念做支撑。培育和弘扬核心价值观，有效整合社会意识，是社会系统得以正常运转、社会秩序得以有效维护的重要途径，也是国家治理体系和治理能力现代化的重要内容。习近平指出：“历史和现实都表明，核心价值观是一个国家的重要稳定器，能否构建具有强大感召力的核心价值观，关系社会和谐稳定，关系国家长治久安。”[③]

“社会主义核心价值观是当代中国精神的集中体现，凝结着全体人民共同的价值追求。”[④]因此，“我们要从巩固全党全国各族人民团结奋斗的共同思想基础、巩固党的执政地位的战略高度，持续加强社会主义核心价值体系建设，把培育和弘扬社会主义核心价值观作为凝魂聚气、强基固本的基础工程，作为一项根本任务，切实抓紧抓好，加快构建充分反映中国特色、民族特性、时代特征的社会主义核心价值体系，努力抢占价值体系的制高点”[⑤]。

新闻舆论工作在培育和弘扬核心价值观、有效整合社会意识方面承担着光荣而艰巨的使命。新闻舆论工作者要深刻认识自身所肩负的职责和使命，自觉加强社会主义核心价值观的宣传，宣传社会主义核心价值观的基本内涵，宣传其鲜明特征和实践要求。用高质量的新闻作品，形象地告诉人们什么是真善美，什么是假恶丑，什么是值得肯定和赞扬的，什么是必须反对和否定的。把社会主义核心价值观融入社会发展的各方面，内化为人们的情感认同和行为习惯，推动全社会形成积极健康的良好舆论氛围，更好地构

---

① 习近平：《在哲学社会科学工作座谈会上的讲话》，人民出版社 2016 年版，第 24 页。

② 中共中央文献研究室编：《习近平关于全面建成小康社会论述摘编》，中央文献出版社 2016 年版，第 107 页。

③ 中共中央文献研究室编：《习近平关于全面建成小康社会论述摘编》，中央文献出版社 2016 年版，第 111 页。

④ 习近平：《决胜全面建成小康社会 夺取新时代中国特色社会主义伟大胜利——在中国共产党第十九次全国代表大会上的报告》，人民出版社 2017 年版，第 42 页。

⑤ 《习近平新闻舆论思想要论》，新华出版社 2017 年版，第 30 页。

筑中国精神、中国价值、中国力量，为人民提供精神指引。

例如，凭借《中国有嘻哈》节目一举成名的嘻哈艺人 PG One，从炒作私人隐私，到歌词含有“黄赌毒”内容，教唆吸毒、侮辱女性，再到侮辱逝者，其行为已经严重背离社会主流价值观。新华社、《人民日报》、《中国妇女报》、紫光阁等主流媒体联手发声，澄清谬误、明辨是非。主流媒体的介入形象地告诉了人们什么是真善美，什么是假恶丑，什么是值得肯定和赞扬的，什么是必须反对和否定的，坚决捍卫了社会主义核心价值观，推动全社会形成积极健康的良好舆论氛围。

五、建设主流文化

“文化是一个国家、一个民族的灵魂。文化兴国运兴，文化强民族强。”[①]主流文化是在多元文化中占主导地位起引领作用的文化，它承载着一个社会的主流价值观。做好主流文化的建设，是新闻舆论工作坚持党性原则、引领舆论导向、成风化人、凝心聚力的重要职责和使命。建设社会主义主流文化，需要坚定社会主义文化自信，并适应新的传播环境建设健康向上的网络文化。

首先，建设主流文化，需要坚定文化自信。习近平在十九大报告中指出：“文化自信是一个国家、一个民族发展中更基本、更深沉、更持久的力量。”[②]在党的二十大报告中，“文化自信”推进到了“文化自信自强”的历史新阶段。“‘文化自信自强’的历史性出场，既是对新时代十年我国文化建设在正本清源、守正创新中取得历史性成就的集中反映和科学概括，也是对新时代新征程党的宣传思想文化工作未来发展的战略擘画和使命要求。”[③]2023年10月，全国宣传思想文化工作会议正式提出并系统阐述了习近平文化思想，标志着我们党对中国特色社会主义文化建设规律的认识达到了新高度，我们党的历史自信、文化自信达到了新高度。“没有高度的文化自信，没有文化的繁荣兴盛，就没有中华民族伟大复兴。要坚持中国特色社会主义文化发展道路，激发全民族文化创新创造活力，建设社会主义文化强国。中国

① 习近平：《决胜全面建成小康社会　夺取新时代中国特色社会主义伟大胜利——在中国共产党第十九次全国代表大会上的报告》，人民出版社 2017 年版，第 41 页。

② 习近平：《决胜全面建成小康社会　夺取新时代中国特色社会主义伟大胜利——在中国共产党第十九次全国代表大会上的报告》，人民出版社 2017 年版，第 27 页。

③ 郑保卫、郑权：《新时代推进文化自信自强的历史逻辑思想内涵与实践路径》，《东岳论丛》，2023 年 11 月。

特色社会主义文化，源自于中华民族五千多年文明历史所孕育的中华优秀传统文化，熔铸于党领导人民在革命、建设、改革中创造的革命文化和社会主义先进文化，植根于中国特色社会主义伟大实践。”①中华优秀传统文化、革命文化和社会主义先进文化都是中国特色社会主义文化的有机组成部分，三者相辅相成，不可分割。中华优秀传统文化是我们民族的“根”和“魂”，是我们在世界文化中站稳脚跟的根基，是中华民族生生不息发展壮大的根本。革命文化是中国共产党带领人民在血与火的革命岁月中创造出的文化形态，彰显了中国革命的光辉和伟大，中国共产党领导中国人民创造的红船精神、井冈山精神、长征精神、延安精神、西柏坡精神等是坚定中国特色社会主义文化自信的重要源泉。社会主义先进文化是以马克思主义为指导，以社会主义核心价值观为灵魂，能够反映先进生产力的发展要求，代表最广大人民根本利益，面向现代化、面向世界、面向未来的文化。社会主义先进文化是坚定中国特色社会主义文化自信的重要精神动力。

文化是一个国家、一个民族的灵魂，没有高度的文化自信，就不会有中华民族的伟大复兴，要坚持文化发展，就要激发全民族文化创造创新的活力，大力发展中国特色社会主义文化。“发展中国特色社会主义文化，就是以马克思主义为指导，坚守中华文化立场，立足当代中国现实，结合当今时代条件，发展面向现代化、面向世界、面向未来的，民族的科学的大众的社会主义文化，推动社会主义精神文明和物质文明协调发展。要坚持为人民服务，为社会主义服务，坚持百花齐放、百家争鸣，坚持创造性转化、创新性发展，不断铸就中华文化新辉煌。”②

其次，建设主流文化，需要培育积极健康、向上向善的主流网络文化。随着数字化、网络化、智能化的深度推进，互联网不仅已成为宣传思想文化工作的主阵地，更成为意识形态斗争的前沿战场。在网络文化日趋多元的当下，培育积极健康、向上向善的主流网络文化，已然成为建设社会主义主流文化、迈向网络强国的关键路径与必然选择。

加强互联网文化建设，要坚定文化自信，强化正面引导。习近平强调，要“培育积极健康、向上向善的网络文化，用社会主义核心价值观和人类优

---

① 习近平：《决胜全面建成小康社会　夺取新时代中国特色社会主义伟大胜利——在中国共产党第十九次全国代表大会上的报告》，人民出版社2017年版，第43页。

② 习近平：《决胜全面建成小康社会　夺取新时代中国特色社会主义伟大胜利——在中国共产党第十九次全国代表大会上的报告》，人民出版社2017年版，第41～42页。

秀文明成果滋养人心、滋养社会，做到正能量充沛、主旋律高昂，为广大网民特别是青少年营造一个风清气正的网络空间”①。

培育积极健康，向上向善的主流网络文化，要大力培育和践行社会主义核心价值观，要立足中华优秀传统文化、革命文化和社会主义先进文化，充分发挥互联网平台优势，让中国和海外民众了解中国先进文化，推动网络文化繁荣，提升我国网络文化影响力。

新闻媒体作为网络文化产品的重要供给者，需要适应广大人民群众对网上新闻信息日益增长的需求，创新工作理念和内容生产传播方式，不断推出导向正确、格调高雅、形式多样、贴近受众、服务性强的新闻信息产品，丰富人民群众的精神文化生活。

一段时间以来，《中国诗词大会》《中国成语大会》《见字如面》《朗读者》《国家宝藏》等一大批原创传统文化节目持续热播，让诗词歌赋、国学经典、历史文物等传统文化迅速走入寻常百姓家，在互联网上引发强烈反响。文化类原创节目的成功不仅体现和传播了中华传统文化的魅力，也展现出网上舆论工作的巨大创新空间。

以《中国诗词大会》为例，作为中央电视台于 2016 年推出的全新力作，无论是节目的创作理念、制作效果还是收视成绩，都取得了极佳的社会反响。该节目兼顾娱乐性和教育性，以中国诗词为核心内容，通过创新节目发展思路和表现形式，在轻松欢乐的竞赛氛围中向观众传递和普及文化知识，唤起人们对传统文化尤其是主流文化的兴趣。

第二节　坚持正确舆论导向

一、三种导向：政治导向、经济导向、价值导向

习近平强调，要承担起新闻舆论工作的职责使命，必须把政治方向摆在第一位，牢牢坚持党性原则，牢牢坚持马克思主义新闻观，牢牢坚持正确舆论导向，牢牢坚持正面宣传为主。坚持正确舆论导向是党的新闻舆论工作的核心和灵魂。要坚持以正确的舆论引导人，把坚持正确舆论导向贯穿新闻采集、撰写、编排、发布各个环节，落实到采写人员、编辑人员、签发人员身

---

① 习近平：《在网络安全和信息化工作座谈会上的讲话》，人民出版社 2016 年版，第 9 页。

上，层层把关、人人负责。从总体上看，舆论导向可以分为政治导向、经济导向和价值导向三个方面。

（一）重视舆论工作的政治导向

政治导向就是根据党和政府的总体任务和总体目标，遵循新闻传播规律，通过大量事实报道和舆情传达，引导人们理解和把握党的理论和路线方针政策，并联系自己的本职工作加以贯彻落实。① 坚持正确的政治导向，是马克思主义新闻观一以贯之的原则。

马克思和恩格斯指出，报刊不仅是“社会舆论的产物，同样地，它也制造这种社会舆论”②。他们要求党的报刊要自觉遵循和宣传党的纲领、章程、策略和决议。

由于俄国1905年革命的爆发，沙皇被迫宣布给予人民有限的新闻出版自由，于是各个反对党派都可以自由地出版报纸，俄国社会民主工党的两派都在11月创办了公开的日报。在短暂的政治自由中，孟什维克派的作家们公开发表了不少超党派的言论，甚至有些言论已经违背了党纲和党的策略原则，对党的先进性造成严重的威胁。为了适应革命形势的变化，克服当时超党派的倾向，列宁接连发表了《论党的改组》与《党的组织和党的出版物》。他指出：“如果我们党有蛊惑人心的倾向，如果党性基础（纲领、策略规则、组织经验）十分缺乏或者薄弱、动摇，那么毫无疑问，这个危险是很严重的。党是自愿的联盟，假如它不清洗那些宣传反党观点的党员，它就不可避免地会瓦解，首先在思想上瓦解，然后在物质上瓦解。确定党的观点和反党观点的界限的是党纲，是党的策略决议和党章，最后是国际社会民主党，各国的无产阶级自愿的联盟的全部经验。”③

中国共产党的几代领导人都高度重视以报刊为媒介开展思想政治教育。毛泽东曾反复强调，党报要坚持党性原则，指出党报工作者要有“党的机关报”的责任意识，主动积极地宣传党的方针政策。他还提出，通过“种牛痘”的方法增强干部和群众在政治上的免疫力。④ 邓小平也强调：“思想战线上的战士，都应当是人类灵魂工程师。作为灵魂工程师，应当高举马克思主

---

① 参见童兵：《新闻舆论工作者的时代定位》，《人民日报》2016年4月7日。

② 《马克思恩格斯全集》第40卷，人民出版社1982年版，第304页。

③ 《列宁全集》第12卷，人民出版社1987年版，第79页。

④ 参见《毛泽东新闻工作文选》，新华出版社1983年版，第185页。

义的、社会主义的旗帜，用自己的文章、作品、教学、讲演、表演，教育和引导人民正确地对待历史，认识现实，坚信社会主义和党的领导，鼓舞人民奋发努力，积极向上，真正做到有理想、有道德、有文化、守纪律，为伟大壮丽的社会主义现代化建设事业而英勇奋斗。”①

江泽民强调，新闻作为意识形态，作为宣传、教育、动员人民群众的一种舆论形式，总是直接或间接地反映我们党和国家的政治立场、政治主张和政治观点。胡锦涛强调，必须坚持党性原则，牢牢把握正确舆论导向，牢固树立政治意识、大局意识、责任意识、阵地意识，自觉主动地为人民服务、为社会主义服务、为党和国家工作大局服务。

习近平强调，新闻舆论工作要增强政治意识、大局意识、责任意识、看齐意识：“在我们新闻宣传中，决不能出现政治性差错，决不能给错误的思想和观点提供传播渠道，决不能宣传同党的方针政策相悖的观点和做法，决不能片面地错误地宣传党的方针政策。”②他在“8·19”讲话中提出要根据情况进行网络舆论引导和网络舆论斗争。他说，“思想舆论领域大致有三个地带。第一个是红色地带，主要是主流媒体和网上正面力量构成的，这是我们的主阵地，一定要守住，决不能丢了。第二个是黑色地带，主要是网上和社会上一些负面言论构成的，还包括各种敌对势力制造的舆论，这不是主流，但其影响不可低估。第三个是灰色地带，处于红色地带和黑色地带之间。”思想舆论的红色地带是党在新闻舆论和意识形态工作的主阵地，必须坚守、扩大，需高举马克思主义及马克思主义新闻观旗帜，做好网络舆论引导以巩固发展。灰色地带的性质、立场较为模糊，存在转化方向的两面性，既能被红色地带争取，也容易被黑色地带同化。对灰色地带应当形成精准认知，要靠马克思主义真理的力量，靠深入细致的思想政治工作，有策略、有技巧地“智取”灰色地带，争取其向红色地带的转化。黑色地带是藏污纳垢之地，含负面言论及敌对势力舆论，必须针锋相对斗争，通过揭露、展现、批判其问题，使其无法立足。总之，舆论工作要始终坚持正确政治立场，坚持正确舆论导向，牢固坚守红色地带、坚决打击黑色地带、积极转化灰色地带。

---

① 《邓小平文选》第2卷，人民出版社1994年版，第228页。

② 习近平：《干在实处 走在前列：推进浙江新发展的思考与实践》，中共中央党校出版社2006年版，第309页。

(二)重视舆论工作的经济导向

“经济导向就是通过新闻舆论传播,把经济活动引导到党和政府提出的经济目标、作出的经济部署上来,促进经济发展和社会繁荣稳定。”①在马克思主义新闻观的实践中,新闻舆论工作的经济导向作用始终占据着重要位置。

1917年十月革命胜利后,列宁关于报刊工作论述的重点,迅速从政治论战转到要求以经济建设为中心,提出“多谈些经济”的基本思想。在改革开放后,邓小平也强调,宣传的指导思想要适应以经济建设为中心的新环境。

经济建设是党的中心工作,在当前“十四五”发展的关键时期,坚持新闻舆论的经济导向,对服务社会主义市场经济发展大局,促进经济发展和社会繁荣稳定具有重要的现实意义。

(三)重视舆论工作的价值导向

目前,在经济全球化的推动下,整个世界连接成为一个紧密的命运共同体,人们的价值观念日益从封闭走向开放,相互之间的交流和互动越来越多,各种意识形态和价值观念相互交融共存。中国作为全球化进程中的一支重要力量,也在经济体制和政治体制上进行着社会转型。在经济体制上,从高度集中的计划经济转为自由的市场经济;在政治体制改革上,全面依法治国,全面从严治党。社会转型推动着传统的价值观念发生了很大的变化,在过去传统的计划经济体制下,单一利益主体下形成的价值观念难以适应现代社会的社会环境。市场经济的平等竞争、追求利润最大化等特性使多元利益主体产生了多元的价值观念,这种价值观念的多元性,必然会在我们的新闻报道中有所反映。但是,任何社会都会有一个占主导地位的社会价值观,其他的社会价值观都逐步向这一价值观念靠拢。舆论工作的价值导向就是用社会主义核心价值观和中华传统美德教育广大人民群众,引导人们树立正确的世界观、人生观、价值观,培育良好的社会公德、职业道德、家庭美德、个人品德,培养爱国主义情操。

二、用典型宣传引导舆论

在广大人民群众的伟大实践中发现先进典型,既符合马克思主义人民

---

① 童兵:《新闻舆论工作者的时代定位》,《人民日报》2016年4月7日。

群众是历史的创造者的唯物史观，也是马克思主义新闻观和中国共产党宣传思想工作长期以来的优良传统。

在苏俄实行共产主义劳动公社时期，列宁设想通过组织竞赛来提高劳动公社的纪律性和劳动生产率，而在组织竞赛的过程中，报刊应发挥很大的作用。因此，他提出“榜样的力量”①，通过树立好的劳动公社的榜样来带动其他公社，这一观点在新经济政策时期逐渐转变为通过报刊介绍典型实例来指导经济建设。列宁谈到这样的观点：“多用行动少用语言来进行宣传。要知道，现在用语言既不能说服工人，也不能说服农民，只有用榜样才能说服他们。”②“要广泛介绍并大力宣传任何一个表现稍为突出的地方工作人员，把他树为榜样。这种工作做的愈多，愈是深入生动的实际……那么我们的报刊和我们的整个建设事业就会愈有成效地得到改善。”③

抗日战争时期，毛泽东曾亲自起草关于收集和宣传八路军新四军民族英雄事迹的电报，指出：“表扬这些英雄及英勇行为，对外宣传与对内教育均有重大意义。”④

党的十八大以来，习近平对先进典型报道提出很多明确要求。在全国宣传思想工作会议上，他强调，要“多宣传报道人民群众的伟大奋斗和火热生活，多宣传报道人民群众中涌现出来的先进典型和感人事迹”⑤。2015 年 4 月 28 日，他在庆祝“五一”国际劳动节暨表彰全国劳动模范和先进工作者大会上指出：“伟大的事业需要伟大的精神，伟大的精神来自于伟大的人民。我们一定要在全社会大力弘扬劳模精神、劳动精神，大力宣传劳动模范和其他典型的先进事迹。”⑥习近平高度重视弘扬英雄精神，多次前往革命老区、烈士纪念地考察调研，提出“把革命烈士那些感人至深的文章、诗文、家书编辑成册，用于干部教育。”2021 年 6 月 29 日，他在庆祝中国共产党成立 100 周年“七一勋章”颁授仪式发表讲话，提出“大力宣传‘七一勋章’获得者的感人事迹和崇高品德，在全党全社会形成崇尚先进、见贤思齐的浓厚氛围”。

宣传报道先进典型的事迹、为人们树立学习的榜样，可以为社会凝聚更

---

① 《列宁全集》第 34 卷，人民出版社 1959 年版，第 137 页。

② 《列宁全集》第 40 卷，人民出版社 1986 年版，第 37 页。

③ 《列宁全集》第 52 卷，人民出版社 1988 年版，第 400～401 页。

④ 《毛泽东新闻工作文选》，新华出版社 1983 年版，第 43 页。

⑤ 《习近平谈治国理政》第 1 卷，外文出版社 2018 年版，第 154 页。

⑥ 习近平：《在庆祝“五一”国际劳动节暨表彰全国劳动模范和先进工作者大会上的讲话》，人民出版社 2015 年版，第 4～5 页。

多引人向上、催人奋进的正能量，起到示范、激励、引导的作用。新闻舆论工作者应大力弘扬人民群众创造历史、改造社会、建设新生活的英雄壮举，将英雄人物、先进人物的高尚精神境界、道德风貌、先进思想和经验转化为全社会的共同财富。

《榜样》系列节目是中央组织部、中央电视台联合录制的“两优一先”“两学一做”特别节目。节目邀请10位全国优秀共产党员、优秀党务工作者、先进基层党组织代表来诠释中国共产党人坚定理想信念、为民实干担当、勤勉敬业奉献的精神风采。其中，既有被誉为“工人院士”的中国中车长客股份公司高级技师李万君，又有94岁还奋战在手术台前的肝胆外科专家、中国科学院院士吴孟超；既有使流动的党旗成为农民工党员的一面心灵旗帜的固始县驻北京党工委书记苗振水，又有卧过底、毙过匪，还被毒贩视作“亲人”的娄底市公安局巡特警支队巡逻处警大队大队长李贝。职业不同，经历不同，他们却有着相同的信仰——为人民服务。《榜样》专题节目以“喜迎十九大、共圆中国梦，走近学习榜样、凝聚复兴力量”为主题，通过先进事迹再现、典型代表访谈、嘉宾现场讲述等形式，用平凡故事讲述深刻道理，用先进典型模范事迹诠释党的崇高理想，既展现一代又一代共产党人不忘初心的执着坚守，又紧贴时代要求，紧贴脱贫攻坚等中心工作，彰显当代共产党人信仰坚定、心系群众、勇于担当、创新奉献的精神风貌，具有较强的思想性、艺术性和吸引力、感染力，是开展党员教育培训和引导社会舆论的生动案例。

三、用热点报道引导舆论

早在20世纪初，毛泽东的早期新闻观中就有关于利用热点事件阐发和引导舆论的“傍着活事件来讨论”的新闻舆论思想，即充分利用报纸有计划地组织思想讨论，达到传播某种思想、指导工作的目的。1919年11月15日，湖南《大公报》刊登了一则《新娘舆中自刎之惨闻》的报道：南阳街眼镜作坊赵某之女，年方22岁的赵五贞，因不满父母包办婚姻，在多次反抗无果的情况下，于14日出嫁时在花轿中用剃刀刎颈自杀。毛泽东借此事件在该报上发动参与了一场讨论，连续撰文抨击包办婚姻。他在第二天的报纸中写道：“吾们讨论各种学理，应该傍着活事件来讨论。”[①]这里的关键在于抓住适

① 中央文献研究室、新华通讯社编：《毛泽东新闻作品集》，新华出版社2014年版，第51页。

当的能够引起广泛关注的新闻话题，使报纸的讨论服务于组织者的设想。

新时期，随着大众传媒的发展，社会事件很容易通过媒体的报道放大为热点话题，因此更需要用热点报道来进行正确的舆论引导。新时期用热点报道引导舆论，一方面需要主动回应热点事件，加强社会舆论热点引导，另一方面还要主动设置议程，引导社会舆论走向。

（一）引导舆论应主动回应热点，加强正面引导

随着社会发展与公众关注点的变化，热点问题也愈发多变。舆论热点传播涉及广泛，演变过程复杂多变，传播速度极快，因此很容易引起人们思想上的困惑和情绪上的波动，严重甚至还会引发社会问题，必须引起足够的重视。

习近平强调，要“坚持问题导向，注重回答普遍关注的问题”①。这就要求对于当前我国经济社会发展中存在的突出问题、改革攻坚和加快转变经济发展方式面临的难点问题、广大干部群众普遍关注的热点问题，新闻媒体和新闻舆论工作者应当主动回应、深入调查，引导社会舆论向积极的方面发展。对于大是大非的问题，新闻媒体必须敢于交锋、善于发声，理直气壮澄清模糊认识，批驳错误观点，发出主流声音，凝聚社会共识。

2016年春节过后，一则虚构的“返乡日记”——《春节纪事：一个病情加重的东北村庄丨返乡日记》一文，通过新媒体，得到广泛传播并引起争议。文中描写的东北乡村“礼崩乐坏”情形让人触目惊心：父亲濒死儿子却用低保金“行乐痛快”、农妇组团“约炮”、媳妇骂婆婆“老不死的东西”、低保夫妇不顾儿子常年酣战牌桌……很多网络媒体未经核实进行了广泛转载，造成了不良的社会影响。在社会认知出现争议和模糊的时刻，新华社主动回应热点，派出记者深入事发地调研采访，借助一手采访素材，形成完整证据链，最终认定这则“返乡日记”为虚假消息。随后新华社迅速播发《哪来“礼崩乐坏”的东北村庄？——一则虚假报道的背后》，有力地澄清了事件真相，破除了舆论场中的争议，形成了凝心聚力、澄清谬误的重大社会影响力。

（二）引导社会舆论应善于设置议程

习近平曾指出，对于新闻媒体而言，“报道什么、不报道什么，多宣传什

① 习近平：《在全国党校工作会议上的讲话》，《求是》2016年第9期。

么、少宣传什么，都要从大局出发，体现大局要求”①。主流媒体要掌握新闻舆论工作的主动权，更好地承担其引导社会舆论的工作，必须善于根据形势需要、充分考虑社会效果来精准设置议程，而不是被社会舆论牵着鼻子走。研究早已表明，媒介的议程设置会影响到公众社会的价值判断与选择。从宣传的角度讲，现在的媒体都会有阶段性或周期性的议程设置。所以，媒体需要下功夫研究一下阶段性的报道热点，掌握阶段性的社会关注焦点，要选择人民群众最关心的社会热点作为媒体议程的主要关注对象。媒体设置议程要发挥作用，首先必须增强与受众的关联度，也就是要贴近实际、贴近生活、贴近群众。这不仅是党对新闻工作的要求，也是传播规律的要求。其次必须融合不同的“舆论场”，20世纪80年代以前，我国大众传媒的议程设置权限主要由党和政府掌控，但随着社会结构的快速变化、社会主义民主政治的推进和传媒业的迅猛发展，媒体议程的主体也发生了巨大变化。影响媒介议程设置的因素，除了党和政府外，还有新闻工作者、新闻媒体和人民大众，出现了“官方舆论场”“新闻舆论场”和“民间舆论场”。做好热点话题的舆论引导工作，要善于将官方舆论场和民间舆论场有机结合起来，促使其在新闻舆论中融为一体。

四、重视突发事件的舆论引导

重大突发事件，尤其是重大事故、自然灾害、刑事案件、公共安全事件等突发事件的舆论引导工作，关系社会稳定和人心安定，关系党和政府在人民群众中的威信，关系我国的国际形象，必须在第一时间发布权威信息，引导社会舆论。

(一)争夺舆论引导主动权要掌握时机节奏

时效决定成效，速度赢得先机，没有时效性就没有新闻。习近平多次强调，要把握新闻舆论工作的“时度效”，把握“时”，贵在“早”和“快”，谁能抢到“第一落点”，谁就能更有效地占据信息传播的制高点。在重大突发事件发生后，主流媒体需要第一时间发声，抢占舆论制高点。主流媒体迅速公布信息、展开报道，更有助于化解危机、掌握主动。节奏把控同样重要。突发事

① 习近平：《干在实处　走在前列：推进浙江新发展的思考与实践》，中共中央党校出版社2006年版，第258页。

件往往伴随信息迭代，需根据事态发展动态调整传播策略：初期聚焦核心事实，用简洁表述稳定公众情绪；中期结合细节披露与深度解读，满足公众知情权；后期针对争议焦点主动释疑，化解认知偏差。若节奏失当，要么因信息过载引发混乱，要么因回应滞后陷入被动。2023年夏，我国华北、黄淮、东北等地突发洪涝和地质灾害，《解放军报》第一时间启动采编应急预案，通过及时发声赢得先机，在报道过程中，收放有度，通过把握节奏实现了有效传播。首先，刊发综合消息《东部战区组织官兵和民兵紧急救援》，传递权威声音，掌握了舆论主动权，有效的引导了舆论走向。其次，在头版开设"抗洪抢险救灾·人民军队在行动"专栏，集中刊发重要稿件，要闻版连续11天推出整版图文报道，将人民军队对群众生命财产安全的高度关切体现在版面，之后又适时推出系列稿件回应群众关切的问题，通过报道节奏的把握，实现了有效传播。

（二）争取舆论引导权，需要改进重大突发事件报道，掌握第一解释权

习近平指出，要"改进重大突发事件报道，健全这方面报道工作的快速反应和应急协调机制，认真落实和完善新闻发布制度，牢牢掌握新闻信息传播的主动权"①。对此，主流媒体要进一步提升政策解读、重要议题设置的反应速度，第一时间发布权威新闻，同步组织好解读、评论、反响等配合报道，既争抢第一落点，也掌握第一解释权，主动、及时发出权威声音，形成正面舆论强势，做到关键时刻不失语、重大问题不缺位。应急管理部新闻发言人申展利明确提出要通过"三个时间节点"与"三种发布形式"的"组合拳"，抢占舆论引导"制高点"：即在事发1小时内通过政务微信、微博等渠道发布首条动态信息，扼杀"开局一张图，内容全靠编"的造谣空间；8小时内通过主流媒体通报初步认定事实及处置措施，有效稳定社会情绪；24小时内视情召开新闻发布会，确保"发布层级与事件影响相匹配"。"三种发布形式"分别是指网络发布主打"短平快"，媒体发布侧重"深解读"，新闻发布会强化"权威定调"，从而实现权威信息"快、准、稳"覆盖。

五、形成网上的正面舆论强势

当前，网络新媒体形态层出不穷，其匿名性、自发性、去中心化等特点导

---

① 习近平：《之江新语》，浙江人民出版社2007年版，第55页。

致国际和国内、虚拟与现实、线上和线下的界限愈加模糊，构成了越来越复杂的大舆论场，网络对人们思想和生活的影响越来越大。习近平曾强调："读者在哪里，受众在哪里，宣传报道的触角就要伸向哪里，宣传思想工作的着力点和落脚点就要放在哪里。"[①]因此，为了适应新的媒体格局和舆论生态的深刻变化，习近平在全国宣传思想工作会议上强调，根据形势发展需要，"要把网上舆论工作作为宣传思想工作的重中之重来抓"[②]。

（一）做强网上正面宣传，积极有效引导网上舆论

习近平指出，互联网新技术新应用的不断发展，使互联网的社会动员功能日益增强。要传播正能量，提升传播力和引导力，要"加强网络内容建设，做强网络正面宣传"[③]。新形势下提高对网络舆论的引导能力，必须做大、做强、做活网络主流意识形态传播，以正面声音引领多元、多样、多变的网上舆论，用网民喜闻乐见的方式，宣传主流价值，彰显时代精神，引领道德风尚，形成网上正面舆论强势。

2016年2月2日，新华社推出面向网络和手机用户的可视化报道《四个全面》说唱动画MV。MV对"四个全面"战略布局的宏大内涵从百姓视角以网民喜闻乐见的方式进行了阐释。歌曲部分，融合了舞曲、说唱、合唱等多种音乐形式，用"大白话"歌词解读"全面建成小康社会""全面深化改革""全面依法治国""全面从严治党"的意义；动画部分，在卡通主基调上加入了拼贴、波普等视觉手法和"快闪""弹幕"等流行元素。这种新的尝试不仅用网民喜闻乐见的方式宣传了党和国家政策方针和战略布局，还有利于做强网上正面宣传，形成网上正面的舆论强势。

（二）遏制有害信息网上传播，营造清朗健康的网络空间

当前，互联网环境总体积极健康，但网络谣言、网络诈骗、低俗媚俗信息依然存在。形成网上正面舆论强势，必须依法坚决遏制、打击、清理有害信息。习近平指出："互联网不是法外之地。利用网络鼓吹推翻国家政权，煽动宗教极端主义，宣扬民族分裂思想，教唆暴力恐怖活动，等等，这样的行为

---

① 《习近平视察解放军报社时强调 坚持军报姓党坚持强军为本坚持创新为要 为实现中国梦强军梦提供思想舆论支持》，《人民日报》2015年12月27日。

② 中共中央研究室编：《习近平关于全面深化改革论述摘编》，中央文献出版社2014年版，第83页。

③ 习近平：《在网络安全和信息化工作座谈会上的讲话》，人民出版社2016年版，第9页。

要坚决制止和打击，决不能任其大行其道。”[①]因此，全面推进依法治网，加强互联网文化建设，营造清朗健康的网络空间，关乎未来，刻不容缓。从2021年开始的“清朗”系列专项行动，是国家互联网信息办公室以营造清朗网络空间为目标而持续开展的重要举措。2025年“清朗·整治AI技术滥用”专项行动第一阶段，就累计处置违规小程序、应用程序、智能体等AI产品3500余款，清理违法违规信息96万余条，处置账号3700余个。通过持续开展“清朗”系列专项行动，网络空间的生态环境得到了有效净化，为广大网民尤其是青少年营造了更为健康、安全、有序的网络环境，推动了网络空间的天朗气清，维护了广大网民的合法权益。

（三）加强网上信息管理，确保新兴舆论阵地可管可控

当前，互联网是我们面临的“最大变量”。管好管住互联网这一新兴舆论阵地，关键在于坚持党管媒体原则。习近平指出：“网上信息管理，网站应负主体责任，政府行政管理部门要加强监管。”[②]加强网络舆论管理，既要管好新闻网站，也要管好商业网站和“两微一端”，既要管好体制内的，也要管好体制外的，要把所有从事新闻信息服务、具有媒体属性和舆论动员功能的传播平台都纳入管理范围，对所有新闻信息服务相关从业人员都实行准入管理。同时，要抓住党建这个中心，把网络媒体的党组织建立完善起来，使新媒体的党组织和党员在重大事项决策、宣传内容把关等方面发挥决定性作用。

六、自上而下、自下而上的舆论交锋

舆论，即指公众意见，指社会群体对近期发生的、为人们普遍关注的、某一争议中的社会性问题的共同看法。它是社会生活、社会态度的映照。作为社会意识，它又是社会控制的一种手段。在社会生活中，舆论的生成机制一般主要分为两类：自上而下生成的舆论和自下而上生成的舆论。两种舆论在形成过程中会产生交锋和互动。

自上而下的舆论由国家及其他机关团体发出并在社会公众中传播生成，这种自上而下形成的舆论场又称作官方舆论场。自下而上的舆论由公

① 习近平：《在网络安全和信息化工作座谈会上的讲话》，人民出版社2016年版，第8页。
② 习近平：《在网络安全和信息化工作座谈会上的讲话》，人民出版社2016年版，第20页。

众自发议论并迅速扩散、传播而成，由此而形成民间舆论场。两个舆论场在互动中存在交锋和摩擦。在现实的舆论生态中，由于生成机制、解读理念和话语方式等方面的差异，由政府机关和主流媒体构建的自上而下的官方舆论场与草根民意在新媒体平台自下而上自发形成的"民间舆论场"往往产生意见分歧，在舆论的发酵和蔓延过程中，甚至会形成对抗与割裂。特别是中国正处于经济社会的转型期、改革的攻坚期和矛盾的凸显期，经济社会改革发展中的诸多因素都有可能成为网络舆论热点爆发的动因。尤其是在重大突发事件、舆论监督、政务公开三个领域，最易造成两个舆论场的脱节，增强两个舆论场共识度的任务十分紧迫。

在新闻舆论工作中，新闻媒体既要注意自上而下地组织、发动和引导民众舆论，又要充分发挥自下而上生成的民间舆论的力量，要把自上而下的舆论发动与自下而上的舆论形成有机地结合起来，将两个舆论场打通，最大限度地凝聚社会共识，服务于社会主义现代化建设。

第三节　做好积极的舆论监督

舆论监督，全称为社会舆论监督，是我国监督体系中社会监督（外部监督）的一种，其实质是公众的监督。舆论监督作为公民宪法权利（监督权）的体现和常见形式，是社会公众运用各种传播媒介对社会运行过程中出现的现象表达信念、意见和态度的活动。舆论监督的目的，是为了发现问题、正视问题、解决问题，总结经验，警示人民。舆论监督既要敢于及时大胆地揭露社会弊端，又要大力宣扬社会的新事物、新风尚，激扬民气，凝聚民心。正确的、积极的舆论监督既是传媒的职责，也是人们信赖传媒的根本所在。

一、舆论监督的价值取向

从舆论监督的性质和内容来看，舆论监督具有导向性的特征。对现实生活中社会问题的批评，对政治经济生活中典型事件的分析，对腐败现象的揭露，都是要给人以警示警醒、教育启迪。

（一）发挥舆论监督的积极作用要以正确的舆论引导人、鼓舞人

习近平在强调正面宣传为主的同时，也强调发挥舆论监督的作用，认为

“舆论监督和正面宣传是统一的”①。两者的出发点和落脚点是一致的，都是要通过新闻报道达到以正确的舆论引导人、鼓舞人的目的。因此，发挥好舆论监督，引导舆论的独特作用，要坚持以人民为中心的价值取向，以正确的舆论引导人，弘扬社会主义核心价值观。

（二）发挥舆论监督的积极作用要维护公民的合法权利

舆论监督的合法性来自于宪法所赋予公民的表达权利。在具体的实践中，舆论监督的主体实际上是媒体，媒体舆论监督的权利本质上是来自于公众，公民将舆论监督的权利让渡给媒体，媒体才能取得舆论监督的合法性。舆论监督的实质即所代行的主要是公民所享有的法律权利中的表达权利和政治权利中的反对权利，所维护的则是所有的公民权利。② 舆论监督承载着公众的巨大利益和高度期待，为民请命、探寻真相、守卫公平正义，推动社会的发展进步，营造和谐健康的舆论环境，都是新闻工作者的职业目标。媒体的舆论监督需要以维护公众的合法权益作为自身的价值取向和追求。

（三）舆论监督是加强党的建设和民主政治建设的重要内容，也是促进党的建设和民主政治建设的重要手段

舆论监督是加强党的建设和民主政治建设的重要内容。不受制约和监督的权力，必然会腐败变质。能否有效制止腐败现象，关系到党的生死存亡和社会主义事业的成败。在当前强调加强党的建设、反对腐败的时候，特别要发挥新闻的舆论监督功能。习近平要求，要“加强舆论监督，通过对典型案例进行曝光剖析，发挥警示作用，为全面从严治党营造良好舆论氛围”③。党的十八大以来，党中央反腐力度不断加大，查处了很多大案要案，媒体将有关的典型案例公之于众，起到了良好的警示教育作用。中央纪委国家监委网站、中国共产党新闻网等推出“监督曝光”“反腐”“反腐纪事”等专题网页，报道反腐重要案件进展情况，社会好评如潮。反腐题材专题片《永远在路上》《打铁还需自身硬》，反映出党的十八大以来全面从严治党的巨大成就，引起海内外高度关注。

---

① 习近平：《论党的宣传思想工作》，中央文献出版社 2020 年版，第 188 页。

② 参见周武军：《大众传媒的政治功能》，《社会科学战线》2008 年第 10 期。

③ 中共中央文献研究室编：《习近平关于全面从严治党论述摘编》，中央文献出版社 2016 年版，第 217 页。

二、舆论监督的对象选择

探讨舆论监督的对象，首先需要厘清舆论监督的内涵。舆论监督的内涵有广义和狭义之分。对舆论监督不同的理解，其对象的选择也不同。

广义上的舆论监督泛指公共舆论对社会上所有不良现象的监督。此时舆论监督的主体是公众，舆论监督的对象则是社会上的一切不合理现象。习近平强调，舆论监督的重点应该针对那些严重违反党和国家重大政策以及社会生活中存在的重大问题，要抓典型事件，充分发挥反面典型的警示震慑作用。习近平这种对舆论监督的广义理解，将“社会生活中存在的重大问题”也纳入了舆论监督的对象范畴。

新华社内蒙古分社记者汤计，历时 9 年坚持不懈追踪报道“呼格吉勒图案”，推动了案件的重审。在新华社报道长期推动下，2014 年 12 月，内蒙古自治区高级人民法院经再审，撤销原判，判决 18 年前被判处死刑的呼格吉勒图无罪，使冤情得以昭雪，有力地捍卫了法治的尊严，这成为了新闻工作者敢于坚持原则、勇于开展舆论监督的榜样案例。新华社党组在 2015 年决定，对在推动“呼格吉勒图案”重审中作出突出贡献的新华社内蒙古分社记者汤计予以表彰，记个人一等功。媒体、记者肩负着舆论监督、伸张社会正义的神圣使命。在本案中，记者作为主要力量推动了一桩重大冤案的平反，再次证明了媒体监督的不可或缺。

狭义的舆论监督，指公众通过大众传媒对权力机构及其工作人员以及社会公众人物的偏差行为进行披露、建议或者批评的具有倾向性的传播活动，是新闻媒介的一项基本功能，也是我国社会民主监督体系中不可或缺的一种形式，其对象主要是政府机构及其工作人员以及公众人物。

舆论学意义上的舆论监督不仅包括批评，还包括建议和赞扬。在马克思主义新闻观中，舆论监督主要被理解为媒体的批评功能。在马克思、恩格斯的报刊思想中，报刊的批评锋芒多指向反动政府。马克思说：“报刊按其使命来说，是社会的捍卫者，是针对当权者的孜孜不倦的揭露者。”[①]恩格斯说，报刊的首要职责是“保护公民不受官员逞凶肆虐之害”[②]。在马克思、恩格斯的党报理论中，他们主张党报在开展对反动当局揭露的同时，也要把公开监督党的领导人作为一种神圣职责。

---

① 《马克思恩格斯全集》第 6 卷，人民出版社 1961 年版，第 275 页。

② 《马克思恩格斯全集》第 6 卷，人民出版社 1961 年版，第 280 页。

十月革命胜利后，列宁宣布："我们希望政府时刻受到本国舆论的监督。"[1]在新经济政策时期，揭露政府机关的各种弊端和具体的缺点错误，对政府机关的工作进行监督，是列宁经常强调的内容。

而在当代中国语境下，舆论监督带有鲜明的中国特色。毛泽东尤其重视传媒监督执政党的反腐倡廉工作的功能，要求在一切公开场合，在人民群众中，特别是在报纸刊物上，展开对党和政府工作中一切错误和缺点的批评与自我批评。习近平则指出了舆论监督和正面宣传是统一的，并且强调："新闻媒体发表批评性报道要事实准确、分析客观。"[2]坚持正面宣传与舆论监督的统一，是当代中国舆论监督的重要特色。

三、舆论监督的时机、方式、方法

习近平强调新闻舆论工作要把握"时度效"，因此作为党的新闻舆论工作重要组成部分的舆论监督同样需要把握"时度效"的原则。其中，"时"就是时机，舆论监督需要把握好时机。新闻舆论监督的出发点是改进工作、解决问题，促进社会和谐，因而时机的选择、分寸的把握就显得尤为重要。在条件尚不具备、时机尚不成熟的情况下，舆论监督不仅不能促进问题解决，反而会给地方基层工作造成被动，严重的可能引起当地政府和群众的矛盾，影响社会稳定与和谐；而在条件具备、时机成熟的时候，媒体没能及时监督，便是媒体的失职。

在我国，舆论监督主要通过大众传媒渠道，监督的形式又主要以批评为主，因此舆论监督的概念演变成了大众传媒的批评报道。报道中包括公众通过媒体反映的意见，也包括不是公众反映的，而是由媒体自身发现的问题和表达的意见。因此舆论监督的方式之一就是大众传媒的监督，简称"媒体监督"或"新闻监督"。媒体监督的方式也是多样的，可以通过新闻报道、评论以及内参等方式实现。

随着互联网的发展，越来越多的公众被赋予权利，可以在互联网上公开发表意见和看法，对政治生活和社会生活产生了深刻影响。网民通过互联网了解国家事务，发表意见建议，提供信息线索，行使民主监督权利，推动网络舆论的形成，使虚拟的网络变成现实监督的平台。和传统媒体监督相比，

---

① 《列宁全集》第 33 卷，人民出版社 1985 年版，第 14 页。

② 《习近平谈治国理政》第 2 卷，外文出版社 2017 年版，第 333 页。

网络监督具有其独特优势和强烈的时代特征。网络监督不仅快速、便捷，而且成本低、有效。网络蕴藏的海量信息，为纪检监察以及司法部门提供了丰富、直接且不易灭失的反腐败线索，网络监督成为群众监督和舆论监督的重要构成。

开展舆论监督，必须坚持正确的出发点和落脚点。习近平指出："舆论监督的出发点应该是积极的、建设性的。"[①]开展舆论监督，应该始终坚持重在建设，站在维护国家和人民利益的立场上，以改进工作、解决问题为目的，发挥新闻舆论监督在统一思想、凝聚力量、促进改革发展、维护社会稳定中的积极作用。

开展舆论监督，需要把握事实准确、分析客观的重要原则。媒体开展舆论监督报道，必须坚持实事求是的精神，确保事实准确，细节经得起核对和推敲。习近平指出，舆论监督报道所"揭发的事实，务求准确。涉及党的一级组织和政府的批评，要持慎重态度，不能先入为主。要深入调查，多方听取意见，得出合乎事实的结论"[②]。舆论监督报道的社会影响力强，尤其一些敏感问题往往极易点燃民众的探讨激情，迅速将一个普通事件演变成为一场声势浩大的舆论事件。声势浩大的舆论，有助于问题的解决。但如果调查不够仔细和深入，没有真正做到事实准确、分析客观，媒体的公信力反而会受到影响，也会对社会产生负面的影响。

开展舆论监督，要在准确报道具体事实的基础上，力求从宏观上把握和反映事件或事物的全貌，这符合新闻真实性的要求，也符合中国共产党一切从实际出发、实事求是的思想路线。习近平指出："真实性是新闻的生命。要根据事实来描述事实，既准确报道个别事实，又从宏观上把握和反映事件或事物的全貌。"[③]要坚持马克思主义立场、观点、方法，不仅保证每个细节的真实、局部的真实，也要满足整体真实、本质真实，力求避免主观片面、以偏概全。

2012 年 8 月 26 日，时任陕西省安全生产监督管理局局长、党组书记的杨达才，因在延安交通事故现场面含微笑被人拍照上网，引发了争议，并被网友指出有多块名表，被讽刺为"表哥"。其多块手表也被网友揭露为昂贵

① 习近平：《摆脱贫困》，福建人民出版社 1992 年版，第 87 页。

② 习近平：《摆脱贫困》，福建人民出版社 1992 年版，第 87 页。

③ 中共中央宣传部新闻局编：《习近平总书记党的新闻舆论工作座谈会重要讲话精神学习辅助材料》，学习出版社 2016 年版，第 7 页。

的浪琴、欧米茄等国际知名奢饰手表品牌，被网民戏称为“微笑门”“名表门”，其本人也被网友戏称为“微笑局长”“表哥”。9月5日，网民又发现杨达才戴的眼镜价格超10万元。陕西省纪委2012年8月31日对杨达才开展调查；9月21日，杨达才被陕西省纪委撤销职务。翌年2月22日晚上，陕西省纪委公布杨达才在任职期间严重违纪并涉嫌犯罪，经陕西省纪委常委会研究并报省委批准，决定给予杨达才开除党籍处分，对其涉嫌犯罪问题移交司法机关依法处理。

杨达才的落马充分反映了网络监督和网络反腐的强大威力，随着互联网的发展和网民参与监督的积极性不断高涨，网络监督日益成为舆论监督的一种重要形式，对推动舆论监督发挥着重要影响力。

四、舆论监督的效果

习近平在党的新闻舆论工作座谈会上指出：“新闻媒体要直面工作中存在的问题，直面社会丑恶现象，激浊扬清、针砭时弊。”[①]习近平所讲的“两个直面”，深刻阐明了新闻媒体开展舆论监督应有的态度和工作重点。因此，新闻媒体要通过舆论监督对社会生活中存在的偏差行为和丑恶现象进行批评和揭露，从而帮助党和政府解决问题、改进工作，以正确的舆论引导人、鼓舞人，从而为实现伟大复兴的“中国梦”和“两个一百年”的奋斗目标作出贡献。

第四节　提高舆论管理能力

一、新时期的舆论新特点

改革开放以来，伴随着社会的深刻转型和互联网技术的飞速发展，以舆论引导和舆论监督两大功能为特色的中国社会舆论出现了一系列新的变化，呈现出新的舆论特点。

（一）舆论环境开放和自由

伴随着社会的深刻转型，公民的权利意识开始广泛觉醒，公众表达方式

① 中共中央宣传部新闻局编：《习近平总书记党的新闻舆论工作座谈会重要讲话精神学习辅助材料》，学习出版社2016年版，第7页。

和内容拥有空前的自由性。这既与新媒体语境中参与议论者的匿名性特征有关,又与该特定语境中相当自由宽松的氛围有关。舆论环境的开放和自由、广泛的公众参与构成新时期舆论的新特点之一。

(二)互联网拓展了舆论传播的时空

新时期的舆论具有全时空传播、覆盖面广、影响力大的新特点。一个帖子、一条微博,经反复转帖、众人附议和多人“围观”,便能迅速发酵、急遽膨胀和大幅蔓延,引爆整个舆论场。一些地区性的小事端,瞬间便能形成网络聚集,扩散社会情绪,成为举国关注的重大事件。

(三)表达主体的多元化

在传统的媒体环境中,作为舆论工具的大众传媒受到严格的管控,公众通常不具备通过大众传媒进行议程设置的自主权和可能性。但在新媒体语境中,则情况迥异,在一些事件被曝光以后,由于网络打破了渠道垄断,具有开放性、去时空性、即时性、互动性、发散性、去中心化等特点,一旦出现刺激公众敏感神经的特殊事件,必然会引发网络聚焦、发酵、蔓延扩散,引起“舆论倒逼”。在此情势下,政府和官方媒体需要迅速跟进并着力解决问题。网民作为“草根”,掌握着较之在现实环境中大得多的话语权,在一定程度上掌握着设置议程、形成舆论和把握舆论运行状况的主动权。

二、舆论管理的改革创新

(一)当代中国舆论管理方式

在中国特殊的舆情环境中,舆论并不能简单等于西方的公众意见,只能是私人意见的简单集合,而不是协商后的理性共识。因此,中国官方所说的舆论概念,常常就是指大众媒体的观点和意见。当代中国舆论管理方式主要有以下几种:直接管理和间接管理、常规管理和非常规管理、硬性管理和柔性管理。直接管理即舆论管理者直接进入舆论现场对舆论进行引导和控制,这有利于减少管理者与公众的沟通成本。间接管理是指舆论管理者不直接进入舆论现场,而是以间接的方式对舆论进行引导和控制,通过媒体引导舆论是间接管理的最常见的方式。常规管理是指舆论管理者对舆论进行常态化处理,这种管理多是预防性的管理。非常规管理是指在舆论出现异常的情况下，对舆论局势进行干预和控制。硬性管理是指采取相对强硬和粗暴的态度、手段对待舆论，以实现强制性的干预和影响，符合自己的管理预期。柔性管理是管理者采取相对温和的方式对舆论施加影响或干预，以防止舆论激化。

由于网络社区的迅速崛起和信息技术的快速发展，网络民意的影响力越来越大，并且逐渐成为独立于党报、国家通讯社与国家电视台等官方舆论场的新的舆论场。2008 年 6 月 20 日胡锦涛总书记与人民网“强国论坛”网友的交流，以及 2009 年温家宝总理通过中国政府网和新华网与网民进行的交流，都彰显了国家领导人对于网络民意的重视。2014 年 2 月 27 日，中央网络安全和信息化领导小组成立。其主要职能是研究制定网络安全和信息化发展战略、宏观规划和重大政策，推动国家网络安全和信息化法治建设，不断增强安全保障能力。网络安全的地位进一步上升到了国家安全的地位。

中国政府对舆论工作的态度从“舆论控制”到“舆论管理”，再到“舆论治理”，这种微妙的变化不只是在官方用词上的变化，实际上更是体现了从原来硬性的控制逐渐转到现在柔性的合作。不再以全面控制所有社会成员的思想行为为目标，而是在坚持对政治、军事全面领导的基础上，对社会的某些部分放松控制，通过弹性灵活的方式对其进行治理。治理的方式淡化了政府的权力色彩，体现出多元主体即各级党委、政府、媒体以及社会公众共同参与的思想，同时也对媒体工作者提出了更高的要求。媒体是沟通党委、政府和社会公众的桥梁，在舆情治理中应当发挥专业技术和平台作用。媒体工作者应当更加重视自身的政治修养，反映党的主张和群众呼声，与党委、政府同向同行，通过舆情的收集与分析、信息的传播与过滤、精神产品的生产与投放，对民意做出反馈，争取公众的支持。同时，媒体应引导公众提高责任意识，提高自身政治素质，提升参政能力，成为合格的舆论治理、社会治理参与者。

（二）舆论管理的改革和创新

在当下中国的社会语境下，舆论管理需要进行改革和创新。一是要准确把握网络舆论表达和引导的规律。与传统舆论场相比，网络舆论场的复杂性更加凸显，因此只有准确把握网络舆论的表现规律，才能对舆论实行有效的引导和管理。二是要树立风险观念，建立舆情风险管理机制。通常舆情风险管理机制包括舆情风险评估、风险源监测、信息共享与研判等机制。

三是要加强制度建设。从近年的政治实践来看,不难发现中国网络执政的制度建设开始提速。但制度建设是一个长期的、复杂的、系统的工程,对于中国这样一个正处在深刻转型中的大国来说,制度转型可能更加考验执政党的胆识和智慧。

三、提高议程设置能力

议程设置功能理论是 20 世纪 60 年代兴起于美国的一种理论,由美国传播学家麦库姆斯和肖提出。议程设置论的中心思想是:公众通过媒介知晓事件或问题,按照媒介对各种问题的重视程度来调整自己对这些问题重要性的看法,媒介对某一事物的强调程度同公众对同一事物的重视程度构成正比关系。议程设置能力不是狭义上的控制能力,而是一种因势利导的能力。对网络舆论进行引导,是建立在对网民表达诉求尊重基础上的,同时也建立在对网络舆论规律的精准把握基础之上。提高议程设置能力,不仅是舆论治理创新的一个重要方面,还是正确引导舆论、传递主流声音的一个重要要求。提高议程设置能力,一方面是提高国内主流舆论的议程设置能力,另一方面是提高我国对外传播的议程设置能力。

(一)提高国内主流舆论的议程设置能力

提高主流舆论的议程设置能力,需要围绕四个方面展开:一是学习和贯彻习近平新时代中国特色社会主义思想;二是聚焦和服务全面建设社会主义现代化国家新征程;三是阐释和弘扬中国梦;四是传承和践行社会主义核心价值观。主流媒体的议程设置要紧扣以上四个方面,弘扬主旋律,传播正能量。

丁柏铨提出主动设置议题和被动应对舆论议题之间存在着大的区别,舆论具有先入为主特性,主动设置可抢占心理空间、掌握话语主动权;被动应对则往往失去主导权,虽可能转化但由被动到主动的转变有相当的难度,而且需要经历一段失控期。因此,“能够主动设置受众感兴趣、愿意持续关注的舆论议题,是舆论工作达到高境界的表现。”[①]通过议程设置的方式引导舆论,我国的新闻媒体有很多成功的例子。1978 年 5 月 11 日,《光明日报》发表了本报特约评论员文章《实践是检验真理的唯一标准》,第二天《人民日报》《解放军报》全文转载,不久,《解放军报》又发表与此文相呼应的评论员

① 丁柏铨:《从制造舆论到引导舆论,中国共产党百年来舆论思想的一个重要转变》,《西北师大学报》2021 年第 6 期。

文章《马克思主义的一个最基本原则》，于是，在全国迅速开展了一场关于真理标准问题的大讨论，形成了强大的舆论洪流，冲破了“两个凡是”的樊篱，破除了现代迷信，大大解放了人们的思想，为党的十一届三中全会的召开做了最重要的思想准备和舆论准备。

（二）提高我国国际议程设置能力

随着我国综合实力的不断增强和国际地位的不断提高，中国在国际事务中发挥着越来越重要的作用。我们应该培育与我国国际地位相称的话语能力，不断提高我国国际议程设置能力。

一是要重视通过重大纪念日、民族传统节日等宣传党的政治主张，凝聚全民族精神力量，对外传播国际形象。例如，中国共产党成立 95 周年大会、纪念中国人民抗日战争暨世界反法西斯战争胜利 70 周年大会等重要纪念日，主流媒体应当以此为契机，主动设置议题，集中报道社会主义事业发展的重大成就，凝聚民族感情，传播国际形象。

二是要重视通过报道领导人在重大国际事务中与各国领导人、各界人士和社会民众的深入接触和交流，积极发出中国声音。党的十八大以来，中国领导人的外事活动报道不断创新手段和形式，呈现新的亮点。国内主流媒体应当主动在国际上设置议题，吸引国际关注，增强我国的国际话语权。

三是要重视通过有较高关注度的重大事件、重大活动体现我国国际影响力。主流媒体要不断创新重大事件、重大活动的报道思路、报道形式、报道手段，以奋进昂扬的主旋律，积极有效引导国外舆论走势，不断增强国际社会对中国的认可度和好感度。

2015 年是中国人民抗日战争暨世界反法西斯战争胜利 70 周年，在历时数月的报道中，全国主流媒体精心设置议题，全方位采访、全景式展现、全媒体报道，国内国际配合发声、网上网下融合报道，积极抢占舆论制高点、牢牢掌握舆论主导权，营造了良好的舆论环境。

《人民日报》推出“民族记忆——你不知道的抗战故事”专栏，由《人民日报》记者组成若干采访小分队，挖掘新发现的史料，重访重要抗战纪念地，寻访健在的抗战将士及亲属，用一段“人民电视”的影像、几张图片、一篇文字重现抗战历史，深化民族记忆，将一个个不为人知的抗战故事，通过全媒体渠道，以鲜活的方式呈现给读者，先后推出《追寻 83 张抗日英烈死亡证书》《有一座山，叫抗日山》等抗战故事。新华网推出大型专题报道《纪念世界反法西斯战争胜利70周年》，注重历史“重现”与“反思”的双重展示，以图文并茂与视频在线的方式，播报社会各界纪念活动，并以高清美图、时光轴等技术手段重现二战历史，凸显中国抗战对世界反法西斯战争的贡献，同时设置“网友评说”栏目实现与网友的互动。《光明日报》推出“抗日英雄谱”专栏，先后推出《英雄赵尚志“回故乡”》《张自忠：将军决死靖国难》《抗战英烈朱赤：赤胆忠魂赴国难》等故事。除此之外，腾讯、搜狐等门户网站也用创新的互联网产品形态邀网民共同谱写抗战“壮歌”，《南方周末》《齐鲁晚报》和《大众日报》等地方纸媒也通过征文等方式追溯战争胜利背后的家国情怀。

无论是中央级报刊还是地方纸媒，无论是中央新闻单位网站还是各大门户网站，其“开栏的话”基本格调一致，最先阐明“纪念抗战胜利70周年”这一重要的时间节点，然后点出各自特色：或通过组织记者深入抗战老区写故事；或邀请抗战老兵、将领和记者讲故事；或面向社会征集本地抗战文稿；或邀请明星和历史学家一起深入当年战场复活记忆；或推出网上革命展馆进行革命传统教育；或用老照片再现峥嵘岁月……皆是为实现抗战历史情怀的再传递，以多种形式铭记家国之殇，深思抗战精神，夯实我们的国家记忆，夯实一个大国的理性和责任。

四、加强舆情风险处置

随着互联网的快速发展，线上舆论很容易发展成线下行动。舆论风险考验着执政者的风险化解能力。执政党应该有信心也有能力应对各种舆论风险，包括网络舆论风险。

（一）通过社会风险评估以减少舆情事件的出现

脱离了事件的“舆情”就是谣言，谣言再有迷惑性也相对容易破解，而应对承载着实际事件的舆情事件则不是那么简单。因此，要避免舆情事件的发生，关键是要避免或者减少公共事件或突发事件的发生。减少公共事件或突发事件转化为舆情事件，重要的是要做好社会风险评估。各地区、各部门可以评估本地区、本部门所辖范围内哪些政策、哪些决策是可能存在社会风险的，容易引发群体性不同意见的，对不同风险领域和问题可以进行分类和评级。突发事件难以杜绝，但通过社会风险评估，可以了解哪些问题或决策在特定时期是容易引发社会关注的，从而在工作过程中尽量依法平衡各方利益，减少社会负面影响，将社会关注减少到最小程度。

(二)拓宽适应全媒体发展的舆情风险监测渠道

随着新媒体技术和平台的发展,传统媒体、门户网站、网络论坛、“两微一端”等平台在不同事件中的舆情作用各有优势,需要构建适应全媒体发展的舆情风险监测体系和渠道。现阶段常见的监测有如下三种。一是通过舆情监测系统监测。现在网络舆情监测技术已经相对成熟,基于舆情风险监测指标体系,设定舆情风险监测的范围,可实现系统的自动监测和推送。二是通过自我网络平台监测。公共机构的自我网络平台,包括所在单位的网站、官方微博、官方微信等。三是通过第三方监测平台监测。现在不少舆情管理咨询机构推出了舆情监测服务,2015 年中共中央办公厅、国务院办公厅印发的《关于加强中国特色新型智库建设的意见》也鼓励公共机构通过政府购买的形式购买咨询服务。通过第三方监测平台,可在一定程度上降低舆情风险监测的成本。

(三)建立舆情信息风险的有效分析与研判机制

舆情快速回应的前提和基础是科学的研判,需要建立舆情信息的风险分析与研判机制。舆情信息分析与研判,应当由事件管理部门和舆情管理部门共同完成,前者主要对舆情所反映内容的真实性、依法处置的程序和可能结论、回应内容的素材准备等进行研判,后者则主要研判舆情环境、舆情焦点、口径制定、回应可能的结果等。此外,十分有必要借助第三方力量,特别是舆情管理方面的专家的力量,共同进行研判。一方面,即便是当地从事舆情管理工作、具有较高舆论素养的人员,也可能受束缚于种种因素而无法做到中立地分析问题;另一方面,第三方舆情管理专家由于长期跟踪和研究舆情,更能从整体上“把脉”某一舆情信息的基本走势,并客观中立地做出基于舆情环境和事件本身的分析。

思考题

1.如何做强主流舆论?

2.在新闻实践中,如何坚持正确的舆论导向?

3.怎样提高舆论监督的传播效果?

4.怎样提高舆论管理的能力?

第八章　大局意识与本地思维

——马克思主义新闻观的“十大关系”之五

媒体的大局观就是指媒体及媒体工作人员能够从长远利益出发，处理好整体利益和局部利益关系，分清主要矛盾和次要矛盾，不因小失大，面对社会突出问题能做出快速反应和正确决策，从而使整体利益最大化的思想、方法和行动等。媒体策划新闻时，要将大局观念和本地思维相结合。通过“第二落点”的新闻和“以点带面、以小带大”的报道方式，使新闻更具有可读性、接近性，提高新闻舆论的传播力和引导力。

第一节　中国共产党主要领导人对大局意识的论述

党的几代领导人都对大局意识作过精辟的论述，要求各级党员干部增强大局意识，围绕大局来思考问题，开展工作，充分显示了树立大局意识的重要性。大局意识是中国共产党在长期的革命、建设和改革实践中形成的优良传统，是我们党夺取胜利的根本保证。

一、毛泽东对大局意识的论述

中国共产党从成立之日起就强调大局意识。1922年，中国共产党二大通过的第一部党章明确规定：“区或地方执行委员会及各组均须执行及宣传中央执行委员会所定政策，不得自定政策。凡有关系全国之重大政治问题发生，中央执行委员会未发表意见时，区或地方执行委员会，均不得单独发表意见。”[①]这就是说，对于重大政治问题，全党应保持思想上、行动上的高度一致，这里的“不得自定政策”“不得单独发表意见”等表述，都可以理解为是大局意识的体现。1923年8月，刘少奇在《对俱乐部过去的批评和将来的计划》一文中写道：“俱乐部的议决案，总是顾及大局，顾全万余工友的，或者有少数工友有不得利益的地方，也应为大局的关系而服从。”[②]这是“大局”一词首次在党的文件中出现。在党的革命历史中，正是由于大局意识，全党心往一处想、智往一处谋、劲往一处使，全党高度团结，党的革命事业才能够前进、胜利。在党的七届二中全会上，毛泽东强调大局意识，并将其形象生动地比喻为“弹钢琴”：“弹钢琴要十个指头都动作，不能有的动，有的不动。”他告诫全党同志：“各地、各军、各部门的工作，都要照顾到，不能只注意一部分问题而把别的丢掉。”学会“弹钢琴”在这次会议上被列为党委会工作的十二个方法之一。在社会主义建设中，大局意识成为社会主义建设顺利进行的重要保证。1956年，毛泽东在《论十大关系》一文中再次强调：“我们历来的原则，就是提倡顾全大局，互助互让。”这成为当时社会主义建设和社会主义改造的基本原则。

1959年6月，毛泽东在中央政治局会议上谈“政治家办报”，要求“办报也要多谋善断，要一眼看准，立即抓住、抓紧，形势一变，要转得快”。尤其强调了办报要有针对性。社论要从大局的角度出发，立场坚定，旗帜鲜明。毛泽东提出的“政治家办报”，并不能从字面意思去理解，认为报纸由政治家来办，也不是说每一位新闻记者都要当政治家，而是说记者要站在政治家的高度看问题，也就是要求新闻工作者要善于从政治上统揽全局，抓住问题的要害，增强大局意识。

二、邓小平对大局意识的论述

从全局着眼，抓大事，是邓小平政治思想、新闻思想的一个突出特点。1975年3月，邓小平在全国各省、市、自治区主管工业的书记会议上发表了《全党讲大局　把国民经济搞上去》的讲话，他强调：“现在有一个大局，全党要多讲。大局是什么？……把我国建设成为具有现代农业、现代工业、现代国防和现代科学技术的社会主义强国。全党全国都要为实现这个伟大目标

---

① 中共中央党校党章研究课题组编著：《中国共产党章程编介：从一大到十八大》，党建读物出版社2016年版，第68页。

② 转引自本书编写组编：《增强“四个意识”　全面从严治党》，新华出版社2017年版，第135页。

而奋斗。这就是大局。”[①]实现以经济建设为中心，建设“四个现代化”，必须要有一个稳定的政治、经济和社会环境，而新闻宣传对于安定团结至关重要。邓小平认识到党的报刊对于舆论环境的重要性，1980年1月，他在题为《目前的形势和任务》的报告中提出：“要使我们党的报刊成为全国安定团结的思想上的中心。报刊、广播、电视都要把促进安定团结，提高青年的社会主义觉悟，作为自己的一项经常性的、基本的任务。”[②]他还指出，为了实现安定团结，宣传、教育、理论、文艺部门的同志们，要从各方面共同努力，保障、维护和发展安定团结的政治局面，将全国人民的思想和行动引导和统一到共同建设社会主义现代化事业的正确方向上来。这些论述，强调了新闻宣传工作的重要性，明确了新闻工作者的担当，指导了我们的新闻舆论工作。

三、江泽民对大局意识的论述

江泽民接任中共中央总书记时，国际国内形势发生了深刻变化，世界朝着政治多极化、经济全球化、信息现代化的方向发展，西方敌对势力加紧“西化”“分化”的图谋，国际舆论战更为激烈。国内的改革发展处于关键时期，社会利益关系深刻调整，各种思想文化相互激荡，社会舆论变得更加复杂、更为开放，是我们党和国家历史上一个极不平凡的时期。

面对复杂的国内外形势，江泽民自接任中共中央总书记始就非常重视新闻宣传工作。在1989年的全国新闻工作研讨班上，他就提出了新闻工作要有大局观。1996年1月24日，在全国宣传部长会议上，江泽民对早在1994年全国宣传思想工作会议上提出的“以科学的理论武装人，以正确的舆论引导人，以高尚的精神塑造人，以优秀的作品鼓舞人”四项任务，做了明确而具体的诠释。在阐释“以正确的舆论导向人”时，他提出，首先要把握好报刊、通讯社、广播电台、电视台、出版社的宣传方向，把这些阵地牢牢地掌握在我们党手里，掌握在马克思主义者手里。为此要抓好三项工作：一是要激励人民；二是要服务大局；三是要加强管理。[③] 1996年9月26日，江泽民同志在视察人民日报社时强调指出：“报社的同志要有大局意识、全局观念，坚持政治家办报，正确处理改革、发展、稳定的关系，登什么，不登什么，怎么

---

① 《邓小平文选》第2卷，人民出版社1994年版，第4页。

② 《邓小平文选》第2卷，人民出版社1994年版，第255页。

③ 参见《江泽民文选》第1卷，人民出版社2006年版，第502页。

登，都要从全局出发，从党和人民的整体利益出发。”[①]江泽民同志这一段话既讲清了大局意识的政治内涵，又明确了大局意识的基本要求。在发展社会主义市场经济和改革开放的条件下，新闻工作长期处于十分复杂的局面。如何发挥市场经济的积极作用，同时又有效地防止拜金主义、享乐主义、极端个人主义意识的蔓延，如何继续实行改革开放政策，同时又有效地抵制国际敌对势力对于我国的“西化”“分化”的政治图谋，这些问题都关乎国家的稳定。新闻舆论工作稍有疏忽，就会出现误导，影响大局的稳定。因此新闻舆论工作在这一时期肩负着特别重要的责任。

四、胡锦涛对大局意识的论述

胡锦涛高度重视新闻的宣传功能与作用。2008 年 1 月，胡锦涛在全国宣传思想工作会议上，对新闻宣传工作提出了“高举旗帜，围绕大局，服务人民，改革创新”的宣传纲领。高举旗帜，是宣传思想工作的灵魂和方向；围绕大局，是宣传思想工作的根本要求和根本任务；服务人民，是宣传思想工作的根本宗旨和根本目的；改革创新，是宣传思想工作的动力和源泉。这个纲领的四句话是一个有机的整体，发挥了宣传思想工作的主动权，进一步明确了当前和今后一个时期宣传思想工作的根本目标。胡锦涛强调，新闻工作要服从大局，就是“认真贯彻中央的决策部署，紧紧围绕经济建设这个中心，坚持正确导向，把社会效益放在首位，一手抓繁荣、一手抓管理，大力倡导一切有利于国家富强、民族振兴、人民幸福、社会和谐的思想和精神，着力推动科学发展、促进社会和谐，为改革开放和社会主义现代化建设提供有力的思想保证、营造良好舆论氛围”[②]。这就要求新闻工作必须紧紧围绕中国特色社会主义建设的工作大局，深入反映社会关注、群众关心的问题和矛盾，协助党和政府做好社会发展的舆论支持工作，推动中国特色社会主义共同理想的实现。

中共十六大之后，中国处于信息化时代的新时期，快速发展、迅速崛起，国际地位不断提高，成为国际舆论的焦点。胡锦涛多次阐述信息化时代党的新闻宣传和舆论引导的新特点和新规律。2008 年 6 月 20 日，他在视察人民日报社后发表讲话，提出：“要牢固树立政治意识、大局意识、责任意识、阵

---

① 《江泽民文选》第 1 卷，人民出版社 2006 年版，第 565 页。

② 胡锦涛：《在新的历史起点上开创宣传思想工作新局面》，《人民日报》2008 年 1 月 24 日。

地意识，把坚持正确导向放在新闻宣传工作的首位，坚持团结稳定鼓劲、正面宣传为主，唱响主旋律，打好主动仗。更加自觉主动地为人民服务、为社会主义服务、为党和国家工作大局服务。”①对新闻宣传工作提出了新要求，成为新闻从业人员继续做好宣传思想工作的指南。面对“西强我弱”的舆论格局，日益复杂的国际舆论环境，他指出：“统筹国内国际两个大局，同志们办报纸也必须统筹国内国际两个方面。”②充分体现了信息化、全球化时代党指导新闻宣传工作的新思路。

五、习近平对大局意识的论述

进入新时代，习近平根据新时期局势的变化，对党的新闻宣传工作在新的时代条件下如何更好地服务大局，提出了新要求，形成了符合时代需要、具有自身特征的新闻宣传观。习近平总书记在党的新闻舆论工作座谈会上用 48 个字概括了新闻舆论工作的职责和使命——“高举旗帜、引领导向，围绕中心、服务大局，团结人民、鼓舞士气，成风化人、凝心聚力，澄清谬误、明辨是非，联接中外、沟通世界”③，为包括新媒体在内的新闻舆论工作指明了努力方向，提供了根本遵循。党和政府主办的媒体，是党和政府的宣传阵地，必须姓党。新时期，党的新闻舆论媒体要时刻牢记身份，牢固树立“政治意识、大局意识、核心意识、看齐意识”。媒体要“围绕中心，服务大局”，要“胸怀大局，把握大势，着眼大事”，在重大突发事件的报道中，主动设置议题，主动发声，及时公布相关信息，迅速抢占和掌握议题发布权和解释权，赢得舆论引导的主动，引导网络舆论的正确走向。

第二节　服务大局是媒体的责任

围绕中心、服务大局是新闻媒体的重要职责和使命，也是新闻工作的重心所在。新闻媒体要坚决服从和服务于党和国家的工作大局，服从和服务于党和国家的工作部署，服从和服务于经济建设的重心工作，加强意识形态工作的引导，坚持发展中国特色社会主义，在大局下思考，在大局下行动。

---

① 胡锦涛：《在人民日报社考察工作时的讲话》，《人民日报》2008 年 6 月 21 日。

② 胡锦涛：《在人民日报社考察工作时的讲话》，《人民日报》2008 年 6 月 21 日。

③ 中共中央宣传部新闻局编：《习近平总书记党的新闻舆论工作座谈会重要讲话精神学习辅助材料》，学习出版社 2016 年版，第 6 页。

一、为什么要讲大局观

首先,围绕中心、服务大局是新闻媒体党性原则的本质体现。我们党从创建之日起,就将新闻舆论工作作为党建工作不可或缺的重要部分。在长期的革命、建设和改革实践中,我们党要求其领导的新闻媒体必须无条件地服从党的绝对领导,以党的旗帜为旗帜,以党的方向为方向,以党的意志为意志,甘愿做党的喉舌,为全党全军全国各族人民完成党的中心工作进行有力的舆论引导。习近平总书记2015年底在视察解放军报社时发表的重要讲话中,突出强调了军报姓党的原则。在实现中国梦、强军梦的伟大征程中,新闻媒体坚持围绕中心、服务大局的党性原则,生动地体现在看齐意识上——经常、主动、坚决地向党中央看齐,向党的理论和路线方针政策看齐,在思想上、政治上、行动上自觉同党中央保持高度的一致。只有这样,我们的党才能凝聚一切力量,为建设具有中国特色的社会主义伟大事业勇往直前。

其次,围绕中心、服务大局是新闻媒体的职责和使命。作为党的舆论喉舌,我们的新闻媒体担负着宣传党的纲领政策,反映舆论、引导舆论的重任。1956年1月1日创刊的中央军委机关报《解放军报》,头版头条刊发的社论的标题就是《运用报纸指导工作》。这篇社论中明确提出,军队的党和领导机关,应该借助于报纸经常同广大的官兵对话,加强领导和部队官兵的联系。同时,要善于利用报纸这个工具,解决部队最迫切的问题,推广先进经验,把群众的积极性和创造精神引导到正确的方向。党的几代领导人都反复强调:舆论引导正确,利党利国利民;舆论引导错误,误党误国误民。搞好舆论引导,是我们党赋予新闻机构与新闻媒体的重要职责。我们的新闻媒体只有紧紧围绕党和国家的战略部署、中心工作和指导思想,一切从大局出发,才能有的放矢地搞好舆论引导。

最后,围绕中心、服务大局是新闻媒体衡量新闻价值的基础。围绕中心、服务大局,既是坚持正确舆论导向的基础,也是衡量新闻价值的天平。把握大局的关键,是审时度势,根据党和政府中心工作的要求来判断什么样的新闻有价值,什么样的新闻无价值,什么样的新闻价值高,什么样的新闻价值低。总之,心有大局,才能保持清醒的政治头脑,才能保持高度的新闻敏感,才能发出有价值的大稿子。新华社老社长穆青同志在他的《新闻散论》中强调了具有大局观对于成为一名好记者的重要性。他说:"记者高明不高明,从一个问题就可以看出来,不怎么高明的记者,他只了解微观的东西，不了解宏观。他脑子里面没有一张大的画图，只看到微观。对于微观的局部的东西，他要么习以为常，什么新鲜感也没有；要么把它强调到不适当的地方，把一个铜钱看成磨盘。如果他脑子里有那么一张图，有大局，有关于党的、国家的、全世界的宏观的东西，他就会把微观的、局部的东西，放到宏观、大局中去衡量，确当地发现那些微观的价值。一个水平高的记者，就是因为脑子里有宏观，所以他到下面接触一些东西，很快就能抓住。培养记者，要创造条件，让他们了解宏观的东西，了解国内的情况，扩大视野。"①新闻工作者必须具有大局意识，办事情从大局着想，看问题从大局着眼，这样在采写新闻时才能一针见血地指出事物的本质和要害，才能抓住生活中有新闻价值的小事，演绎出大文章。

二、基本内涵：什么是媒体大局观

大局观，通俗地说就是凡事要长远考虑，以得与失的辩证关系原理看待问题。大局观，就是不在乎一城一地的得失，不因局部胜负而耽误全局胜负。媒体有大局观，就是指媒体要在大局中定位和行动，去思考：党和政府当前的中心工作是什么？总体布局和战略布局是怎样的？其发展趋势如何？在贯彻执行的过程中可能会引发什么问题？如何应对、解决这些问题？胸中有了大局，我们的新闻舆论才会更加符合客观实际，更加接近真理。媒体的舆论立场、舆论主张才能有利于党和国家的各项事业，反映最广大人民群众的要求，有益于经济的繁荣。

一般说来，一种成熟而健全的大局意识是由两个部分构成的。

第一，大局是对现实的宏观把握，是对我们面临的总形势、总任务和当前的中心工作，以及工作中取得的主要成绩和经验、存在的主要问题和困难的认识。那么，新时代中国特色社会主义时期党和国家的大局是什么？一个是中华民族伟大复兴的战略全局，一个是世界百年未有之大变局，这是我们谋划工作的基本出发点，这是习近平总书记站在全局和战略高度，对全党特别是领导干部提出的工作要求。新闻媒体作为党和人民的喉舌，是连接国家发展与社会公众、中国与世界的重要桥梁，既是"两个大局"的见证者和记录者，更是推动者和引导者，新闻媒体的工作应当始终围绕服务"两个大局"展开。

---

① 穆青：《新闻散论》，新华出版社 1996 年版，第 369 页。

首先，当前全国人民在以习近平同志为核心的党中央带领下，为全面建成社会主义现代化强国、实现第二个百年奋斗目标，以中国式现代化全面推进中华民族伟大复兴的奋斗目标而努力。围绕这一目标，党中央国务院所做出的全面深化改革等一系列经济建设的方针政策就是大局。

其次，国务院及各级人民政府为贯彻党的奋斗目标和战略布局而制定的工作规划、计划，颁布执行的法规和规章，推动落实的部署和安排，社会管理的措施和行动，就是大局。

再次，经济社会发展的不断进步和取得的巨大成就，人民物质文化生活的日益丰富和持续提高，这也是大局。

最后，人民群众对幸福生活的普遍愿望和迫切需求，社会各界民情民意的正确共识和合理舆论，涉及人民群众根本利益和当前利益的突发事件与突出问题，这也是大局。

因此，要围绕大局反映社会主义新时代的真实局面，就需要我们一方面加强理论学习，提高对党和中央路线、方针政策的理解和认识；另一方面了解实际情况，了解各阶层干部、群众的思想情况。因此，记者需要贴近实际、贴近生活、贴近群众，这是记者反映大局的手段，也是新闻工作者掌握大局的根本途径。

第二，大局意识作为一种思维模式，既是一种历史唯物主义的思想方法，又是人们在社会实践中所形成的一种历史唯物主义的认知成果。大局意识要求新闻工作者善于从大局着眼观察和思考，能够正确处理主要矛盾和次要矛盾、矛盾的主要方面和次要方面、全局和局部的关系，关注长远，不计眼前得失，把握大局势的发展方向，从而获得最长远、最大和最多的利益。从大局着眼，从大局出发，辩证、科学、理性地观察和思考问题，是党的新闻工作者的基本思维方式。习近平指出："要站在大局的高度思考问题，按照大局的要求推进工作"[①]，"能否做到顾大局、在多大程度上顾大局，是新闻宣传工作健康发展的重要前提和支撑"[②]。作为新闻工作者，都必须胸中有大局意识，办事情从大局着想，看问题从大局着眼，从世界观、方法论的角度牢固树立大局观，用马克思主义全面的、联系的方法观察问题，分析问题，用辩

---

① 习近平：《干在实处　走在前列：推进浙江新发展的思考与实践》，中共中央党校出版社 2006 年版，第 259 页。

② 习近平：《干在实处　走在前列：推进浙江新发展的思考与实践》，中共中央党校出版社 2006 年版，第 257 页。

证的、历史的、联系的方法解决问题。只有这样,才能站在时代的前沿看问题,挖掘出反映时代精神的重大选题。

三、如何把握大局

大局是人民群众的根本利益所在,是党和政府的工作中心,是国家长治久安的保证,新闻工作者要自觉地站在党和国家的大局上想问题、看问题,坚定政治立场,贯彻党中央的决策部署,确保政令畅通。媒体从业人员要把握大局,就需要做到以下几点。

(一)吃透“两头”,胸有大局

要树立大局意识,当然首先需要了解大局,而要了解大局,就必须明了党和政府在当前一个时期的中心任务是什么,为完成这个中心任务所制定的方针政策是什么,目前全国总的形势如何,等等。要了解党中央和国务院在想什么、做什么、关注的焦点是什么,要把“上头”的精神吃透;还要深入实际、调查研究,了解工作中的经验、成绩、困难和问题,以及群众的思想情绪等,总之要吃透“下头”。“上头”和“下头”都吃透了,才能高瞻远瞩,心中有“数”,从而树立起大局意识。

“吃透两头”是我们党的新闻工作的一条基本经验,也是老一辈新闻工作者的一个优良传统。遗憾的是,这条基本经验,这个优良传统,近年来在一些新闻工作者身上不同程度地丧失了。有些记者平时不注意学习,下去采访热衷于住高档宾馆,坐豪华轿车,作风飘浮,脱离群众。这样的记者“上头”吃不透,“下头”摸不清,胸无全局,目光短浅,“闭着眼睛捉麻雀”,是很难把握正确的舆论导向的。

(二)提高理论素养

大局意识是一种“能动意识”,是一种“认知成果”,而不是对感性材料的外在形式的简单的排列组合。所谓“能动”,所谓“认知”,就需要理性的思辨,需要一种对客观事物内部联系的理性把握的能力。一句话,需要较高的理论素养。江泽民同志指出:“无论对党还是对党的干部来说,理论上成熟都是政治上成熟的基础。”我们要实践“政治家办报”的要求,做一名胸怀大局、政治上成熟的新闻工作者,就必须打好坚实的马克思主义的理论基础。

现实中不乏这样的情况:有的记者往下边跑得并不少,材料掌握得也很多，但稿子还是缺乏高屋建瓴的“大局感”。产生这种情况的原因可能是多方面的，但理论素养比较低、分析问题的能力比较差是一个根本原因。

要提高理论素养，首先，要学习和掌握马列主义的理论，自觉地运用马克思主义的立场、观点、方法指导新闻工作，要学习党和国家的大政方针，并且及时消化领会，才能真正做到认识大局、服从大局、维护大局。其次，还要阅读重要的社论和文章，这既是新闻工作者的一项重要任务，也是提高记者理论素养、积累知识的重要途径。再次，新闻工作者面对的是千变万化的世界，面对的事物都是在千变万化中的，因此，媒体人员还要针对具体采访的事实学习相关理论，特别是政治、经济、科学、艺术等理论，才能做出水准高的报道。

（三）把握大局要理论联系实际

记者的大局观不是从天上掉下来的，也不仅仅是通过领导、前辈的“耳提面命”学到的，只能从学习中来，从实践中来，从积累中来，在学习和实践中不断提高认识大局、把握大局的能力。必须看到，理论的根基、政策的把握、思维方式的形成，都不是一天两天的事，有一个长期的过程。

江泽民同志指出：“马克思主义是从实际中来并被实践所证明了的科学理论，只有联系实际，才能真正学懂，也只有联系实际才能真正用好。”[①]联系实际，学以致用，将理论转化成一种个人的素养，而不是储存在脑子里的“本本主义”，才能用以深刻地分析大局、理解大局。

（四）把握大局需要自觉地处理好小局与大局的关系

邓小平同志说：“在社会主义制度之下，个人利益要服从集体利益，局部利益要服从整体利益，暂时利益要服从长远利益，或者叫做小局服从大局，小道理服从大道理。我们提倡和实行这些原则，决不是说可以不注意个人利益，不注意局部利益，不注意暂时利益，而是因为在社会主义制度之下，归根结底，个人利益和集体利益是统一的，局部利益和整体利益是统一的，暂时利益和长远利益是统一的。我们必须按照统筹兼顾的原则来调节各种利益的相互关系。”[②]

“小局服从大局”要求我们当个人与集体、局部和大局发生矛盾时，要有自觉服从大局的意识和行为，要自觉地执行党的宣传方针和宣传纪律，坚持

---

① 江泽民：《努力建设高素质的干部队伍》，《人民日报》1996 年 6 月 24 日。

② 《邓小平文选》第 2 卷，人民出版社 1994 年版，第 175～176 页。

新闻工作的党性原则。

第三节　服务大局下的本地思维

媒体在策划新闻时，需要将大局观念和本地思维相结合。一个政策要发挥效应，一定要在不同的区域和角落落地。从事新闻工作，一定要在大局的框架内具备本地思维。本地思维解决的是新闻的可读性、接近性，受众的关注度等问题，大局解决的主要是引导力的问题。在大局下思考本地新闻，可以提高新闻舆论的引导力、传播力、影响力、公信力，提高传播效果。

一、强化看齐意识

地方媒体必须牢固树立党性观念，向正确的舆论导向看齐，向主流思想舆论看齐。

党性观念是马克思主义新闻观的核心，是新闻工作之“魂”。党性原则确立了新闻人应具备的政治思想素质和传播行为准则。党性原则不是抽象的政治口号，它是由下列要素构成：一是新闻工作者的思想和政治信仰、政治立场；二是政治思想上的洞察力、分辨力和敏锐性，明辨政治思想上的是非曲直，毫不含糊；三是纵观全局、把握大势的能力；四是用马克思主义的世界观和方法论去观察分析问题。

作为地方媒体，要积极配合国家政策发展，配合《人民日报》、新华社、中央电视台的舆论宣传工作，积极传播有利于推进深化改革、扩大开放的舆论，积极传播有利于落实“五位一体”总体部署和“四个全面”战略布局的舆论，积极传播有利于贯彻创新、协调、绿色、开放、共享五大发展理念的舆论，积极传播有利于国家统一、民族团结、社会和谐的舆论。

强化地方媒体看齐意识，要坚持问题导向，积极回应社会难点问题，释疑群众热点问题。处在社会转型期，各种社会问题凸显，利益固化的藩篱使有些矛盾激化，导致社会难点问题频发，热点问题不断。这些问题往往涉及面广、敏感性强、透明度高，解决起来比较棘手。我们既生活在一个充满生机和活力的时代，又生活在一个矛盾和问题交织的时代。如何凝心聚力攻坚克难，使这些问题逐步得到解决，是人民的渴望、时代的呼唤，也是媒体舆论引导的职责。为此，各个地区的新闻工作者要敢于担当，结合当地实际情况，牢牢抓住这些矛盾和问题，进行冷静、客观、理性的分析，探寻解决问题的路径与方法，推动难点问题逐步破解，热点问题逐步降温，发挥地方媒体的巨大作用。

二、以局部体现全局

大局观是一种胸怀、一种修养、一种胆识。树立大局观，要求记者用宏观做统领、微观做基础，以整体为上，大局为重，局部服从整体、局部服务全局。地方媒体必须牢固树立全局观念，强化大局意识，全局在胸，坚持党对一切工作的领导和坚持以人民为中心的两条方略，充分认识新时代的使命和特色，明确自己的社会担当，以己之力为全局服务。

地方媒体在大政方针以及关系全局的重大原则问题上必须与中央保持一致，同时也要善于结合本地区的实际情况创造性地开展工作，应当充分挖掘当地新闻资源。比如，在报道当地道德模范在内的各种先进典型时，向典型看齐，以局部彰显大局，与时代同行，发挥“见贤思齐”的精神引领作用。通过报道各种典型事迹、道德模范等，形成强大的示范效应。

在进行本地化报道时，要注意做好“第二落点”的新闻。“第二落点”的新闻可以从国家战略和政策对本地影响的角度去报道。比如，全国评出了全国五百强企业，“第一落点”是要解决宏观上的分析，像不同类型的企业占比和我国经济发展趋势之间的关系，“第二落点”就需要山东的媒体注意挖掘山东的企业有哪些，这些企业的企业文化与地域文化是否有关联，等等。

一方水土养一方人，不同的地域有其不同的文化特征和城市元素。地方媒体在发展过程中，要将提升传播力与地域特点进行有效结合，要突出地方媒体的地域特色，努力打造具有鲜明地域特点的地方媒体文化，使地方媒体在发展中能够有明确的方向。考虑到传播力是衡量地方媒体发展质量的重要指标，在提升地方媒体传播力的过程中，要认真分析地方媒体现有资源，做到地方媒体资源利用的最大化。为了保证地方媒体的传播力能够得到持续提升，地方媒体还应对地域特点进行充分的挖掘，保证地方媒体能够体现出更多的地域特点。

思考题

1.大局观的基本内涵是什么？

2.在新闻实践中，怎样把握大局？

3.在新闻实践中，怎样处理好本地与大局之间的关系？

第九章　事实表象与新闻本质

——马克思主义新闻观的“十大关系”之六

马克思主义新闻观强调，在把握具体事实和表象事实的基础上，还要善于从总体上和本质上看问题，要能从事物的相互联系和发展趋势上看问题。真实性是新闻的基本属性，这决定了新闻真实性是讨论一切新闻问题的基础和前提。新闻真实首先是微观层面上的个别事实的真实。表象的真实是孤立的、表面的，因此仅仅保证表象的真实是不够的。事实背后的各种因素往往有着千丝万缕的联系，有着各种因果关系，探索新闻事实背后的真实也就是本质的真实更加重要。因此，新闻真实性原则要求新闻从业者不能仅仅满足于准确报道事实，还需要从总体上、本质上和事实的发展趋势上把握真实性。

第一节　真实是新闻的生命

一、中国共产党对于新闻真实的认识过程

新闻真实，是国内外新闻界达成的共识。遵循新闻真实性原则不仅是新闻实践的核心议题，也是马克思主义新闻思想的基础观点之一。习近平在 2016 年党的新闻舆论工作座谈会上就提出“真实性是新闻的生命”[①]。这句比喻性的判断足以说明“真实”对于“新闻”的重要性。新闻是新近发生事实的报道，事实是新闻的本源，事实是第一性的，它是新闻存在的根据，是新

① 《习近平谈治国理政》第 2 卷，外文出版社 2017 年版，第 333 页。

闻存在的根本条件，是讨论其他新闻问题的基点。追求新闻真实是马克思主义新闻观的基本要求，是新闻事业产生和发展不可或缺的根本要素，也是尊重新闻规律的基本体现。

中国共产党对新闻真实的认知便经历了这样一个过程，即从早期党报范式下对"事实"和"报道"的争论，到新闻事业范式将"具体真实"和"整体真实"纳入新闻真实的呈现维度，再到当今在更加宏大的传播语境中将事实信息传递融入到叙事活动建构，并涵盖以人为本、构建人类命运共同体等多个时代议题，形成了一个统一、全面的新闻真实观。

中国共产党早期对于新闻真实的认知深受"五四"时期"实证科学精神"的影响，强调"客观事实"的唯一性。陈独秀在批判当时广州新闻报纸时说到，报人和报业应该有"举世非之不顾而将真理说出来"[①]的勇气和魄力，"说实话办实事"，"非有以生命来换的精神不可"[②]。毛泽东在参与《湖南通俗报》编辑会议时也提出："通俗报是向群众进行教育的武器……尤其是要根据事实说话，不可专谈空洞的大道理。"[③]在这一时期，中国共产党人所强调的新闻真实主要是客观效果的事实，与新闻观点、态度、意见等分开。

有关新闻真实的认知随着 20 世纪 30 年代新启蒙运动的展开发生了变化。1935 年 12 月，中共中央政治局召开扩大会议，主张建立抗日民族统一战线。与政治转变相呼应的是中国共产党在文化运动上的转变，后逐渐形成了新启蒙运动。1938 年 10 月，毛泽东在中共六届六中全会上作《论新阶段》的报告，提出"使马克思主义在中国具体化"，实现路径就是"把马克思主义应用到中国具体环境的具体斗争中去，而不是抽象地应用它"[④]。基于抗战相持阶段的政治环境和文化统一战线内部的斗争形势，毛泽东提出了"新民主主义文化"，即"无产阶级领导的人民大众的反帝反封建的文化"[⑤]。至此，马克思主义的中国化已成为不争的事实，在新闻领域集中地表现在 1942 年《解放日报》的改版。

1942 年 4 月，《解放日报》发表社论《致读者》，彻底改革新闻工作，使该报成为真正战斗的党报，以响应中央提出的"从社论、专论、新闻及广播等方

① 《陈独秀文章选编》(下)，河南人民出版社 1982 年版，第 614 页。

② 《陈独秀文章选编》(中)，河南人民出版社 1982 年版，第 137 页。

③ 转引自窦其文：《毛泽东同志报刊活动简表》(上)，《新闻研究资料》第 28 辑，中国社会科学出版社 1984 年版，第 42 页。

④ 《毛泽东选集》第 2 卷，人民出版社 1991 年版，第 534 页。

⑤ 毛泽东：《新民主主义的政治与新民主主义的文化》，《中国文化》1940 年 2 月 15 日。

面贯彻党的路线与党的政策”[①]。在救亡图存、民族独立的历史任务优先性选择下，延安《解放日报》以成为党的“耳目喉舌”为基准进行改版，完成党报范式的落地。1945 年 3 月，《解放日报》发表社论《新闻必须完全真实》，文章论述道：“如果我们的报道是实事求是的……那末读报的人就不会在工作中走错路。反之，如果我们的报道错误，把坏的说成好的，好的说成坏的，或者报道有了夸大，把一分说成两分，八分说成十分，那末读报的人就会在工作中走错路，有时甚至发生很坏的影响，影响到某项工作，也影响到报纸的威信。”[②]这里所论述的新闻真实即实事求是，契合陆定一所说“力求尊重客观的事实”这一基本原则。陆定一承认新闻具有政治属性，但这种政治属性与包含着这种政治属性的事实相比，是“第二性的、派生的、被决定的，而第一性的东西，最先有的东西，乃是事实……”[③]基于此，他提出该时期建构新闻理论的框架基础：“新闻的本源是事实”“是新近发生的事实的报道”[④]，统一当时新闻工作以及对新闻真实的认知。这一框架也被称为“理论建构的党报范式”，即“将尊重事实和革命立场结合起来”[⑤]。在延安党报范式下，新闻真实性强调事实第一性，也会根据革命任务变化而在操作中留有空间，中国共产党人也认识到尊重报道真实对革命建设和联系群众确实具有益处，但这种报道需保证党性原则。这契合了《解放日报》在《致读者》改版社论里提到的，“党报决不能是一个有闻必录的消极的记载者，而应该是各种运动底积极的提倡者组织者”[⑥]。因而在党的新闻工作中，选取的事实“是经过分析、挑选、综合起来的事实，去掉次要的不完全能说明问题的材料，采用了精练的、最带典型的、有说服力的、能体现党的政策思想的事实”，用“事实的综合”来体现一定的政策思想，“用事实来议论，用确确实实的事实来感化、影

---

① 中国社会科学院新闻研究所编：《中国共产党新闻工作文件汇编(1921～1949)》(上)，新华出版社 1980 年版，第 118 页。

② 张之华主编：《中国新闻事业史文选(公元 724 年～1995 年)》，中国人民大学出版社 1999 年版，第 286 页。

③ 张之华主编：《中国新闻事业史文选(公元 724 年～1995 年)》，中国人民大学出版社 1999 年版，第 267 页。

④ 张之华主编：《中国新闻事业史文选(公元 724 年～1995 年)》，中国人民大学出版社 1999 年版，第 265 页。

⑤ 齐爱军：《我国马克思主义新闻理论体系建构的知识演进路径考察》，《新闻与传播研究》2017 年第 7 期。

⑥ 李彬：《中国新闻社会史文选》，清华大学出版社 2008 年版，第 150 页。

响读者”[①]。通过构建延安党报范式，使真实性为党性、群众性、组织性、战斗性服务，后期则将新闻真实完全统驭在党性之下，并形成一个制度化模板，指导这一时期共产党的新闻实践。

1978年以后，我党确立了实践是检验真理的唯一标准，新闻界开始重新思考新闻工作中党性原则和新闻真实的辩证关系，并将实践路径集中到解放思想、实事求是、尊重新闻规律的路径上来。据此，新闻界提出“立足中国本土，回到马克思”[②]，即立足中国国情和新闻实践，回到马克思所说的尊重新闻的客观规律，按照新闻自身规律来制定新闻政策和编辑方针。1983年，《邓小平文选》出版，其中一篇文章明确提出“重新认识和把握新闻报道规律”，把“新闻规律”纳入主流话语体系，促进了相关实践释放更大的解放动能，以尊重新闻规律为元话语，实现党性和新闻真实的辩证统一，并为新闻事业范式的建构奠定了逻辑起点。

新闻事业范式作为“党报理论体系”的修正和调整，首先，依旧沿袭党报范式中对新闻事业党性原则的强调，将新闻事业进一步定义为“社会舆论工具”；其次，加入对新闻专业实践的考量，讨论新闻、新闻真实、客观性原则等基础理论的表达逻辑。以党报理论为基点，实现政党理论、要求与新闻规律二者的耦合。其中，“阶级性”“党性”“指导性”“舆论引导”“宣传价值”“本质真实”和“宏观真实”等，构成政党政治理论及其要求的体现，而“社会属性”“服务性”“舆论监督”“时新性”“客观性”“现象真实”和“微观真实”等，则多属于新闻自身规律及其表现。二者通过这一时期的新闻实践，达到新闻与政治相结合的目的。

二、职业规范中的“真实观”

世界上最早成文的新闻职业道德规范，是美国密苏里新闻学院首任院长瓦尔特·威廉制定的《新闻记者守则》，这一守则对于其他国家订立相关新闻职业道德规范影响很大。许多国家的新闻职业规范都将真实原则写入其中。欧洲学者对29个国家的31个新闻职业规范进行比较后发现，其中最普遍的原则即是真实原则。另有学者对全世界几大主要地区的传媒职业规范进行调查后也发现，“寻求真相”(quest for truth)这一原则已明确写入

---

① 张之华主编：《中国新闻事业史文选(公元724年～1995年)》，中国人民大学出版社1999年版，第564页。

② 甘惜分：《我只是新闻规律的探索者》，《中国社会科学报》2013年9月25日。

许多国家新闻职业规范中。

1991 年 1 月，中华全国新闻工作者协会第四届理事会第一次全体会议通过了《中国新闻工作者职业道德准则》(以下简称《准则》)，后历经 1994 年 4 月、1997 年 1 月、2009 年 11 月三次修订。2019 年 11 月 7 日，中华全国新闻工作者协会第九届全国理事会第五次常务理事会通过了新修订的《准则》。其中关于新闻真实的条款主要在第三条，引用如下：

> 第三条　坚持新闻真实性原则。把真实作为新闻的生命，努力到一线、到现场采访核实，坚持深入调查研究，报道做到真实、准确、全面、客观。
>
> 1.通过合法途径和方式获取新闻素材，认真核实新闻信息来源，确保新闻要素及情节准确；
>
> 2.根据事实来描述事实，不夸大、不缩小、不歪曲事实，不摆布采访报道对象，禁止虚构或制造新闻，刊播新闻报道要署记者的真名；
>
> 3.摘转其他媒体的报道要把好事实关导向关，不刊播违背科学精神、伦理道德、生活常识的内容；
>
> 4.刊播了失实报道要勇于承担责任，及时更正致歉，消除不良影响；
>
> 5.坚持网上网下“一个标准、一把尺子、一条底线”，统一导向要求、管理要求。

《准则》虽然经过多次改版，但新闻真实性始终是其关注和表述的重点。与之前的《准则》相比，这次《准则》的修订适应了新的媒体环境、媒介技术以及新闻从业队伍的发展和变化，对新闻真实性的要求也做了相应的修订。新守则根据新闻界存在的违反职业精神、职业道德等问题和薄弱环节，强调了“把真实作为新闻的生命，努力到一线、到现场采访核实，坚持深入调查研究”，第三条第 2 款增写了“根据事实来描述事实”，第 3 款增写了“摘转其他媒体的报道要把好事实关、导向关”，第 5 款增写了“坚持网上网下‘一个标准、一把尺子、一条底线’”。以上条款的修订体现了新闻报道在面对新时代和新挑战时仍应始终坚持事实第一性、新闻第二性的原则，同时也对新时代的新闻工作者贯彻落实新闻真实性原则给予了更具体、明确和全面的实施标准。

三、媒体组织文化中的“真实观”

媒体组织文化是一个媒体组织在其运行中所形成的思维和行为方式。

构成组织文化的重要基础就是共同价值观，它是指一个组织所有成员分享的同一个带有自身特色的价值观念。任何一个媒介组织总是要把自己认为最有价值的对象作为组织追求的最高目标、最高理想或最高宗旨，一旦这种最高目标和基本信念成为统一本组织成员行为的共同价值观，就会构成组织内部强大的凝聚力和整合力，成为统领组织成员共同遵守的行动指南。

共同价值观具有不同的层次和类型，而优秀的媒介组织总会追求崇高的目标，高尚的社会责任和卓越创新的信念。新闻工作者有社会责任感和崇高的使命感，才会维护正义，忠于事实，客观真实地报道，为党和人民提供真实可靠的信息。

第二节　全面把握新闻真实的内涵

马克思主义新闻观对新闻真实性提出了更高的要求，就是在真实准确地报道具体事实的同时，也要做到在总体上、本质上以及发展趋势上去把握新闻真实，这是实践和落实真实性的关键。

一、新闻真实的“整体观”

新闻整体真实观，是新闻真实追求上的一种理想，具有很强的实践价值。新闻的基本存在方式、表现形式是一篇篇具体的报道，是对一件件具体新闻事实的反映，而巨量的个别新闻聚合在一起，就会形成一个整体报道的结果和效应，所以新闻真实必然形成两种表现：一种是单一的、个别的新闻的具体真实，另外一种是由个别的、单一的新闻组合起来的共同塑造的整体真实，即宏观情况或整体状况，两部分有机结合，则构成理想的新闻真实观。

（一）整体真实的含义

整体真实是新闻真实论中相对具体真实提出的一个概念，也是对新闻真实系统的一个分类概念。新闻真实论中所说的“整体真实”的对象是由所有具体新闻组合而成的全体新闻。全体新闻描绘着、反映着报道对象的整体面貌。如果全体新闻如实描绘、反映了对象的整体面貌，我们就说新闻传播达到了整体真实；如果没有如实描绘反映对象的整体面貌，那么即使构成全体新闻的每一则具体新闻都是真实的，我们也说新闻传播在整体上是失实的，即没有达到整体真实。做到整体真实是有难度的，它要求新闻工作者尤其是新闻媒体要做到新闻报道的整体平衡，要从整个现实出发，不能漏报、瞒报重大的新闻事件。

列宁说过："社会生活现象极端复杂，随时都可以找到任何数量的例子或个别的材料来证实任何一个论点。"①也就是说，在具体的历史情况下，一切事情都有它个别的情况。整体真实需要多种媒体共同介入对于社会整体的报道，当多种声音对社会整体进行报道时，受众便可以在多元信息的互补中获得对社会整体的客观认识和整体把握。

1948 年，刘少奇在《对华北记者团的谈话》中首先强调了新闻真实的重要性，他说："你们的报道一定要真实，不要加油加醋，不要戴有色墨镜。群众对我们，是反对就是反对，是欢迎就是欢迎，是误解就是误解，不要害怕真实地反映这些东西。"②同时，他还指出整体真实的重要性："第一要真实，不要过分，再就是要全面、深刻。"在这里，真实是第一位的，是前提。在谈到全面、深刻时，他指出："要从各方面考察、找出普遍现象，否则，这种反映就不真实。"③在这里，他已经涉及"具体真实"和"整体真实"的问题，他主张，新闻报道既要阐明报道对象的具体真实，又要在此基础上，通过全面考察揭示出根本性、规律性、普遍性的现象，以呈现出新闻事实的整体面貌。

1985 年 2 月，时任中共中央总书记的胡耀邦在中央书记处会议上发表了《关于党的新闻工作》的讲话，其中说："我们这样的大国，今天如果有谁专门搜集阴暗面，每天在报上登一百条，容易得很！如果把一百条集中到一张报纸上，可以整整覆盖四个版面，搞成一幅彻头彻尾的阴暗图画。虽然其中每一条可能都是真实的，但如果谁要说这是代表今天中国社会主义社会的整个画面，那就不真实了。当然，如果反过来硬说我们今天的社会，到处都是光明面，实在好得不得了，一点阴暗面也没有，一条缺点也没有，那也不真实。"④胡耀邦所说的这种真实，正是指新闻报道要把握社会生活总体的各个方面，使事件的真实和社会整体的真实相结合，而不应单独强调其中一个方面。

---

① 《列宁全集》第 2 卷，人民出版社 1956 年版，第 37 页。

② 张之华主编：《中国新闻事业史文选（公元 724 年～1995 年）》，中国人民大学出版社 1999 年版，第 507～508 页。

③ 张之华主编：《中国新闻事业史文选（公元 724 年～1995 年）》，中国人民大学出版社 1999 年版，第 508 页。

④ 胡耀邦：《关于党的新闻工作》，《红旗》1985 年第 8 期。

（二）整体真实的三个层面

新闻传播的整体真实，落实到新闻传播活动中，从实践逻辑上可以分为三个层面：微观层面的整体真实，中观层面的整体真实和宏观层面的整体真实。

微观层面的整体真实，是指具体报道的真实。任何一件具体的新闻事实，其本身也是由不同的事实部分或一些具体因素构成的，是由不同的侧面构成的。因而，如果新闻只是真实报道了它的某一部分或某一方面，特别是只报道了它次要的构成部分或侧面，那么，这样的新闻就没有反映出这件具体新闻事实的整体面貌，所达到的真实至多是部分的真实或片面的真实。比如，北京发生了一起大学生在学校银行持刀抢劫的案件。如果仅就这个案件来看，该学生毫无疑问是个罪犯。然而，中央电视台《新闻会客厅》节目在报道这个案例的时候，却引发了观众更多的思考。通过这档节目，观众了解到：来自江西的这个学生 16 岁就上了大学，其心理成熟程度难以和同班同学相比；大四后，他因为家庭贫困的原因过早到社会上打工，结果影响了学业，导致课程不及格而无法毕业；经过两年的补修后，该同学丧失了获得毕业证的最后机会，按照规定他将不可能获得大学文凭……当媒体把这个案例放到社会环境中，放到这个学生的成长过程中，观众将获得更多的思考。[①]

中观层面的整体真实，是指个别新闻媒体在一定时空范围内所作的全体新闻报道的真实。这种整体真实又可以分为两个具体的方面：其一，是媒体在一定时间范围内关于某一领域——特别是媒体自己设定的目标报道领域——所作的全体新闻报道的真实性。如果媒体关于某一目标报道领域内的所有新闻报道的累积认知结果，反映了该领域在一定时间限度内的整体实际情况，或至少是主流、主导的情况，我们就说它对该领域在这一时间限度内的报道在整体上是真实的。相反，则在整体上是不真实的，或整体真实的程度不高。其二，是媒体在一定时间范围内关于自己设定的所有目标报道领域的新闻报道的真实性。如果媒体在一定时间范围内对所有设定的目标报道领域的报道都达到了整体真实，那么我们可以说，这家新闻媒体在此时间限度内的新闻报道在整体上是真实的。

① 参见汪万福：《新闻传播学》，吉林大学出版社 2018 年版，第 121 页。

宏观层面的整体真实，是指在一定时空范围内所有新闻媒体全体新闻报道的真实性。这种整体真实也可以从两个方面来理解：其一，是指一定时空范围内的所有新闻媒体关于某一领域内的全体新闻报道的真实性。如果在一定时空范围内的所有新闻媒体关于某一领域的所有新闻报道的累积认知结果，真实反映了这一领域的整体实际情况，或至少反映了这一领域的主流、主导的情况，那么我们就可以说，所有新闻媒体关于这一领域的所有新闻报道在一定时间限度内达到了整体真实。其二，是指一定时空范围内的所有新闻媒体关于所有报道领域的真实性。如果对所有领域的新闻报道都达到了整体真实，那么我们就可以说，所有新闻媒体在一定时空范围内的所有新闻报道达到了整体真实。由于一定空间范围内的不同新闻媒体，总是在定位上有一些不同，目标报道领域设定上有一些差别，这样，它们之间常常会以优势互补的方式形成在一定时空范围内对自然、社会的全面报道，如果这种报道反映了一定时空范围内自然与社会生活的整体实际情况，那么我们就可以说，一定时空范围内的整个新闻传播，达到了整体真实的传播。按照这样的逻辑，如果整个人类的新闻媒体（即世界各国的新闻媒体）在一定的时间范围内，反映了整个世界的实际整体情况，那么我们就可以说，世界范围内的新闻传播在一定时间范围内达到了整体真实的传播。事实上，这正是一些人对新闻传播的一种梦想、对新闻真实的一种梦想。

（三）整体真实的特点

首先，整体真实的对象既是具体的又是模糊的，整体真实针对的对象总是单个媒体或一定时空范围内所有媒体的所有相关报道，这些报道无论数量多么巨大，总是实实在在存在的，从原则上说，是可以一条一条解读的，它们产生的整合效应也是可以进行评估的，因此整体真实的对象是具体的。另外，整体真实针对的直接对象是一定时间范围内的报道全体，不是某个或某几个具体的新闻报道。整体真实是所有报道的整合效应和结果，因此整体真实的效果并不容易评估，它是模糊的。整体真实与单个真实息息相关，但是单个真实的简单叠加或者累积，并不能保证整体的真实，也就是说，即使构成全体报道的每一条新闻都是真实的，仍然不能保证在一定时间范围内的新闻所反映的整体情况是真实的。

其次，整体真实是一种报道的累积结果或效应，同时具有结果或效应上的延迟性。整体真实具有累积性的特性是指，只有关于一定领域的新闻报道总量达到某种限度，人们才能判断、评估相关的新闻报道是否达到了整体真实。延迟性的特性是指，人们对新闻报道整体真实的判断，不像针对某一具体报道可以立即判断出是否真实，整体报道真实性的判断比较困难，需要综合考虑社会环境、媒体环境和记者的个人素质。

最后，整体真实是一种关于新闻报道的理念，一种新闻价值理念，也是一种新闻观的反映。整体真实首先是一种新闻真实理念，是对如何进行新闻报道的一种原则性的要求，是对新闻实现真实传播的一种宏观层面的要求，同时也是新闻传播在真实性问题上的价值诉求或价值取向。在整体真实观看来，新闻媒体通过新闻报道向人们呈现设定的目标报道领域的整体真实情况，是媒体应尽的义务和必须承担的社会责任，整个新闻界有义务和责任以新闻报道的方式，向人们反映整个世界的整体真实面目。

（四）整体真实的困境

在新闻传播实践中，实现整体真实是相当艰难的事情，有许多难以超越的困境。

首先，宏观层面、中观层面的整体真实难以评判。一篇具体的新闻报道，对象是明确的，其真实与否，只要以具体的新闻事实为标准，就可以进行检验。而整体真实的对象，在宏观上是明确的，但却又是比较模糊的，真实与否，原则上说，要用目标报道领域的整体实际情况作为检验的标准，这在实践上谈何容易。人们对宏观层面、中观层面的整体真实的评判，主要来自一种感觉，来自一种印象，来自一种信念，而这些感觉、印象、信念根源于人们对大量具体报道的不断感受。如果一家新闻媒体的具体报道是真实的，并且注意到了不同性质、不同类型新闻事实之间的平衡关系，即不只是单纯报道目标报道领域的某一类事实，没有在人们心目中造成只“报喜”不“报忧”，或只“报忧”不“报喜”的印象，那么，通过日积月累的收受效应渗透方式，人们就会“相信”这家媒体关于目标报道领域的新闻报道，在总体上是真实的。

其次，整体真实是新闻媒体难以把握、实现的一种真实。一般来说，整体真实要求新闻媒介在一定时间段内对一定范围的社会情况有一个近乎全面的反映。在实践中，即使坚持整体新闻真实观，实现整体真实也是比较艰难的。目标报道领域的整体情况，是在一定的时间中展开的，是动态的、未知的，难以预料和把控。

最后，整体真实在客观上往往是新闻报道的一种整体效应。一家或几家媒体难以实现宏观、中观领域的整体真实，不同媒体的声音才能实现全面的真实，全面的真实是多种声音的真实。单一性质、单一类型的新闻媒体，即使数量再多，也很难甚至不能反映现实世界的完整面目。

二、新闻真实的“本质观”

（一）关于“本质真实”的争论

新闻报道的本质真实是指新闻报道既要符合事物的表象，又要能够揭示出事物的内在规律。1948 年 11 月 8 日，华北《人民日报》编辑部在一篇题为《对〈全区人民团结斗争，战胜各种自然灾害〉报道的检讨》中说，应该克服宣传工作中的客观主义倾向，因为客观主义罗列一大堆各不相属的现象，不能透过现象的表面而找到本质的联系，缺乏积极的能力的力量。[①] 1953 年第 20 期《新闻业务》刊载的《抓住特点，具体地说明特点》一文写道：“片面的偶然的现象不是真实的，只有事物的本质才是真实的。”[②]这样，我们就获得了本质真实的基本观点。从 1980 年开始，中国新闻界就“本质真实”展开讨论，一种观点认为，新闻报道的“本质真实”是无产阶级的特色，不揭示事物本质的新闻是不真实的新闻；另一种观点认为，“本质真实”的提法不妥，新闻报道应该有助于人们不断深化对事物本质的认识，但是对事物本质的认识需要时间和各种其他成本，新闻报道承担不起。

（二）新闻“本质真实”的含义

反映、报道世界最新变动状况的新闻活动，本质上属于认识活动。新闻认识活动形成的新闻报道，是传播主体对自己认识结果的一种记述或再现。新闻真实指的就是这种“记述”“再现”是否符合事实本身。本质真实，就是要求新闻报道尽可能把事物的内在联系提示出来，而不只是停留在现象层面。

任何事物都是现象与本质的统一体，因此，从认识论角度看，关于事物的认识结果必然存在着现象真实与本质真实的层次问题，新闻认识当然不

---

① 参见《对〈全区人民团结斗争，战胜各种自然灾害〉报道的检讨》，华北《人民日报》1948 年 11 月 8 日。

② 转引自王蔚：《新闻真实观探究：一种历史与实践的视角》，中国广播电视出版社 2014 年版，第 179 页。

能例外。在新闻真实论中，主要运用“现象真实”与“本质真实”这对范畴来反映新闻真实的层次性问题。

现象真实分为真相真实和假象真实，真相真实是指新闻真实地反映、报道了新闻事实的真实现象，由于真相是对事实本质的直接反映，即真相与本质之间具有同一性，因而真相真实也可以说就是本质真实；假象真实，是指新闻真实反映、报道了新闻事实的假象，假象不能直接反映事实的本质，而是以扭曲的方式反映事实的本质，因而假象真实和本质真实是对立的，通常的新闻失实现象，更多地发生在假象真实范围内。[①]

（三）本质真实和现象真实的关系

事物是现象与本质的统一体，离开现象的本质与离开本质的现象都是不存在的。如果现象是真相，本质与现象具有直接的统一，达到现象真实也就达到了本质真实；如果现象是假象，本质与现象就不能直接统一，现象只能曲折反映事物的本质，这种曲折容易使人们只见现象，不见本质，把假象当真相、当本质。

本质真实是一种更高的要求。它要求新闻报道要反映出新闻事实的真相。现象真实，只要反映出新闻事实的现象就行了，至于是真相还是假象，留给受众自己判断，这样，就等于在理论原则上给虚假失实新闻留下了空子，甚至可以说给一些新闻传播者不负责任的报道留下了论理的根据。显然，这样的新闻真实观是难以令人信任的。本质真实不允许停留在现象层面，它要求必须揭示真相，因而也对新闻报道者提出了更高的要求，它从理论原则上没有给虚假、失实留下余地。

三、新闻真实的“进程观”

江泽民提出，新闻报道“不仅要做到所报道的单个事情的真实、准确，尤其要注意和善于从总体上本质上以及发展趋势上去把握事物的真实性”[②]。新闻对事实的呈现不是一蹴而就的，而是要在事物发展的总体趋势上实现事件真实，通过“报刊的有机运动”这一动态发展过程来实现新闻真实的自我修正。马克思认为，新闻真实的展现过程是一种有机的报纸运动：“只要

① 参见杨保军：《简论新闻的真相真实与假象真实》，《国际新闻界》2005年第6期。

② 中共中央宣传部新闻局编：《中国共产党新闻工作文献选编（1938～1989）》，人民出版社1990年版，第193页。

报刊有机地运动着，全部事实就会完整地被揭示出来。最初，这个完整的事实只是以同时发展着的各种观点的形式出现在我们的面前，这些观点有时有意地，有时无意地揭示出现象的某一方面。但是归根到底，报纸的这种工作只是为它的一个工作人员准备材料，让他把材料组成一个统一的整体。报纸就是这样通过分工——不是由某一个人做全部工作，而是由这个人数众多的团体中的每一个成员担负一件不大的工作——一步一步地弄清全部事实的。”①

新闻真实是一个以接近真相为目标的动态持续过程。具体来说，对于一些复杂事实的报道，其真实性只能在过程中实现，真相只能通过展示过程的方式一步一步揭露。这既是由客观事实自身的演变过程决定的，也是由认识活动的客观规律决定的，任何媒体、任何记者都不可能超越。因此，在动态的、进行式的新闻报道中，由于一些事实的事项、细节等可能还没有完全显露出来，新闻只能报道呈现出来部分事实，这样，与一定事实的整体面貌相比，就难免出现一些不准确信息。在连续性的报道过程中，后续报道应该随时修正先前报道中包含的错误。马克思本人的新闻实践活动中，就有这样的先例。1848 年 7 月，马克思主办的《新莱茵报》收到寄自巴黎的两篇通讯，都说有证据表明俄国革命家米·巴枯宁其实是沙皇政府间谍。这两篇通讯一篇来自哈瓦斯通讯社，另一篇来自报社派驻巴黎的通讯员艾韦贝克。马克思与巴枯宁是朋友，但他还是发表了艾韦贝克的报道。几天后，巴枯宁在报纸上发表了两个文件澄清事实，并声明这是沙皇俄国大使馆故意散布的谣言。《新莱茵报》又立即转载了巴枯宁的这两个文件。后来，《新莱茵报》发表了编辑部如何处理此事的原因：“我们所以报道了这件事，是因为两位完全没有联系的通讯员同时向我们送来了这个消息。我们这样做只不过是尽一个公众报刊的义务，一个公众报刊对社会活动家是应该表现出高度警觉的。在这同时，我们也给了巴枯宁先生机会，让他来消除某些巴黎人士对他提出的怀疑。”②在后续报道中对已知的事实错误进行公开纠正和内容补充，都是在“有机运动”过程中逐步呈现事实真相的重要方式。正如马克思所说：“如同生活本身一样，报刊总是常变常新……今天它所报道的事实或所发表的见解中的错误之处，明天它自己就会推翻。”③

---

① 《马克思恩格斯全集》第 1 卷，人民出版社 1956 年版，第 211 页。

② 《马克思恩格斯全集》第 9 卷，人民出版社 1961 年版，第 322 页。

③ 《马克思恩格斯全集》第 1 卷，人民出版社 1995 年版，第 352 页。

第三节　践行新闻真实的原则与方法

避免“虚假新闻”，保证新闻的真实性是新闻工作者的职责所在，新闻工作者一定要以身作则，保证新闻的真实性；作为受众，也要提高自己的媒介素养，提高自己辨别是非的能力，不要以讹传讹。

一、拒绝新闻偏见

新闻偏见，指的是在新闻报道中违反真实性的歪曲报道，它不仅违背了新闻真实、客观、全面、公正的原则，而且形成的新闻失实和虚假报道还会造成导向错误。

（一）对于媒体（人）而言

第一，坚持客观的原则。这要求报道者以公正超然的姿态面对新闻事实，摒弃个人成见与主观偏好，让事件原貌客观呈现。新闻不是个人见解的传声筒，若掺杂主观倾向，不仅会扭曲事实，更会损害公众知情权。唯有坚守客观，才能赢得受众信任，履行好媒体守望社会的职责。

第二，坚持公正的原则。作为社会公器的新闻媒体、作为守望环境的新闻传播主体，拒绝向任何权力和金钱做出不正当的倾斜。媒体（人）要严格区分职务行为和商业行为，秉承客观公正的理念，站在社会整体利益的立场，不借报道为私人利益服务，在经济效益和社会效益之间寻找一个最佳的平衡点；在社会效益与经济效益发生冲突时，应将社会效益放在首位，将职业归属感和职业责任感始终贯穿于报道创作之中，体现作为媒体（人）的操守。传播主体在再现新闻事实时，必须以“平等”的态度与方式对待新闻事实的“当事者”各方。

第三，避免“先入为主”，加强对弱势群体的关注，保证新闻的真实性。对于不同的阶层和群体，媒体从业人员应该通过与其不断地接触与了解，真正深入到他们的生活中去。对于不同国家与地区的记者，可以通过交流和沟通，消除偏见。例如，国内新闻媒体记者可以与国际上的媒体记者构建一个沟通的平台，逐渐对国外媒体进行开放，使国外媒体能够真实地了解中国的历史和文化，全面了解中国的现在和将来，为中国的社会主义现代化建设创造一个良好的外部环境。

第四，为了给受众提供公正、客观的新闻报道，媒体（人）需要对与自身认知不同的世界观、价值观抱有理解宽容的态度，辩证地深入了解、理解新闻事实，对自己的报道负责。媒体（人）还需要有不断探索的思维方式，形成思想上的谦逊客观，对于事件观点持开放态度，并愿意接受对自身思维的质疑。消除“偏见”，不是亦步亦趋、战战兢兢，成为简单的“驯服工具”和“传声筒”，而是应当从不同的角度看待问题，吸收不同角度的观点，认识到每个角度中存在的偏颇，并将所有的观点综合成一个更为全面的整体，从而尽可能地接近和达到客观真实。

（二）对于社会和公众而言

媒体偏见并不是最可怕的，可怕的是这种“偏见”被社会和公众认作“正见”，公众会因此放弃独立思考而选择服从。在媒体充当“耳目喉舌”，大力发挥主观创造性和能动性的同时，社会和公众不能一味接受，而应该提高面对媒体各种信息时的选择能力、理解能力、质疑能力、评估能力、创造和生产能力以及思辨的反应能力，充分知晓客观事实，对其进行独立思考，不被错误的言论、偏见所误导，如此才能形成民主的、理性的、健康的社会。

二、深入新闻现场

《纽约时报》的记者尼尔·迈克尼尔说过：“人家说什么就信什么的记者迟早要出岔子。”[①]一名合格的新闻工作者从不靠道听途说、捕风捉影、主观臆测来闭门造车、编造新闻，而是通过深入新闻现场考证事件细节，揭示事件本质，维护新闻真实。

（一）深入新闻现场的意义

首先，深入新闻现场可以帮助记者获得第一手资料，保证新闻报道的真实性。俗话说，百闻不如一见。新闻不同于文学作品，不能依赖想象凭空杜撰，新闻事实必须来源于生活，来源于实际。深入新闻现场的目的在于搜集新闻素材，了解事件的来龙去脉，挖掘事实真相，为新闻报道创造必要的条件。有少数记者工作作风飘浮，态度懒散，怕吃苦，夏天怕热，冬天怕冷，习惯坐在办公室里依靠电话和互联网进行采访，获取的大多是第二手资料。

① 转引自薛中军：《新闻采写研究》，上海交通大学出版社 2009 年版，第 227 页。

殊不知，第二手资料的可靠性是难以保证的，采写出来的新闻能否经得起检验，记者的心里往往是没有谱的。实际上，一些被揭露出来的假新闻是这样“生产”出来的，要么是记者道听途说的结果，要么是记者主观臆测的结果。

其次，深入新闻现场可以为媒体开展批评报道、从事新闻舆论监督工作提供有效证据和铁的事实。众所周知，新闻媒体开展批评报道是其发挥舆论监督功能的具体表现，是否敢于和善于开展批评报道是新闻媒体战斗力强弱的一个标志。深入实际掌握大量第一手的材料作为有效的证据，就能为正确地开展批评提供可靠的“抓手”。现场目击和直接观察采访得到的素材，可以使批评报道有根有据、减少误差、富有战斗力。依靠现场观察和采访写成的批评报道，往往会使被批评的对象无可辩驳、哑口无言、口服心服。

（二）如何做到深入新闻现场

首先，要第一时间赶到。在获得新闻线索后，必须立即动身，第一时间赶到新闻现场，以最快的速度完成新闻写作、编辑、发布任务。

其次，要亲自、直接采访新闻人物。对于要采访的新闻人物与新闻对象，必须亲自采访，绝对不可以道听途说，也不可以通过一些书面材料获取信息或者听他人转述。要保证报道真实、立论有据，保证报道的权威性和代表性。

最后，要如实报道事件的原因。对新闻事件的原因，一定要亲自调查，如实报道，既不要隐瞒事实真相，也不要添油加醋或轻描淡写，有一说一，有二说二，是就是，非就非，做到客观公正、真实透明。

三、树立科学思维

正确把握新闻的真实性，关键在于以马克思主义的立场、观点和方法，对新闻事实进行调查研究和科学的分析选择，保证新闻的真实性，坚持正确的舆论导向。

（一）坚持事实第一的新闻理念

事实是新闻的本源，事实在先，新闻在后。记者在采写新闻报道时必须以事实为依据，从事实出发，坚持事实第一的原则，坚持客观立场，不带任何“先入为主”的观念进行深入的采访。

（二）要透过现象看本质

新闻报道者在报道事实的过程中，要多一份警惕，多一份深入，在看到现象时，能够继续追问事实现象背后的内在联系。比如，只报道一个单位彩旗飘飘、机声隆隆、报表数字诱人的事实，而不去看其背后真实的生产情况，不去了解左右生产的内在要素的相互关系及其发展趋势，是很难写出真实的新闻的，即使真实，也有可能只是现象的真实，人们通过这样的新闻，只能得出不符合实际的结论。

（三）用"整体真实"的真实观念指导常态的新闻报道活动

新闻媒体、新闻从业人员，不能就事论事，以片面的、孤立的、绝对的眼光观察事实、报道事实，而应该把一定的新闻事实置于一定的环境中进行观察，发现它的来龙去脉、前因后果、左右关系，这样才能更加真实、准确地反映和报道新闻事实。美国杰出教育家、哥伦比亚大学新闻学院研究生院名誉教授梅尔文·门彻指出："在任何时候，记者总是要尽最大努力向社会公众提供关于新闻事实的完整的、准确的报道，如果记者观察的很清楚，并且是从整体上来看待问题，那么，他们正在向准确且生动地报道新闻的方向前进。"①

（四）进行科学的社会阶级分析

真正的新闻真实性，从来不是简单的事实罗列，而是建立在对事物本质属性的深刻洞察之上。如果新闻舆论脱离科学的分析框架，便很容易迷失在多元信息的迷雾中，难以触及事件的核心矛盾，更不可能反映事物的真正性质。尤其报道重大社会事件时，新闻媒介要进行科学的社会阶级分析，才能精准把握社会多数成员与广大人民群众的真实态度，真正践行"为人民说真话"的使命。这种基于阶级视角的科学研判，既是媒介洞察社会肌理的关键方法，也是确保舆论导向贴合民众心声、反映客观实际的重要前提。

---

① 转引自杨保军：《新闻整体真实的含义、特征与困境》，《湖南大众传媒职业技术学院学报》2005年第6期。

思考题

1.简述新闻整体真实、本质真实的内涵。

2.在新闻实践中,怎样保证新闻真实?

3.在新媒体环境中,对新闻真实提出了怎样的挑战?

第十章　新闻伦理与职业使命

——马克思主义新闻观的“十大关系”之七

新闻伦理同其他形式的社会道德一样，是人类信息传播行为的基本行为规范，是在一定历史时期和一定社会条件下逐渐形成并且不断丰富完善的。新闻伦理与记者的责任感、使命感是紧密相联的。有着强烈的责任感、使命感的记者，其职业道德必定是高尚的。

第一节　新闻伦理的演变

新闻传播活动是一项社会性的行为，记者在采访、写作、编辑和刊发新闻的过程中，一定会与他人或者社会产生关系，因此新闻活动必然要受到社会的行为准则和行为规范的制约。新闻伦理就是指新闻机构的从业人员在长期的职业实践中调整其与社会组织、社会公众以及组织内部相互关系的行为规范。

一、新闻伦理的起源与发展

人类的信息交流活动从诞生之日起，就与他人、与社会产生联系，因此新闻传播者的行为和活动也就打上了深刻的道德烙印。由于人类早期的新闻传播活动与人的生死存亡相联系，虚假的信息会给自己和他人带来严重的后果。因此，早期的新闻伦理规范，一个基本要求就是传播者传递的信息要真实。

到了近代，在威尼斯首先诞生了专门从事新闻行业的人，人类的新闻传播活动也进入职业化阶段。尤其当报纸与其他社会生产部门分离，有了固定的办报机构和发行组织，报社成为一个独立的生产单位后，新闻从业人员也就逐渐形成了用以规范本行业的职业道德体系。

新兴的资产阶级在政治上要求废除封建专制制度、建立自由平等的共和国；在经济上要求废除一切垄断和限制，展开自由竞争；在思想意识上，则要求尊重信仰自由、言论自由和出版自由。正是在这一自由主义蓬勃兴起的氛围下，形成了报刊的自由主义理论。19 世纪后半叶，自由主义认为，报纸的自由是绝对的自由，不需要承担任何的义务。这就造成报刊为了获得利润，完全沦为纯营利性的商业机构，暴力、黄色新闻泛滥。为了迎合读者猎奇的需求，大量报道关于社会底层的犯罪、凶杀、性行为、丑闻等信息，引起了社会上有识之士的强烈不满和有力批评，于是从 19 世纪上半叶开始，具有自律性质的新闻伦理道德的思想开始萌芽。早期的新闻自律的观念，起源于报人的社会责任感。这种观念的萌芽，最早出现于一些有识见的报业主为其报馆制定的办报宗旨、方针与守则之中。1841 年，美国报人霍拉斯·格里利创办《纽约论坛报》，在该报的创刊广告中宣称："它将努力维护人民的利益和促进他们道德的、社会的和政治的权益。它将摒弃许多著名便士报上的不道德的、下流的警察局新闻、广告和一些其他材料。我们将尽心尽力地把报纸办成赢得善良的、有教养的人们嘉许的、受欢迎的家庭常客。"[①]1855 年，英国报人斯莱创办《每日电讯信使报》，在其创刊号上发表的社论宣布，其办报宗旨是"将该报办成一张价格低廉而质量优良的日报，保卫国家，提高道德并促进民主福利"。

1868 年，美国报人达纳接办《纽约太阳报》，为该报馆制定了 13 条规约，其中包括新闻与广告分开、不得用谩骂讥笑的文字发表言论、未经采访对象许可不得发表有关该采访对象的报道、转载各种材料必须注明材料来源等规定。1874 年，瑞典宣传家俱乐部成立。这一由各报社社长、主笔或主编组成的俱乐部的主要活动，是从新闻道德和新闻业务两个方面建立报业的职业标准，"定期检查各报业机构对职业标准的执行情况，防止报业内部腐化滥用新闻自由，避免报业因之受到外部攻击，以便维护新闻业的尊严，使之恪守其责任"[②]。1908 年，著名美国新闻学者沃尔特·威廉斯创办密苏里大学新闻学院并出任首任院长后，于 1911 年主持制定了《新闻工作者守则》，其中指出，新闻为神圣的专门职业，报刊从业人员应为公众服务，不得受私

① 转引自黄瑚：《新闻法规与新闻职业道德》，四川人民出版社 2005 年版，第 245 页。
② 张咏华等：《新闻传媒业的他律与自律》，上海外语教育出版社 2007 年版，第 209 页。

利驱使；广告、新闻与评论，均应为读者的最高利益服务；正确与公平乃良好的新闻事业之基础，新闻业应坚持独立；新闻工作者应如实报道新闻，避免受偏见的影响；除非为了社会公益，否则没有理由禁止刊载任何新闻。1922年，美国报纸编辑协会通过《新闻准则》，其主要内容涵盖7点，即责任(responsibility)，新闻自由(freedom of the press)，独立性(independence)，真诚、真实、准确(sincerity，truthfulness，accuracy)，公正不偏(impartiality)，公平从事(fair play)，庄重(decency)。1923年，该协会又制定《新闻规约》，这是西方第一个由新闻同业制定的自律规约。[①] 此外还有美国记者公会1934年通过的《新闻工作者道德律》，它要求新闻工作者遵守“正确”和“公正”这两项原则。

早期的新闻职业道德建设，思想比较简单，仅仅认为报业应该自我约束，承担社会责任，并未被从业人员普遍接受。因此，从早期简单的新闻自律观点和社会责任观点出发的新闻自律实践成效不大。新闻实践过程中涉及一系列关系——政府、大众传媒、公众之间的关系，大众传媒的商业利益和社会责任之间的关系，公众个人利益、社会公益、传媒的组织利益之间的关系，等等。联系紧密，又矛盾重重，都需要找到一个协调的平衡点，这就需要一个坚实的理论基础。然而，传统的放任自流的自由主义理论根深蒂固，一时难以突破。直到第二次世界大战后，随着社会责任论的提出，这种僵化的局面才被打破。

1946年，《时代》周刊出资成立了哈钦斯委员会。一年后，该委员会发表了著名的哈钦斯报告——《一个自由和负责的新闻界》。这份报告根据当时报业存在的种种问题，尖锐地批评新闻媒介无限制的追求利润造成了新闻自由的危机。社会责任论认为，自由是伴随着义务的，报刊要为社会负责，要为公众提供详实全面的事实，政府要有限制地管理新闻媒介。

在此以后，尽管有种种的争论和反对意见，社会责任论的影响力依然在不断扩大。1956年出版的施拉姆等人的《报刊的四种理论》标志着自由主义理论的破产，以及社会责任论的成熟和定型。从此以后，社会责任论成为西方新闻界具有权威性的基础理论，并为新闻职业道德建设提供了坚实的理论依据。西方各国纷纷建立新闻评议制度，成立报业评议会或者类似的新闻职业道德监督机构。与此同时，各个国家纷纷建立新闻职业道德规范，截

---

① 参见郎劲松、初广志编著：《传媒伦理学导论》，浙江大学出版社2007年版，第107页。

至 1990 年，世界上大约有 70 多个国家和地区制定了新闻工作者的职业道德准则。

马克思是一位出色的新闻记者，他十分重视新闻工作者的职业道德。早在 1842 年，马克思在《〈莱比锡总汇报〉在普鲁士邦境内的查封》中便勉励《莱比锡总汇报》等一些进步报刊，尽管被书报检查制度查禁，报纸也应当“完成自己的使命”，“成为现代荆棘丛中一棵道德精神的玫瑰”①。马克思在这里提倡的报刊的“道德精神”，就是指报刊应当坚持媒介的职业道德。面对恶势力的威胁，马克思坚持报刊应当绝不屈服、坚持宣传真理。他在《致阿·卢格》的信中说：“我讨厌这种缩手缩脚而不是大刀阔斧的做法。伪善、愚昧、赤裸裸的专横及我们的曲意逢迎、委曲求全、忍气吞声、谨小慎微使我感到厌倦。”②

马克思认为，代表和维护人民的利益，是新闻传播伦理规范的核心。他说，人民的报刊应当是“人民用来观察自己的一面精神上的镜子”③，应当成为“热情维护自己自由的人民精神的千呼万唤的喉舌”，“真诚地同情人民的一切希望与忧患、热爱与憎恨、欢乐与痛苦。它把它在希望与忧患之中倾听来的东西公开地报道出来”④。坚守报刊的职责和使命，揭露社会的不平等，代表和维护人民的利益，成为人民的喉舌，对于我们的新闻工作来说，具有原则性的指导意义。

二、新闻伦理的基本问题

伦理和道德在词源意义上基本相通，都与人们应当如何对行为进行规范有关，其外化形式即是风俗、习惯、生活方式、品德、品行。在中国语境下，伦理和道德往往是整体和部分的关系，伦理是整体，道德是部分。伦理是一套基本的评判原则，道德则指向实践。在哲学层面上，伦理学就是道德哲学或者道德学，新闻伦理研究的核心问题就是新闻活动中的道德关系问题、道德规范问题和活动者的道德品性问题。具体来说，包括以下五个方面。

---

① 《马克思恩格斯全集》第 1 卷，人民出版社 1995 年版，第 353 页。
② 《马克思恩格斯全集》第 47 卷，人民出版社 2004 年版，第 49 页。
③ 《马克思恩格斯全集》第 1 卷，人民出版社 1995 年版，第 179 页。
④ 《马克思恩格斯全集》第 1 卷，人民出版社 1995 年版，第 352 页。

（一）真相与人性

挖掘事实、报道真相是新闻媒体的社会责任，尊重生命、尊重死者、助人救人是人性中的闪光点，在特殊时刻，比如新闻记者遇到灾难，是坚持新闻专业精神抓紧报道，还是放下记者的报道工作，实施人道救援，永远是一个两难之境。这种现象的本质是“作为记者”的职业道德和“作为人类一分子”的公共道德出现矛盾，此时，新闻工作者应该如何解决？

【案例】

十几年前，南非“自由记者”凯文·卡特以一张《饥饿的苏丹》获得1994年普利策新闻摄影奖。照片上是一个苏丹的小女孩，正在前往救济中心的路上，但是她饿得皮包骨头，再也走不动了。一只秃鹰在女孩后面不远处，虎视眈眈地等候猎食。这张照片在《纽约时报》发表后，举世震惊，成为非洲儿童苦难的一个典型案例，卡特也因此获得了普利策特写性新闻摄影奖。但是，有人认为凯文·卡特当时应当放下摄影机，去帮助小女孩，称他见死不救，恰如是又一只秃鹰；而有的人认为他是新闻记者，在践行记者的专业主义精神。凯文·卡特说，他等待了20分钟左右，期待秃鹰振翅飞离，它没有飞走，他拍下了这个令人难以释怀的场面，然后将秃鹰撵走。当他面对这个镜头时，他的内心也充满了矛盾和痛苦。他说：“当把镜头对准这一切时，我心里在说，上帝啊！可我必须先工作。如果我不能照常工作的话，我就不该来这里。”最后，凯文·卡特因为陷入道德困境，走上了不归路。

卡特面临的就是记者职业道德和人的社会道德之间的困境。面对这个问题，首先，我们需要明确，新闻摄影记者拍摄照片的根本目的与价值取向是什么。在按下快门的一瞬间，新闻摄影记者是出于一种职业本能。但他们应该意识到，自己拍摄照片是为了推动社会的进步，而不是为了谋求一己私利。从这个意义上来说，凯文·卡特仍是一个具有较高社会公德的新闻摄影记者。其次，当发生灾难和意外情况时，新闻摄影记者应当视受害者所处状况的危急程度来进行选择。当被拍摄者身边无人救助、生命垂危时，显然应当毫不犹豫地采取救助措施。因为新闻摄影记者首先也是一个普通的人，如果对眼前急需救助的受害者都无动于衷，那么人们很难会认为他会具有高尚的品德。

（二）知情权与隐私权

媒体对各方面的信息广而告之，从根本上讲是为了满足受众的知情权。

知情权，又叫作知晓权、了解权，是美国一位名叫肯特·库珀的编辑提出的。知情权的概念有广义与狭义之分，广义的知情权是公民的法定权利，是指寻求、知悉、传播信息的自由与权利，包括从官方或非官方知悉、获取相关信息。狭义的知情权主要是指公民获取政务信息的权利。知情权是公民基本的政治权利，没有公民的知情权作为基础，民主政治就是无源之水、无本之木。同时，知情权也为大众传媒的言论自由建立了理论基础。

隐私权是现代公民人格权利中最基本、最重要的一种人格权利，是一种"不被干扰的权利"，它是指自然人享有的私人生活安宁与私人信息秘密依法受到保护，不被他人非法侵扰、知悉、收集、利用和公开的一种人格权。并且，权利主体对他人在何种程度上可以介入自己的私生活，对于自己的隐私是否向他人公开以及公开的人群范围和程度等具有决定权。隐私权作为一项公民的法律权利被提出，是在法律层面上对大众传媒言论自由的一种限制。

在众多的传媒实践中，隐私权和知情权时常会发生冲突。司法实践中，这个"二难命题"始终存在。一方面，我们需要在法学层面对二者进行认知和探讨；另一方面，仅仅从法学层面努力去解决这个"二难命题"，并不是一条十分有效的路径。解决这个问题的关键在于，我们在传媒活动及其相应的司法实践中所选择的标准是什么，与其说这是一种法律的选择，毋宁说是一种道德选择，因为这个问题不仅仅是一个法律问题，更是一个道德问题。[①]

当新闻涉及公共利益，又涉及当事人隐私时，该如何平衡？隐性采访是否正当，其边界该如何划定？受害者、未成年人等弱势群体的信息是否该被呈现？总体上看，在处理知情权与隐私权的关系上，我国学者提出了这样三项应该遵循的原则：一是社会政治及公共利益原则；二是权利协调原则；三是人格尊严原则。[②] 比较具有代表性的一种观点认为，对于公众人物以及卷入公共事件的人物的隐私，应采取公众利益和国民利益至上的原则；对于普通人的隐私，应该采取人格权至上的原则；处理日常的传播权与隐私权的冲突时，采取"实际的恶意"原则来判断对隐私的侵犯是否成立。[③]

---

① 参见中国社会科学院应用伦理研究中心主编：《中国应用伦理学》，宁夏人民出版社 2006 年版，第 77 页。

② 参见中国社会科学院应用伦理研究中心主编：《中国应用伦理学》，宁夏人民出版社 2006 年版，第 79 页。

③ 单波、陈亦琳：《隐私权与知晓权：冲突及平衡》，《武汉大学学报》（人文科学版）2004 年第 2 期。

【案例】

1991 年 4 月，29 岁的帕特丽夏·鲍曼控告 30 岁的威廉·肯尼迪·史密斯于当年 3 月 29 日在迈阿密的棕榈滩强奸了她。由于史密斯是前总统约翰·肯尼迪和参议员泰德·肯尼迪的外甥，而且当时全国正在辩论“约会强奸”问题，媒体对此案的关注极高。全国广播公司新闻总裁迈克尔·加德纳决定公布原告姓名，为此他给出了 4 点理由：(1)我们的行业是散播新闻，而不是隐瞒它；(2)编辑决策应当由制片人、主编和新闻主管做出，而不是法庭、立法机构、新闻发布室或与新闻有涉的人做出；(3)不公开强奸受害者就会成为沉默的共谋者，它强化了被强奸羞愧难当的观点，而新闻界的一种告知方式就是消除不正确的印象和刻板成见；(4)史密斯还没有被控有罪，只是一个犯罪嫌疑人，而媒体已经不假思索地将他的名字和名誉扯进了事件，而帕特丽夏·鲍曼呢？我们应公平对待原告和被告。然而，即便那些赞成给出性犯罪原告姓名的主编也承认情况的复杂性，这意味着作为一个原则，应该指出所有原告的姓名，还是有选择地指出其中一些人的姓名？如果是青少年和儿童呢？而且，如果只指出我们选择的那部分人的姓名，那是不是在制造一种比目前情况更可疑的双重标准呢？

(三)消息来源保护与尊重法律权威

上述问题，在过去主要发生在欧美国家的新闻界。欧美新闻界认为，无论记者本人可能遇到什么后果，他们都有责任不泄露消息来源的身份或不让消息来源的身份为人所知。如果不能对消息来源的身份保密，非官方的消息来源可能由于害怕遭到报复而保持缄默。但是，倘若记者只依据官方消息，那么他们就降低到了官方传声筒的地位，新闻自由的概念就与公众知情权的概念南辕北辙了。在美国，如果记者拒绝服从法庭命令、不向原告提供重要信息，那就会面临藐视法庭罪的指控。

【案例】

2005 年 7 月 6 日，由于在法庭调查中不愿透露秘密消息来源，《纽约时报》57 岁的女记者朱迪思·米勒被判监禁。米勒和美国《时代》周刊记者马修·库珀此前被指控拒绝向法院提供相关信息，阻碍了法院对前驻伊拉克大使约瑟夫·威尔逊的夫人瓦莱丽·普莱姆的中央情报局特工身份泄露事件的调查。米勒说，她不想进监狱，但为了保护消息来源，她别无选择。库珀由于得到了秘密消息来源的同意，可以披露其身份，因此他被免责。

（四）媒体自由与公正审判

媒体本着对社会和公众负责的原则，对事件进行调查报道、发表评论，引起公众对事件的关注，并形成主流舆论，这是媒体舆论监督的一种形式，在一定程度上可以监督公权力的运行，但也可能使司法机构受到社会舆论的压力和影响，从而干扰司法公正。

【案例】

萨姆·谢帕德是俄亥俄州克利夫兰的一名外科医生，1954 年 6 月 4 日被指控犯有谋杀罪，杀害了其正怀有身孕的妻子玛丽莲。在此期间，公众从报纸上读到了许多对谢帕德不利的报道，诸如："他拒绝与警方合作，不接受关于谋杀案的调查"；"他聘请了一位知名的刑事辩护律师，这表明他显然是有罪的"；"他和许多女性存在婚外情"；等等。甚至有一家报纸的报道称："检控方将请一位'重量级'的证人出庭证实谢帕德的火爆脾气。"然而，这一证据并未在庭审过程中出示。媒体还非常强势地介入了整个庭审过程，甚至在法庭前排邻近陪审团席位的地方设置了专门的媒体席。《克利夫兰新闻报》曾经有这样的标题：《萨姆·谢帕德为什么不在看守所里？》

谢帕德的律师提出延期审理、改变审判地点、已进行的审理过程无效等请求，但是均被驳回。陪审团并未被隔离，法官也没有采取措施限制他们与外界的接触。最终，地方法院一审判决谢帕德谋杀罪成立。谢帕德以审判过程被严重干扰为由上诉至联邦最高法院，但被最高法院驳回。当事人双方都同意这样的观点：防止"由报纸做出审判"的责任在于法官、检察官和警察，而不在于新闻界自身。最高法院赞同了这一观点。

在谢帕德被关押了 10 年以上之后，美国最高法院于 1966 年对该案进行了重新检视，认为由于媒体在审前渲染案情，严重误导陪审团判断，谢帕德在一审中没有得到公正审判，要求释放谢帕德直至该案件重新审理。州法院于是对该案进行了重新审理，第二次审理时，媒体的报道活动受到了严格的限制。经过 16 天的审理，谢帕德被判无罪，从狱中获释。

（五）经济利益与社会责任

近年来，以文化实力为核心的软实力成为一国整体实力的重要组成部分，媒体在文化强国战略的实施和国家软实力的提升中承担着重要的使命和责任。但是 1992 年，我国新闻传媒领域确立了新闻事业的双重属性，新闻传媒既属于上层建筑，又属于信息产业，并据此确立了“事业性质，企业管理”的经营管理体制。新闻传媒业进入市场，在市场竞争机制的推动下，通过经营实现自身的发展壮大。当下，新闻传媒业迅猛发展，成为不容忽视的经济力量。在市场竞争的压力下，部分媒体片面追求眼球效应和经济利益，无视法律法规和职业操守，出现了有偿新闻、低俗之风、新闻炒作、过度娱乐、媒介寻租和媒体腐败、舆论导向错误等不良现象，媒体社会责任缺失，伤害了公众的利益，同时也伤害媒体自身积累的公信力。

胡锦涛在 2009 年 10 月出席世界媒体峰会开幕式发表讲话时，特别提到“媒体的社会责任”。习近平主席在“2·19”讲话中特别强调，“要增强政治家办报意识，在围绕中心、服务大局中找准坐标定位，牢记社会责任，不断解决好‘为了谁、依靠谁、我是谁’这个根本问题”。对媒体来说，秉持社会责任感比以往任何时候都重要。中国记协自 2014 年开始开展媒体社会责任报告制度的试点工作，这项工作使我国传媒行业在履行社会责任方面具有了可操作性、可落地性的约束力。2019 年发布的《媒体社会责任报告》所实行的媒体社会责任报告体系，从原来沿用的八大责任调整为九大责任。体系中增加了“阵地建设责任”，要求媒体披露融合采编平台建设、融媒体矩阵、融媒体报道状况，将“正确引导责任”调整为“政治责任”，在责任视点上增加了舆论监督和对外传播。媒体自觉履行自身的社会责任，提高行业自律，增强媒体履行社会责任的意识，优化媒体履行社会责任的方式，有利于媒体的自我革新，也更能彰显媒体独特的社会功能。

事实上，媒体的经济利益与社会责任并非截然对立，而是互为前提、相互依存的。媒体通过承担社会责任，可以赢得组织认同和社会声誉，也可以更好地体现自己的品牌文化和品牌价值，可以为自身发展营造更好的社会环境，使媒体可以长期持续地发展，保持长久的生命力。

三、新闻伦理的中西异同

新闻伦理主要是通过新闻自律表现出来的，自律是新闻伦理中的核心和关键问题。通过考察中西方新闻业，我们可以看出，新闻自律都强调新闻自由应伴随着媒体对社会责任的承担，强调媒体权利与社会责任的统一。从内容上看，各国新闻自律的规章制度中，尽管有部分条款的表达方式不同，但是传达的职业伦理要求基本一致，如新闻要真实、全面、客观、公平、公正，要抵制有偿新闻等。

从中西方新闻自律的规章制度中具体来说，中西之间的新闻伦理差异体现在以下四个方面。

第一，中西方不同的新闻体制和新闻理念导致了不同的新闻伦理道德。在西方国家，媒体是资本主义私有制的企业，是资本家盈利的工具，媒介之间的争论、揭短成为了新闻自由的表现，因此，媒介被认为是在行政、立法、司法之外的"第四种权力"，记者被称为"无冕之王"。新闻伦理道德主要受到两种理念的指导，早期主要以绝对的自由主义为原则，后期受到了"社会责任论"的修正。社会责任论认为自由和责任是不可分割的，传媒享受自由的同时，必须承担社会责任，言论自由是附有义务的自由权利，媒体在享受传播自由权利的同时，有义务和责任不妨碍他人的自由。这与自由主义理论相比较起来，有了很大的进步，虽然这种进步并不能改变资本主义新闻媒介的根本性质，但是它更加强调了媒体的伦理责任。

与西方国家不同，我国的新闻媒体是党和政府的喉舌、是人民的喉舌，新闻媒体要对党负责、对政府负责、对人民负责，党和人民的利益是一致的，新闻伦理规范是建立在以全心全意为人民服务为核心的马克思主义新闻伦理观的基础之上。《中国新闻工作者职业道德准则》开宗明义地讲道："新闻工作者坚持以马克思列宁主义、毛泽东思想、邓小平理论、'三个代表'重要思想、科学发展观、习近平新时代中国特色社会主义思想为指导，增强'四个意识'，坚定'四个自信'，做到'两个维护'，牢记党的新闻舆论工作职责使命，继承和发扬党的新闻舆论工作优良传统，坚持正确政治方向、舆论导向、新闻志向、工作取向，不断增强脚力、眼力、脑力、笔力，积极传播社会主义核心价值观，自觉遵守国家法律法规，恪守新闻职业道德，自觉承担社会责任，做政治坚定、引领时代、业务精湛、作风优良、党和人民信赖的新闻工作者。"明确表明了我们的新闻理念是以马克思列宁主义、毛泽东思想、邓小平理论、"三个代表"重要思想、科学发展观、习近平新时代中国特色社会主义思想为指导的，与西方的新闻理念有本质的区别，因此，我们的新闻伦理道德也是马克思主义的伦理道德。

第二，马克思主义指导下的新闻业强调新闻报道的阶级性和意识形态性，西方国家则强调价值中立。在阶级社会中，新闻报道所显示的阶级意志和阶级倾向，是新闻的属性之一。无产阶级的新闻机构一般都承认、坚持新闻的阶级性。在新闻工作中，新闻的阶级性主要表现为选择事实，编写新闻，分析、解释事实，制作标题，安排版面，区分新闻稿的主次，等等。1957 年

3月10日，毛泽东在《同新闻出版界代表的谈话》中说："新华社的新闻受不受欢迎？听说你们那里有人提出通讯社的消息有没有阶级性的问题。在阶级消灭之前，不管通讯社或报纸的新闻，都有阶级性。资产阶级所说的'新闻自由'是骗人的，完全客观的报道是没有的。美国的通讯社和报纸，现在也报道一下新中国经济建设的情形，它是想做生意，所以做些姿态出来给人看看，因为经济危机压迫着它。"[①]1957年5月18日，在中南海丰泽园菊香书屋召开的中共中央政治局常委会议上，毛泽东强调："马克思主义新闻学的立足点是新闻有阶级性、党派性。资产阶级新闻学是以资本主义经济为基础。自由竞争，你死我活，无政府状态，是资产阶级新闻界的特点，但它们有一点是共同的，即对资产阶级的阶级利益有害的东西，他们都不发表。"[②]毛泽东讲新闻有阶级性，前提是"在阶级消灭之前"，他说报纸是阶级斗争的工具，前提是"在世界上存在着阶级区分的时期"。按照马克思主义理论，只有到了共产主义社会，世界上才不再有"阶级区分"和"阶级斗争"。西方国家一直宣称自己是价值中立，这使得很多人对西方媒体持有一种"美好的幻觉"，认为它们保持价值中立，可以真实、客观地报道，没有什么政治倾向或政治立场，甚至有人因这样一个听起来非常美好的概念而贬低我国的媒体。价值中立这个概念的确具有很强的迷惑性和欺骗性，需要我们仔细辨别、正本清源。在很多情况下，西方媒体与政治紧密联系，剪不断、理还乱。西方媒体是政治的探照灯、传导线，它把政治资讯传播给公众，还要负责探测公众对政治资讯的反应。西方国家政府和政党对媒体没有进行直接控制，而是通过制定各种管理条例和行政法规、控制新闻发布权和新闻信息源以及笼络新闻界头面人物等手段，对媒体施加影响。有些国家的政府还会直接出面主办新闻媒体，对新闻传播进行直接控制。如"美国之音"广播电台是由美国政府主办的，它始终以阐明美国政府立场、为美国政府的内外政策服务作为自己的工作目标及准则。2001年"9·11"恐怖袭击事件后，该台违规播放了塔利班组织和本·拉登的录像，结果台长被撤职、经费被削减。另外，在政党的竞选过程中，政党们会把大量的竞选资金投入媒体，作为交易，西方媒体则把政党的政治意图通过各种隐蔽的方式传播出去，使受众在潜移默化中受其影响。

第三，中国新闻业坚持以正面报道为主，西方国家更加注重负面新闻。

---

① 《毛泽东论新闻宣传》，新华出版社2000年版，第135页。

② 吴冷西：《忆毛主席：我亲自经历的若干重大历史事件片断》，新华出版社1995年版，第35页。

很多人经常混淆“正面报道”和“报道正面”这两个概念。二者的区别在于，正面报道的框架里面是容许批评存在的，而报道正面在新闻价值取舍中更多考量对新闻报道对象的积极塑造，主观倾向更浓厚。在这个过程中，内迫性因素与外迫性因素起主导作用，而对受众需求性因素的考量就相对少。正面报道在新闻价值判断上更倾向于一种综合考量，其报道忠于报道对象的事实，无论报道对象在当下的具体情况是乐观或是消极的状态，都会真实地展现出来，“正面报道允许存在负面的客观事实陈述，既是作为新闻反映客观现实的必然选择，也是符合新闻真实性的硬性要求。而对不好的消息，如果对消息的报道能够达到正面的作用，也是正面报道”[①]。正面报道是一种报道的手段，即使对矿难、火灾、自然灾害、疫情、刑事案件等负面事件的报道，依然可以采用正面报道，并且这种正面报道的新闻能够为受众搭建一种积极的媒介框架，能够缓解受众的恐惧心理，起到充当一个“减压阀”的作用。比如，2020 年发生了新冠疫情，主流媒体适时地推出正面报道，用感人的画面、动情的文字、温情的声音展现了医护人员、志愿者的默默付出，展现出全国人民团结抗“疫”的决心和战胜疫情的信心。新冠疫情对于政府组织和宣传部门来说是一场严峻的考验，在正面报道的媒体框架下，“加油武汉”“致敬一线医生”“为人民英雄点赞”等声音广泛传播，整个社会环境和舆论环境充满了正能量，使人民群众充满了信心，积极主动支持政府，齐心协力战胜疫情。

西方媒体则侧重于负面新闻的报道。比如，美国报业巨头约瑟夫·普利策曾经说过：“报纸的生命就在于‘暴露’。”[②]西方媒体往往报道“坏新闻”，谁揭露的黑暗面多，谁的发行量就大，谁的收视率就高，通过这种手段争夺受众的注意力。当众多媒体都将诸多负面的消息传播出去的时候，整个媒体报道的基调就变成以负面新闻为主，会使人们更容易受到恐慌、焦虑和消极世界观的影响。另外，并不是所有的负面新闻都会被真实地报道，比如近几年美国发生的“占领华尔街”这样的负面事件，在美国媒体上的报道就有限制。“在西方国家真正起决定性作用的是资本。那些控制着国家经济命脉的大垄断财团，往往会把媒体的所有权和话语权掌握在自己手中。它们

---

① 张斯琦：《正面报道：中国特色新闻实践的制度机理与策略选择》，《现代传播》2020 年第 5 期。

② 转引自靖鸣：《问题新闻的媒介传播技巧》，航空工业出版社 2009 年版，第 77 页。

通过媒体来控制舆论，通过舆论再影响政府，以获得对自己有利的政策。”[1]因此，西方国家的新闻媒体根本无法摆脱资本、政党和政治的干预和影响，其标榜的“完全独立”的媒体是根本不存在的。

第四，西方国家往往成立新闻评议会这样的自律组织，而我国的媒体自律是以法律与行政管理为基础，是以媒体从业者、媒体机构和行业组织为责任主体的多重自律体系。新闻评议会是西方新闻专业主义理念实践的产物。世界许多国家建立了新闻评议会，其中，英国报业投诉委员会（The Press Complain Commission，PCC）是世界上最早的、影响最大的报业自律组织。新闻评议会是一种评价新闻媒介及新闻工作者职业行为的专门性机构，它通常由新闻行业机构组织行业内相关人士组成，有时也会聘请非业界代表，比如专家、学者或资深编辑，受理受众的投诉和对新闻媒介及新闻工作者的职业道德行为进行评议。我国一直非常重视媒体从业人员的职业道德建设，重视媒体从业者的社会责任感与使命感的培养，出台了多份文件规范媒体从业者的行为，如 1991 年发布、1997 年修订的《中国新闻工作者职业道德准则》，2004 年出台的《中国广播电视编辑记者职业道德准则》，等等。同时，行业组织也制定了相当多的职业道德方面的规范，制定各种行为规范与业务准则。2015 年 9 月 15 日，新闻出版广播影视行业 50 家社团联合签署了《新闻出版广播影视从业人员职业道德自律公约》，公约从“十提倡”和“十不为”两方面进行职业道德约束。

第二节　新闻伦理的失范现象

新闻伦理的失范，就是说新闻工作者的行为与新闻工作的道德规则之间出现了错位。新闻传播活动是一种包括社会交往与社会互动的活动，不同主体的交往、互动都需要遵循一定的原则，其中就包括伦理规范。但在各种新闻活动中，新闻伦理规范并没有被很好地遵守，虚假新闻、有偿新闻、新闻敲诈等伦理失范现象时有发生。

一、新闻伦理失范现象分析

第一，报道虚假新闻。马克思曾经指出，报刊的本质是“真实”和“纯

---

① 本书编写组：《普世价值　公民社会　西方新闻观　质疑改革开放和质疑中国特色社会主义辨析》，学习出版社 2017 年版，第 85 页。

洁”。列宁认为:“报纸要向公众全面报道和阐明真相,不浮夸、不武断、不造谣、不作见不得人的私人报道。”[①]真实是世界新闻界应该共同遵守的基本道德准则。虚假新闻希望通过吸引受众眼球来扩大影响,实际上侵害了受众的知情权,破坏了媒体的公信力与权威性,严重的虚假新闻会造成社会的恐慌,影响受众的正常生活。

中国人民大学郑保卫教授曾对虚假新闻的表现形式和共同特征做过深入的分析,他认为虚假新闻主要的表现形式有:政治需要,公开造假;与己不利,隐匿真情;宣传典型,任意拔高;屈从压力,写昧心稿;唯利是图,编造新闻;粗枝大叶,调查不实;道听途说,捕风捉影;知识贫乏,不懂装懂;合理想象,添枝加叶;偷梁换柱,移花接木;等等。[②] 新闻失实的原因可以根据媒体工作者的主观意愿分为两种情况,即非故意失实和故意失实。非故意失实也称为业务性失实,是指记者编辑本身并没有造成失实报道的主观意愿,主要由媒体在采写过程中调查不深入、把关人审核不严格、片面追求时效性造成的失实。故意失实是指媒体或者新闻报道者事先明知报道内容不符合客观事实,具有虚假成分,但却出于种种主客观因素的制约和影响,捏造、篡改新闻事实,有意为之,导致新闻报道失实。随着微博、微信等自媒体的出现,人人都有麦克风,可以发布新闻,虚假新闻的数量逐年上升,反转新闻、虚假新闻在各个平台上不断出现,众多官方媒体盲目追求时效性,被误导转载发布失实新闻,公信力受到破坏。

2013 年 12 月 3 日早上 5 点多,由中国国际广播电台主办的中央重点新闻网站“国际在线”首先发布了一组题为“老外街头扶摔倒大妈遭讹 1800 元”的图片,图中大妈抓住小伙痛苦呻吟,外国小伙一脸无辜地呆站一旁。报道描述,一名东北大妈在经过一名骑车老外旁时突然倒地不起,自称是被老外撞到腿部,受伤无法行走,需要该老外负责。最后,双方在调解下,外国小伙不得不付给东北大妈 1800 元“医药费”。随后,这条新闻在各大媒体广泛传播。当天 12 点 35 分,新京报网发布报道——《目击者:“老外扶摔倒大妈遭讹”与事实不符》,提供了进一步的细节。随后,北京市公安局的官方微博“@平安北京”发布了官方调查结果,证实当事大妈并不是碰瓷,的确是被老外撞倒的,并且还被老外使用中文辱骂,舆论急速逆转。就这个案例来

① 《列宁全集》第 9 卷,人民出版社 1959 年版,第 213 页。

② 参见郑保卫:《新闻职业道德误区之一——虚假新闻——新闻伦理学讲座之五》,《军事记者》2001 年第 7 期。

说，始作俑者无疑是摄影者李先生，他在后来的公开道歉信中说："在此事的报道上，我使用了不严谨且不详实、有倾向性且夸张的描述，导致了一场网络风波，致使李阿姨被冤枉、网友误读、部分媒体误报。虽然我并不是故意炮制新闻以博眼球，但是我给你们带来的伤害，确是实实在在的。"在这个事件中，媒体通过几张照片断章取义，使得舆论一边倒，给照片中的东北大妈造成了很大的压力，在社会上也造成较大的负面影响。摄影者对新闻事件没有深入地调查求证，对事件的性质作出了错误的判断，给新闻的当事人带来非常大的麻烦，也给整个社会带来了负面的影响。

第二，缺乏人文关怀。媒体心态浮躁，急功近利，对弱势群体表现得冷漠、轻视，或者是煽情、猎奇、歧视。虽然现在媒体已经越来越关注弱势群体和边缘人员，如农民工、失业者、流浪人员、残障人群等等，但是在部分媒体的报道中对其表达的关怀仍不充分。在灾难报道方面，某些媒体缺乏人文关怀，持看客心理，以暴露、猎奇、片面的报道吸引受众眼球，花大量笔墨展示灾难过程，或者将报道只停留在灾害事件本身，只求一时的"轰动效应"，忽略了潜在的社会危害，这些都反映出了媒体灾害报道的人文关怀缺失。在"东方之星"沉船事件中，一些新媒体平台发表文章《4 天 3 夜，那些感动我们的瞬间》《感谢你无数次游过那么悲伤的水域》等，在灾难面前不忘煽情，不可避免地引来批评如潮。

第三，报道低俗。2018 年国家网信办联合多个部门开展网络短视频集中整治行动，共封禁违规账号 113 万余个，查删拦截有害短视频 810 万条，处置了"内涵福利社"等 19 个网络短视频应用，依法约谈"快视频"，对其继续大肆传播低俗不良信息，采取暂停更新 15 天和下架处理。记者在选取采编新闻时的主要判断依据是新闻价值，但是在新媒体时代，为了迎合受众，众多新闻媒体会特意寻找发布一些"新""奇""特"的事件，媒体过于放大时新性、趣味性，淡漠重要性和真实性，甚至误导舆论，无视伦理规范。

第四，有偿新闻、新闻寻租、新闻敲诈等现象时有发生。为谋求个人或团体不正当利益，有些新闻从业者将媒体这一"公器"变为"私权"，故意发布、传播或隐匿、扣押某些新闻，甚至对新闻对象进行勒索，造成新闻伦理失范。比如，2002 年 6 月山西省繁峙县义兴寨发生金矿爆炸事故，当地负责人和金矿矿主为了隐瞒真相，给采访事故的一些新闻记者送现金和金元宝，这其中也包括新华社山西分社的记者。比如，21 世纪网通过刊登原创性、以深度见长的负面报道，吸引拟上市或已上市公司自动找上门，或通过公关公司作为中介人，以签订广告合同的形式支付费用，交换删除网站上的相关负面报道，利用媒体的舆论监督权进行权力寻租，既给企业造成了巨大损失，也极大地降低了媒体公信力。

第五，炒作新闻。炒作新闻意味着有意强化事实的某一部分，掩盖某一部分，从而实现最大的传播效力。由于炒作新闻常常以强化新闻的某一要素为手段吸引受众，因此很有可能会破坏新闻的真实客观原则，在新媒体时代，其突出的表现就是“标题党”。“标题党”把新闻内容中最吸引人眼球的部分作为标题的主要组成部分，在经济利益的驱动下，媒体往往选择那些煽情、血腥、低俗的内容诱导受众点击，影响新闻界的正面舆论引导。

第六，过度使用隐性采访。隐性采访之所以会引起争议，不仅仅是因为在采访过程中会侵犯受众的隐私权、名誉权等权利，而在于隐性采访这种采访手段本质上是一种欺骗行为。因此，在很多国家，这种手段的使用受到很多的制约，传媒如果使用，需要经过传媒内部严格的批准程序，以便接受社会的质询。中国中央电视台《新闻调查》栏目就此给自己确定的信条是：无论如何，秘密调查都是一种欺骗。新闻不是欺骗的通行证，我们不能以目的正当为由而不择手段。秘密调查不能用作一种常规的做法，也不能仅是为了增添报道的戏剧性而使用。

采用隐性采访手段时，记者时常会处于这样的困惑。记者出于公共利益的目的，以隐性采访的手段对某种非法或者非道德的行为进行曝光，但是，隐性采访本身是一种非道德的行为，目的的正义性是否可以解释手段的非正义性？在面对这样一个两难的道德判断时，决策的标准往往是“两利相权取其重，两害相权取其轻”。“公共利益是由个体利益组成的。从理论上讲，对个体利益的伤害，也必然导致对公共利益的伤害。……公共利益整体的保护更有利于对合情合法的个体利益的保护，这是我们对隐性采访给以宽容的一条最基础的原则。”[①]因此，是否为了公共利益而使用是使用隐性采访的道德底线。

二、新闻伦理失范原因分析

新闻伦理失范是对马克思主义新闻观的背离，会导致舆论环境和社会秩序陷入混乱。新闻失范的原因是多方面的：媒体对新闻职业道德的重视

① 吴信训：《新编广播电视新闻学》，复旦大学出版社2018年版，第193页。

程度不够;过于强调发行量、收视率、点击率;编辑部门和经营部门混岗,记者也有经营任务;对新闻从业人员伦理道德的教育程度不够;等等。总体来说,可以分为以下几个具体方面。

首先,传播主体欠缺伦理意识。新闻工作者是社会工作者,要从社会的角度去考虑应该做什么和怎样做,应当主动承担起应当承担的社会职责,找出事件的真相进行报道,维护党和人民的利益。在传统媒体的环境中,新闻从业人员一般要经过严格的培训,对新闻的采编、发布等都要进行比较严格的把关和审核。但是在新媒体环境中,面对海量的信息,以及更加严苛的时效性要求,媒体工作者没有时间再去对信息进行核实,把关能力变弱,于是出现了更多的虚假新闻。再加上媒体被推向市场,在经营的压力下,媒体从业人员为了获得更多的点击量,从而报道不应该报道的内容,暴露人的隐私,对新闻事实进行夸张、煽情的描写,这与新闻的真实性要求背道而驰。更有部分记者为了一己私利,以权谋私,收受红包,搞有偿新闻,严重背离了新闻记者的职业道德。

其次,新媒体的技术特性容易造成伦理失范。在新媒体环境中,传播的门槛降低。人人都可以在网络空间中发言,传统媒体的影响力降低。网络空间是一个虚拟的空间,传播者的身份是虚拟的,其传播行为是匿名的,这种虚拟身份和匿名的传播方式,使人们在发表言论、表达情绪时,不需要考虑自己真实的社会身份,更容易随心所欲。在新媒体环境中,新闻的生产方式也发生了变化。传统媒体的新闻生产方式流程是专业记者进行采访和核实后进行报道,需要层层把关之后才会发布。而新媒体尤其社交媒体,对于虚假新闻的把关意识非常淡漠,尤其社交媒体的许多传播者不是专业的新闻记者,这就容易造成社交媒体成为虚假新闻的重要源泉和扩散渠道。

再次,新闻伦理监督机制不健全。目前,我国已经出台了不少的法律法规对新闻业进行监管,这些措施也得到了较好的落实。但从实践来看,法律监管往往会遇到两难困境:如果监管过严,可能会影响公民自由地表达自己的意见;如果监管过松,可能会产生很多的假新闻,误导受众,导致公众言论失控,造成舆情事件,对社会造成不良影响。另外,我国正处于社会转型时期,伴随着经济的快速增长、利益的日益分化和社会的急剧变迁,会产生各种新的问题。我们现在的很多规章制度对可能发生的事情没有很好的预见性,对于很多违反新闻道德的行为,没有规章制度可以从源头上制止。因此,对于新闻伦理失范行为并没有很有力的约束。2013 年,根据第十二届全国人民代表大会第一次会议审议通过的《国务院机构改革和职能转变方案》，国家新闻出版总署、国家广播电影电视总局进行整合，组建了国家新闻出版广电总局，其主要职责包括监督管理新闻出版广播影视机构和业务以及出版物、广播影视节目的内容和质量等。但是仅仅依靠自上而下的监督体系显然是不够的。习近平在中央纪委第十八届二次全会上说："加强对权力运行的制约和监督，把权力关进制度的笼子里。"无论是什么权力，如果缺乏监督制约、有法不依都会带来很多问题。因此，新闻伦理失范还需要媒体自身和来自社会力量的组织机构进行监督。比如，针对记者，要监督新闻信息的来源是否真实，对此成立专门的新闻稿件调查审核部门，定期抽查新闻稿件，并实地调查新闻信息的来源真实性。对于新闻报道的低俗化、新闻炒作等失范行为，编辑要做好把关。对于记者的侵权行为，成立专门的行业机构进行评议。

最后，媒体机构过度商业化。改革开放初期，8 家报社提出了"事业单位，企业化管理"的建议，最初的目的是为了解决内部财政供给困难，但是高额的广告收益却给予传统媒体广阔的盈利空间。1992～1993 年，中国广告业以超过 90％的增长率急速增长，传媒广告的增长速度惊人，达到"日进斗金"的程度。1996 年，《广州日报》首先成立了报业集团；2000 年左右，报业集团化进入高峰期；2003 年，传媒市场进入广播电视集团组建的高峰，传媒业的市场化、产业化运作进入一个新的时期。传媒机构成为市场主体，也就意味着它将追求利益最大化，它的市场行为必定受市场利益的驱使。随着产业发展的深入，"利润最大化"成为越来越多媒体的追求。据 21 世纪网原总裁刘东介绍，"报社管理层对 21 世纪网的业绩考核中，有一条就是要覆盖 70％至 75％的当年新上市企业，与它们签订广告合同，每年都有数千万元的指标"。他本人也要求 21 世纪网的主编、广告部的副总经理负责广告业务，与企业洽谈合作事宜，在工作中体现利益的最大化。因此，在市场经济的影响下，新闻媒体会因为只追求经济效益，忽视了媒体的社会责任和社会效益，导致从业人员在新闻传播活动中为了经济利益而违反新闻伦理道德。

第三节　马克思主义新闻观下的新闻伦理的重建

马克思主义新闻观是我国新闻事业的重要指导思想，对新媒体环境下新闻伦理的构建具有高度的理论指导价值。在当下复杂的传播环境中，新闻工作者需要以马克思主义新闻观为指导，结合实践经验，建构新的新闻伦理规范体系，积极指导和推动新闻工作的开展，防治新闻伦理失范。

一、坚守中国新闻工作者的道德规范

在现行的《中国新闻工作者职业道德准则》和其他有关规定中，规定了新闻工作者道德规范的内容，主要包括以下几点。

第一，坚持全心全意为人民服务的宗旨。这是社会主义传媒伦理道德的核心，也是新闻工作者的根本宗旨，也是新闻工作的出发点和归宿。新闻工作者要坚持对党负责，对人民负责，站在党和人民的立场上，把党和国家的决策、主张及时、准确、广泛地向人民群众传播，讴歌人民群众建设社会主义的创造才能和劳动业绩，正确反映他们的愿望、呼声和要求，发挥社会主义新闻事业作为党和人民耳目喉舌的功能。传媒组织及其从业人员要有政治意识、大局意识、责任意识和导向意识，自觉为维护社会稳定做好信息传播和舆论导向工作。

第二，坚持正确的舆论导向，把社会效益放在首位，这是社会主义传媒伦理道德的灵魂。新闻工作者应当坚持为人民服务、为社会主义服务，遵守社会主义的道德规范，大力弘扬体现时代发展和社会进步的优秀思想文化。坚持正确的舆论导向，把社会效益作为工作的最高准则。短期来看，媒体的经济效益与社会效益似乎是矛盾的。但从长远来看，媒体要实现经济效益，就要扩大社会影响力，就要提高媒体公信力，而要提高公信力就要凸显自己的社会效益。因此，实现社会效益正是提高经济效益的前提。传媒组织及其从业人员要有高度的政治意识、大局意识、责任意识和导向意识，自觉维护社会稳定，做好信息传播和舆论导向工作。正确处理经济效益和社会效益的关系，并始终把社会效益放在第一位。

第三，遵守宪法、法律和党的宣传纪律。新闻工作者必须在宪法和法律规定的范围内活动，这是社会主义传媒的政治道德。这就要求新闻工作者必须严格遵守和坚定地宣传国家各项政治制度和政策，切实维护国家政治安全和社会稳定；维护宪法规定的公民权利，不揭人隐私，不诽谤他人，维护司法尊严，不干预依法进行的司法审判活动，尊重被采访人的声明和正当要求，使用合法手段和正当手段获取新闻。

第四，坚持新闻的真实、客观、公正的原则。真实是传媒的基本道德要求。习近平强调："真实性是新闻的生命，要根据事实来描述事实，既准确报道个别事实，又从宏观上把握和反映事件或事物的全貌。"[①]《中国新闻工作者职业道德准则》第三条规定："坚持新闻真实性原则。"把真实作为新闻的生命，努力到一线、到现场采访核实，坚持深入调查研究，报道做到真实、准确、全面、客观。坚持新闻真实性原则，就要坚持实事求是，深入实际，深入群众，核实信息来源，根据客观事实反映和传播信息，不夸大、不缩小、不歪曲事实，不想象虚构事实。

新闻工作者在报道新闻事实的过程中，总是会受到个人阶级立场、政治态度、思想水平、文化观念等的影响，因此新闻事实与新闻作品报道的事实永远不可能对等。尽管如此，我们依然要力求最大限度地缩小事实和新闻之间的差距，这就要求新闻记者为人正直、秉持公道、不偏不倚、忠于事实、保持公正。只有在新闻传播活动中坚持客观公正的原则立场，才能在人民群众中树立信誉和声望，赢得人民群众的尊重和支持。

第五，提高个人品德修养，树立正确的世界观、人生观、价值观。面对现实社会的冲击和多样化的矛盾、诸多的诱惑，新闻工作者应具备高于普通受众的道德水平。古人云，修身齐家治国平天下，修身为基础，也就是要努力提高自己的道德水平，才能有可能向更高的目标前进。习近平主席在要求干部改进作风时，摆在首位的就是"严以修身"。他明确阐述了修身立德的方法："吾日三省吾身"，强调的是反躬自省、自我批评；"心存敬畏，手握戒尺"，强调的是遵纪守法、不碰底线；"慎权、慎独、慎微、慎友"，强调的是防微杜渐、不弃微末；"祸莫大于不知足，咎莫大于欲得"，强调的是领导干部要管住自己的欲望。[②] 新闻从业人员要立德、立言、立行，同样也需要通过这些办法提高自身修养。另外，在工作中，新闻工作者要自觉抵制拜金主义、享乐主义、个人主义的侵蚀，坚决反对和抵制各种有偿新闻和有偿不闻行为，不利用职业之便接受采访报道对象或利害关系人的财物或其他利益，不向采访报道对象提出工作以外的要求，不利用新闻报道发泄私愤，不以任何名义谋取不正当利益，坚持清正廉洁的作风。

---

① 中共中央宣传部新闻局编：《习近平总书记党的新闻舆论工作座谈会重要讲话精神学习辅助材料》，学习出版社 2016 年版，第 7 页。

② 转引自《"两学一做"学习教育读本》编写组：《"两学一做"学习教育读本》，台海出版社 2016 年版，第 171 页。

二、坚持他律和自律的统一

自律是伦理学的重要范畴，也是新闻伦理的应有之义。新闻传播的自律是新闻媒体的灵魂，它浓缩了媒体的精神和思想，是对新闻从业者长期的要求和永恒的价值目标。就如同习近平总书记所强调的："新闻工作者担负着宣传群众、教育群众的神圣职责，教育者应先受教育，应严格自律，正派、公正、廉洁，要有更高尚、更严格的政治操守和职业道德。……每个新闻工作者都应该自重、自爱、自强。"①新闻传播伦理要依赖新闻传播者的自律，新闻传播中的自律和新闻传播中人文精神的强化，对于合乎伦理的新闻传播显得尤为重要。这种"软约束"是发自内心的反省、内心的接受，一旦形成，会比外在约束起到更为显著的作用，达到事半功倍的效果。

新闻他律是指新闻传播行业以外的其他社会力量通过各种手段，对新闻传播机构的运作施加压力和影响，使其所传播的内容符合社会组织的利益和愿望，促进整个社会系统的良好运行。他律往往要通过社会有关部门制定有关的法律、政策、条令，或者通过其他政治手段和经济手段对新闻传播机构进行控制和制约。

新闻自律和他律必须将德治与法治相结合，形成良性互动的监督机制。从德治层面看，要提高新闻传播的伦理道德水平，各级宣传主管部门要在建立有效的管理机制和运行机制上多做工作、多下功夫。行业主管部门要制定和完善职业道德规范以及新闻传播的伦理规范，新闻从业者要践行相关道德规范，而且要成为践行伦理道德规范的典范和先锋。从法治层面看，司法是现代社会人们寻求帮助、维护正当权益的最后途径，也是最严厉、最有效的途径。在不断强化新闻伦理要求的时候，也必须推进新闻传播行业的法制化建设。通过出台相关的法律规范和法律制度来规范新闻传播行为，通过严格的司法制度来解决新闻传播中的真实性和公正性问题。

三、提高使命感，做实践社会主义核心价值观的表率

新媒体的出现，带来了许多值得研究的新情况、新问题，在新媒体环境下，传统媒体记者的工作和生活环境发生了很大的变化，这种变化也给记者的职业道德带来了不少影响。传统媒体记者和互联网媒体从业人员都应当

① 《习近平新闻舆论思想要论》，新华出版社2017年版，第259页。

始终坚持以马克思主义新闻观为指导，遵守新闻工作者道德规范，坚持真实全面、客观公正报道新闻，坚持真理、遵纪守法，做实践社会主义核心价值观的表率，构建新闻传播的道德伦理规范，杜绝媒体道德失范现象。

具体来说，对传统媒体应做到：

(1)加强从业人员职业道德建设，维护媒体公信力；

(2)恪守公平竞争原则，团结协作，共同发展，自觉维护行业发展环境；

(3)树立正确的媒体经营观，恪守社会效益第一原则；

(4)充分应用高新技术成果，创新传播方式，提高传播能力；

(5)接受社会监督，完善自律机制，加强自我约束和管理；

(6)理性监督，客观报道、不偏不倚；

(7)尊重和保护知识产权，抵制和谴责各种违法违规的盗版侵权行为。

对互联网企业等类媒体平台来说，应做到：

(1)树立底线意识，积极传播正能量，大力弘扬社会主义核心价值观；

(2)积极参与网络生态治理，努力构建清朗网络空间；

(3)自觉维护国家网络和信息安全，履行信息网络安全管理义务；

(4)加强自主创新，保护知识产权，提升企业核心竞争力；

(5)提供便捷多样的网络产品和服务，尊重用户隐私，保护用户合法权益；

(6)积极参与社会公益事业，缩小数字鸿沟，促进社会和谐；

(7)积极参与国际交流与合作，提升中国在互联网全球治理中的话语权和影响力。

思考题

1.中西方新闻伦理道德的差异化表现有哪些？

2.新闻伦理失范的原因有哪些？

3.新媒体环境下应该如何杜绝新闻伦理失范现象？

第十一章　社会效益与经济效益

——马克思主义新闻观“十大关系”之八

在中国，媒体组织作为一种社会机构，在国家和社会中扮演着重要的角色，同时具备几方面的属性。在这些属性中，有的要求媒体组织担负社会使命，放大社会效益；有的要求媒体组织担负经济使命，放大经济效益。社会效益与经济效益的有效衔接，是当代中国对于媒体组织职能使命的明确要求，也是马克思主义新闻观的一项具体落实。

第一节　新闻媒体的基本属性

一、政治属性

我国新闻媒体的第一属性是政治属性。从马克思、恩格斯到列宁，再到中国共产党的历代领导人，都强调新闻媒体的政治属性。不同历史阶段对于政治属性有着不同的表述，概括起来有“喉舌”论、“工具”论、“品质”论、“导向”论等，其中有些表述一直延续使用到今天。

马克思关于报刊功能有一系列论述，他认为，传播政治主张代表社会发展的趋势和潮流，这是媒体的政治属性。马克思最早用“喉舌”一词来比喻报刊的性质和作用，他认为：“报刊按其使命来说，是社会的捍卫者，是针对当权者的孜孜不倦的揭露者，是无处不在的耳目，是热情维护自己自由的人民精神的千呼万应的喉舌。”①

---

① 《马克思恩格斯全集》第6卷，人民出版社2006年版，第275页。

列宁时期，他所面临的一项重要政治任务就是革命。革命是一个阶级推翻另一个阶级，这其中当然要把斗争工具用好、发挥好。因此，列宁提出报纸是阶级斗争的工具。

中国共产党延安整风时期，第一次将党报的品质明确为党性、群众性、战斗性和组织性，标志着中共党报理论已经成熟。党性是作为党报品质的第一属性提出的，强调的也是党报的政治属性。

媒体的政治属性往往与媒体的政治导向密不可分。江泽民同志谈到舆论导向时明确提出："舆论导向正确，是党和人民之福；舆论导向错误，是党和人民之祸。"①"福祸论"的核心是媒体的政治导向，这样的辩证关系说明了坚持舆论导向正确的重要性和坚持媒体政治属性的重要性。习近平同志关于新闻舆论工作座谈会上讲得最多、强调最多的也是导向问题，也就是媒体的政治属性问题。过去对于媒体曾有过时政类媒体和市场类媒体的划分，如今无论何种媒体，只要是党和政府主办的，都要姓党，都要坚持党性原则，都要坚持政治属性，党媒必须姓党。习近平同志对于新闻舆论工作还突出强调一点，那就是新闻舆论工作是党的另一条战线，核心是做好意识形态领域斗争。他强调，新闻舆论工作要创新，把媒体当作斗争的一种工具，用好这种工具、创新这种工具，要有充分的话语权，有充分的竞争力，还要有充分的引导力。这是对新时代媒体政治属性的最好解读。

二、经济属性

经济属性是我国新闻媒体的另一个重要属性。针对这一属性的认识，需要用历史眼光来看待。

美国的报纸从创办之初起就分为两大类，一类是政党类报纸，一类是市场类报纸。在美国的媒体属性中，经济属性是基本属性。

我国的媒体市场化表现为一个逐步前进的过程。1978年前后，财政部批准《人民日报》等8家报纸试行企业化管理；1985年，教育、文化和广播电视事业均被列入第三产业；1988年，新闻出版署、国家工商行政管理局联合发布《关于报社、期刊社开展有偿服务和经营活动的暂行办法》，开启"媒介可以办公司"的先声；1992年，党的十四大正式确立建设社会主义市场经济体制，中国传媒业的市场化意识被逐步唤醒；1993年，国家把新闻业（报刊和

---

① 《江泽民总书记视察人民日报社　丁关根和中央有关部门负责人参加了视察》，《人民日报》1996年9月27日。

广播电视)列为"文化体育事业",同时提出要遵照社会效益和经济效益并重的原则。

1993年之后,随着都市生活类媒体的快速发展,中国媒体的市场化进程也逐步加快。"事业单位,企业管理"是对当时媒体机构的形象表述,基本说明了传媒业的市场化取向。2000年前后,媒体进入到了集团化发展时期。报纸增加版面,电视增加频道,媒体之间的竞争从新闻竞争扩展到了市场竞争、广告竞争。同时,媒体集团开始实施多元化经营战略,从媒体产业领域扩展到其他产业领域。后来,随着大量以市场化为背景的新兴媒体的出现,媒体产业开始进入资本市场,上市的媒体公司逐步增加。

三、社会属性

媒体的社会属性随着媒体和社会的发展而动态变化,基本的指向是媒体的社会责任。

一般认为,最早关于媒体社会责任的文字表述源于1947年美国新闻自由委员会(又称"哈钦斯委员会")提交的研究报告——《一个自由而负责的新闻界》。报告既涉及新闻自由的问题,也涉及社会责任的问题,并提出要建立一个负责任的新闻界。在此之后,随着社会发展,新闻媒体的社会责任问题愈加凸显,并被明确提出,主要包括媒体的社会角色和社会权力。在此基础之上,形成了媒体的社会责任体系。在当下媒体环境中,媒体社会已经形成,媒体的社会化与社会的媒体化进程都在加速,媒体的社会责任体系也在发生着变化。

2014年,中国记协在全国首次推出媒体社会责任体系报告制度,全国选了8家媒体作为试点单位,其中包括5家中央媒体,3家地方媒体。从2014年起,试点的8家媒体每年都要提交年度社会责任履行情况报告。报告分8部分,其中包括政治导向、文化传承等方面内容。

四、文化属性

拉斯韦尔关于传播的三大社会功能表述中,其中一项便是文化传承功能。媒体与文化关系密切,文化属性也是媒体的基本属性。该项基本属性可以从以下三个方面来理解。

一是文化事业与文化产业。媒体既是一个文化事业单位,也是一个文化产业单位。作为文化产业单位,媒体产品具有意识形态的作用,不同于一般的物质性产品。

二是大众文化与媒体文化。媒体机构作为一个独立的单位，一定有专属的组织机构文化，也就是媒体文化。同时，媒体文化又是大众文化中的一个组成部分，媒体的文化要体现、引领大众文化的发展，这也是媒体的文化责任。

三是文化传承与文化创新。媒体具有文化传承的责任，这也是媒体的基本功能。同时，媒体作为前沿性机构，需要在文化创新发展上发挥引领作用和导向作用。

第二节　坚持社会效益第一的原则

一、党报党刊的角色定位

从 1921 年建党前后到 1949 年中华人民共和国成立前的近 30 年间，为了使人民得到解放，实现社会主义，党必须要获得政权，并迫切需要党报党刊的宣传鼓动力量。早在五四运动时期，毛泽东以其主编的《湘江评论》作为党酝酿成立的舆论武器，他与中国共产党的创办者们一起，通过报纸将马克思主义传播到全中国。1920 年，在上海创刊的中国共产党第一份党刊——《共产党》月刊，首次对党的最低目标、最高目标进行了规范的表达，李达同志担任主编。长征时期，党中央更加重视党报党刊的作用，任命邓小平为《红星报》的主要负责人。到了抗战时期，以毛泽东为代表的中共中央，提出建立“文”“武”两支队伍，将党报党刊提高到重要战略地位，先后创办的《新华日报》和《群众》周刊，积极宣传我们党坚决抗日的政治主张，为建立民族统一战线营造了良好的氛围。总的来说，抗战时期我们党十分注重加强无产阶级文化建设，使得党的新闻思想体系初步形成，培养了一批优秀的新闻骨干。随着解放战争时期局势的不断发展，国共两党之间的实力发生了巨大转换，中国革命有了历史性的转折，对我们党的新闻宣传工作有了更高的要求，党报党刊的发行成为党的中心工作之一。

党报党刊是党的旗帜，其任务是向社会大众宣传、阐释、捍卫党的思想及原则。马克思主义新闻观认为，党报党刊为无产阶级革命获得胜利作出了巨大贡献，是思想文化建设领域的重要武器。党报党刊用其客观、科学的革命理论来武装党员干部和工人群众的思想，使得他们拥有相同的价值观来一同捍卫党的政治原则。中国共产党的党报党刊坚持以马克思主义为指导，强调党报党刊是党的思想文化建设事业中的核心部分、是党的事业的重要组成部分。党报作为“活的马克思主义”与党的命运休戚与共，深深植根于党和人民的沃土中，历经一个世纪的风雨洗礼，经历从革命党报刊发展成为执政党报刊的发展过程，融汇于新民主主义革命、社会主义革命和开创中国特色社会主义事业的伟大历史进程中。

近年来，党报党刊利用与网络信息技术的融合，妥善、有力地解决了一系列社会热点事件及重大突发事件。利用网络技术及时将权威信息传播给人民群众，报道准确、迅速，信息内容丰富且具有一定的互动性，这些都有力地保卫了国家意识形态领域的安全，维护了国家形象及人民的信任，营造了良好和谐的舆论氛围，在正确引导舆论和提高党报党刊的权威性、公信力、影响力方面，都发挥了极其重要的作用。

通过与移动互联网技术的融合，党报党刊也可以更好地利用新媒体技术对其传播体系进行革新，与过往相比，不仅宣传成本得到大幅降低，传播效率还得到有效提高。近年来，随着我国市场经济转型的不断深入，党报党刊机构更多地开始在市场机制方面改革，整合优势资源，成立集团公司，融合移动互联网新技术，形成以网站、手机、各类公众号等为主的全媒体发展道路，有效改变了党报党刊的运行机制、发行模式、体裁形式，形成了良好的发展前景。

但与此同时，在宣传渠道多元化的环境中，党报的角色地位也面临着“弱控制”的挑战。在传统媒体的条件下，理论上可以对社会媒体和舆论进行管理和控制。然而，在新兴媒体的迅猛发展和数字技术广泛运用的背景下，社会进入“人人都有麦克风”的时代，其传播主体多元化、传播渠道丰富开放、传播形态复合多变，都使得作为“把关人”的政府角色得到了一定的弱化。同时，新媒体的出现，打破了党报党刊等传统新闻媒体与受众在时间和空间上的限制，这虽然有效地填补了传统媒体的渠道垄断，促使社会话语权得到了多元化的表达，但在各种社会媒体、新媒体的冲击下，党报党刊不同程度地存在“有理说不出”“说了传不开”“传开叫不响”等问题，突出表现为找不准站位、对不准频道、发不准声调、讲不好故事。党的喉舌“金话筒”在某种程度上受到了挑战。

二、坚持把社会效益放在首位是全部媒体的通则

正确处理社会效益和经济效益的关系，始终坚持把社会效益放在首位。

2015年9月，中共中央办公厅和国务院办公厅印发的《关于推动国有文化企业把社会效益放在首位、实现社会效益和经济效益相统一的指导意见》指出："一些国有文化企业改革还没有到位，两个效益相统一的问题还没有很好地解决，片面追求经济效益、忽视社会效益的现象时有出现。文化企业承担提供精神产品，传播思想信息，担负文化传承使命，必须始终坚持把社会效益放在首位、实现社会效益和经济效益相统一。"①要求正确处理社会效益和经济效益、社会价值和市场价值的关系，当两个效益、两种价值发生矛盾时，经济效益要服从社会效益、市场价值要服从社会价值。越是深化改革、创新发展，越要把社会效益放在首位。

深化出版改革要把握好"两个属性""两个效益"的关系，充分认识出版物的意识形态属性和文化属性，高度重视并切实抓好导向管理，要加强对选题和书稿的审读把关，准确把握正确的政治导向、思想导向、价值导向、文化导向，始终把社会效益放在首位，确保出版物导向正确、内容健康、格调高雅，内容质量不出问题，用优秀的出版物占领思想文化阵地和出版物市场，实现"两个效益"相统一。出版单位在转企改制、强调经济利润指标的新情况下，仍要自觉担负起出版企业应尽的社会责任，防止滋生单纯的市场观点，避免片面追求经济效益、忽视社会效益的倾向。

三、媒体的社会责任体系建设

在当代中国的特定语境下，新闻生产的逻辑更加复杂，市场因素对新闻业，一方面扮演了解放者的角色，发挥了正面的积极作用，另一方面也带来了与西方市场新闻业类似的影响。虚假新闻、有偿新闻、煽情新闻等现象屡见不鲜，日益困扰中国新闻业的发展。基于中国的传媒现实，在中国社会转型时期的特定历史情境下，媒体自身的理性显得尤为重要。理性更深的内涵体现为传媒责任，因此，在新闻转型时期中，构建一个负责任的传媒责任体系尤为重要。

（一）内容层面

媒体社会责任的内容十分丰富，既是社会公器，又要反映社会，记录世界风云和天下事，担负起宣传执政党的政策、政府法律法规，以及传播先进

---

① 《关于推动国有文化企业把社会效益放在首位、实现社会效益和经济效益相统一的指导意见》，中国政府网，2015年9月14日，http://www.gov.cn/zhengce/2015-09/14/content_2931745.htm。

文化的责任。它的重要性首先在于它是公共信息的平台。媒体的首要功能是进行环境监测，并把监测到的东西告诉公众。同时，传媒还要为社会发挥经济功能，并为自身带来经济效益。

1.政治责任

在新闻转型时期中，传媒仍需充当党和政府的喉舌，上传下达，发挥正确的舆论导向功能，传民情、达民意。社会主义的新闻和新闻事业从它诞生的那一刻起，就肩负着引导社会舆论、维护社会安定、促进社会协调发展的神圣使命，就承担了振兴中华的社会责任和神圣的历史使命。同时，传媒作为公众的交流平台，其政治责任的意义更为重大。公众交流平台的建构至少有两个层面上的好处：从消极的意义上讲，它是一种社会倾诉的制度性安排，有利于形成一种社会学上的所谓“安全阀”效应；从积极的意义上讲，它是舆论监督、保障公共权力正确使用、增强决策可行性的必要前提。

2.社会责任

传媒最大的目的就是满足公众的知情权和话语权。传媒作为社会的守望者，就要充分发挥好社会公器的职能，满足公众的知情权与话语权，并维护公众利益。把塑造民族精神、培育公民价值观和世界观、惩恶扬善、伸张正义等视为己任，传媒从业人员要坚守专业操守，理性、公正、客观地传递信息，满足公众的知情权和话语权。不仅要为精英、强势群体提供话语空间，也要保证大众、弱势群体的话语权利。媒介是社会公器，在社会生活中起着舆论监督、表达民意、衡定社会道德规范的作用，有着法律所没有的软性调节作用。媒介应该大胆地站出来，承担起社会赋予它的这些功能，在自身全面、协调发展的基础上缓和社会矛盾，构建社会道德秩序。

3.经济责任

在履行社会责任的同时，传媒还需产生经济效益，在保证社会利益与公众利益的前提下，依靠自身的资源配置和结构的合理调整，达到利益最大化，并且最大限度地发挥传媒的经济功能，为社会创造效益，带来经济价值。传媒既然走向市场，就具有产业属性，通过广告、发行等手段获得经济利益，其目的是为了能够更好地发挥传媒的功能，做大做强传媒产业，更好地传播社会文化和信息。在我国社会目前的情况之下，这是一个有着巨大潜力和需求空间的市场“卖点”。媒体如果能抓住这个正在展开的社会需求空间，营造相应的公众交流平台，将成为新时期我国传媒发展中的一道引人注目的“风景线”。

（二）本质层面

公众是传媒在新闻转型时期中生存与发展的立足点，传媒责任的本质是客观、公正和真实地报道公共事件，并最大限度地代表和服务于公众利益，从而构建新闻转型时期中传媒责任体系的本质层面。对于媒体工作者而言，媒体责任的内涵要远远大于媒体从业人员的职业责任，媒体工作者除了要承担本职工作的责任，由于生产的产品属于人类精神层次的需求品，所以还要强调对社会负责，对公众负责。

唯物主义的新闻本源观坚持新闻事实的客观性，认为新闻事实不能凭借报道者的喜好来选择，而要忠实于客观事实。新闻最基本的要点是来源于对客观事实的反映，事实第一性，新闻第二性。如果没有事实，就不是新闻；如果背离了事实，那就是谣言。媒体作为社会的信息传播工具，应该在尊重新闻事实的真实性、尊重新闻报道的客观规律、服务于公众根本利益的根本前提下，充分发挥新闻传媒的信息传播功能，积极、正确地引导舆论。传媒责任的重要意义要求传媒应以追求政治责任、社会责任和经济责任的平衡为目标，即做到客观、公正和真实，并代表公众利益。这是传媒责任的本质所在，也是传媒责任体系本质层面的重要内容。

（三）操作层面

传播媒介生态中包含三个主要因素：政府、传媒和公众。传媒责任的本质是客观、公正、真实和代表公众利益，对于这一本质的追求最终要落实到政府、传媒和公众的具体操作上，因此政府、传媒和公众是传媒责任体系操作层面的主要构成要素。传媒通过双向对称传播，发挥其在政府与公众之间的传通功能，使民意得以充分而有效地表达，提高政府服务的针对性。大众传媒作为公共空间，充当政府与公众双向沟通的桥梁，变政府与公众之间的那种事实上的垂直、单向传播关系为水平、双向对称传播关系，让群众意见得以表达，同时促进公共事务的公众化、公开化、规范化。

第三节　传媒体制改革与传媒产业发展

一、传媒产业的市场化进程

以十一届三中全会实施改革开放为分界点，我国传媒体制可以分为高度管制的“组织媒体”与逐步放开的“大众媒体”两个主要阶段。

改革开放前，总体而言，媒体是“计划经济体制”中的“特殊事业单位”，其工作制度和传统具有高度政治化和纪律化的特点，主要担负着意识形态宣传和统一思想、发动群众的任务，媒体的主要功能是执政党的喉舌、统治阶级的宣传者和组织者。

改革开放后，新闻媒体面对新形势，开始重新展开经营化尝试。从20世纪80年代中期开始，国家开始有计划地对媒体实行“独立核算、自负盈亏、照章纳税、财政不给补贴”的新体制。从20世纪90年代以后，媒体普遍实行“事业单位，企业化管理”的运营模式。“企业化”的经营模式使媒体有了自身的利益追求，推动其从“组织传媒”向“大众传媒”的路径转变。1992年，十四大确定了建设市场经济体制的目标，新闻事业的“双重属性”得到了正式认可。2009年初，《关于印发文化体制改革中经营性文化事业单位转制为企业和支持文化企业发展两个规定的通知》正式施行，规定在2013年底前包含媒体在内的经营性文化事业单位全部转制为企业。此后，我国媒体转制进入快车道，媒体行业属性最终从事业转变为产业。可以看到，改革开放后的媒体转型是一个“去事业化”的过程，每一次转型都伴随着事业属性不断削弱、产业属性不断增强的明显特征。

（一）传媒产业化发展的背景

1.新中国成立后至改革开放前，我国传媒最初的形态

从新中国成立直至改革开放以前，我国的传媒属于上层建筑领域、意识形态领域，简言之属于“事业性单位”，一直是作为“意识形态媒介”与“宣传工具媒介”生存发展着，由国家动用公共资源对其实行资源消耗的补偿，传媒无须从经济角度考虑自身的生存问题。

2.十一届三中全会后传媒市场的变革

党的十一届三中全会后，全党的工作重点从以阶级斗争为纲转移到以经济建设为中心的轨道上来。中国社会的重大变化是经济因素逐步被重新认定，整个社会通过思想解放运动，从一种高度政治化的状态中解放出来，确立了一种实事求是的发展观念，并提出了改革开放和以经济建设为中心的国家发展战略，传媒领域的变革正是发生在这一背景下。我国传媒的产业化发展，开端于20世纪70年代末传媒领域所发生的两大事件：一是1978年，《人民日报》等首都8家报纸给国家财政部的联名报告，要求实行“事业

单位，企业化管理”；二是1979年1月，中国广告市场的重开。前者是为中国传媒的“企业化”与“市场化”寻求政策的支持与认可，后者则以具体的实践行为为传媒的产业化运作提供了一种具有实质意义的实践环境。

3.改革开放下的传媒市场背景

发生于20世纪70年代末的我国传媒的产业化，是伴随社会向以经济建设为中心转移，全面推行改革开放而发生的一种新的传媒行为。它是我国改革开放在传媒领域表现出的积极成果，是传媒领域在以经济建设为中心的这一现实中自身的改革，同时，也是逐步走向开放的中国社会与中国传媒对全球化背景下世界传媒发展趋势的一种认同。

（二）传媒产业化发展进程

1.政府控制的经济利益萌芽阶段（1978～1992）

十一届三中全会后，整个社会经济领域的变革已经逐步开始，这种变革使“市场”为企业重新认识，而且企业已经感受到市场供求关系的压力，开始意识到广告的作用。同样的经济压力也在传媒内部发生，以往由国家提供的财政保障正在消减，而实际上传媒发展所需要的物质资源的数量却在逐步上升，传媒不得不依靠自身的力量获得足够的物质资源。1978年，《人民日报》等8家首都新闻单位要求试行“事业单位，企业化管理”的方针，希望通过适度自主经营而获得一些经济收入，传媒市场化再次被提出。根据当时的政策，报社属于事业单位的性质不变，但可以从事一定的经营活动，经营所得一部分可以用于增加职工收入和提高职工的福利待遇，也可以用于改善报社的办公条件和技术装备。恢复报纸广告经营活动，是这次市场化进程的一个重要标志。1979年1月28日，上海的《解放日报》率先刊登了“文化大革命”后中国大陆第一则广告。广告重回报纸版面，报业获得了推进市场化进程的利器。1980年，全国广告营业额已发展到了1.1亿元，其后几年则以每年40％的速度递增。

20世纪80年代后，市场化进入了一个新的阶段。80年代初期，出现了报业的第一次办报高潮和广播电视业的建台热。1985年，首次提出报刊的自办发行。如果传媒产业将发行视为报纸这种特殊商品的流通过程，自办发行可以看作是报社对报纸这种商品的营销渠道和营销方式进行的变革。这是媒介向产业经营迈出的关键性的一步。而自此以后越来越多的报纸对自办发行的积极尝试则是市场化进程中的重要景观。1985年，中华全国报纸行业经营管理协会成立。1987年，国家科学技术委员会编制的我国信息产业投入产出表将“新闻事业”“广播电视事业”纳入了“中国信息商业化产业”中，从而使传媒产业特性得以初步建立。1988年3月，《关于报纸、期刊、出版社开展有偿服务和经营活动的暂行办法》出台，有力推动了报业改革的进程。80年代后期，出现了广播业的“系列台”热。1991年的报业扩版热则持续到1992年。

2.政府认可的传媒产业化尝试时期(1992～1998)

1992年，中共十四大确定了社会主义市场经济体制，传媒走向市场的愿望和面向市场的经营行为得到了充分体现，新闻改革开始呈现整体市场化的面貌。在1992年的办报热中，一个突出特点为“社外资本”的进入，广告公司或其他机构“包版面”“包节目”的经营方式被默认并发展起来，成为许多市场化程度高的大众传媒经营获利的又一手段。1994年，许多机关报不仅改变了吃“皇粮”的局面，而且还成为创收大户。20世纪90年代中期，网络的出现打破了传统媒体的界限，为从事跨媒体经营提供了可能性。1996年，广州日报报业集团的成立，成为报业产业迈向新阶段的重要标志。

3.政府主动作为的传媒产业发展时期(1998年至今)

这一时期可以追溯到1996年，广州日报报业集团作为我国第一家报业集团也是第一家传媒集团的成立，拉开了中国媒介集团化发展的序幕，是传媒产业化发展的重要一步。集团化、集约化经营得到了政府首肯。资本成为中国传媒运行的一个焦点问题，民营资本、外资等试图或者已经采取多种途径进入中国传媒。资本运营不再是媒介以外的，或传媒报道的对象，而是和传媒本身紧紧联系在一起。

在传媒产业化运行过程中，政府在市场这只“看不见的手”抓不着的地方发挥了重要作用，逐渐积累起了管理传媒及传媒产业的经验，并逐步完善了管理办法和法律法规。政府从提供“允许”，到有步骤地规划传媒产业发展、指导传媒产业发展，实现了大跨越。

二、传媒产业发展模式的创新

近年来，我国文化产业保持了良好发展态势，虽然我国整体经济从高速增长转为中高速增长，进入经济发展新常态，但文化产业仍然逆势发展，保持快速发展势头，成为表现最抢眼的行业之一。但同时，文化产品和服务的同质供给、低俗供给、低端供给、过剩供给、僵尸供给、呆滞供给等问题突出。

如何从供给侧改革出发，提高文化产业对需求端变化的适应性和灵活性，占领舆论高地，宣传核心价值观，提高国民幸福指数，讲好中国故事，提高全要素生产率，成为促进文化产业健康发展的关键。因此，文化产业急需进行系统性的供给侧改革，提供更多符合时代要求、实践要求的文化产品和服务，实现文化产业的再平衡。传媒产业作为文化产业的重要组成部分，也必须努力寻找发展模式创新。

在互联网背景下诞生的各类新兴媒体，利用新手段、新途径、新模式占据甚至取代传统媒体的话语权（包含宣传、经营等方面），已经成为大势所趋。对报纸、电视、广播等传统媒体而言，依靠行政手段强制性垄断信息资源并转化为经济来源的时代已经一去不复返。在努力把互联网技术手段作为传统媒体的补充和衍生的尝试屡试不爽之后，众多新闻单位瞄准了“融媒体”的建设发展之路。不只着眼于技术变迁本身，而是着眼于企业和市场的价值体系变化，用互联网思维来“重建”而不是“改造”传统媒体，正是传统新闻行业展开的一场“供给侧改革”，也是一场主流媒体的系统性变革。

传统媒体特别是党报、党台等主流媒体以前的生存之本，便是依靠行政手段带来资源垄断，在信息供给关系中占据主动地位，把“不对称”作为核心竞争力，形成了“你想知道的我有，我给你该知道的”和“以我为主”的传播局面，并在这个思维模式指导下建立了整套的机构体系和运作方法、运营方式和运作模式。随着互联网技术的快速发展，特别是手机移动终端的蓬勃兴起，形成了“人人都是传播者”的新传播格局，培养了受众接受信息内容方式的新取向，这使传统媒体曾经所向披靡的竞争力被逐步瓦解，与之相对应的体系、方法、方式等不再是优势，反而因为无法适应价值体系的转变而成为劣势。

“两微一端”等新兴媒体发展之际，传统媒体也纷纷研发推出新闻客户端、申请微信公众号、打造微博“大V号”。这反映的是大部分传统媒体仍然将新兴媒体的崛起视为一场技术革新，推出属于自己的微信、新闻客户端，然后用“复制—粘贴”方式把内容从传统媒体转移到新兴媒体上，其真实目的仅仅是增加自身内容在互联网上的呈现形式和传播途径而已，起到的作用不过是在一定程度上弥补传统技术手段在传播形态上的不足和短板。这一阶段所谓“全媒体”的建设，并没有触及本质上的改变，即价值体系的变化，所以也难以取得实质性效果。利用传统思维运作的新媒体仍然是传统媒体，正所谓“新瓶装旧酒”，其所能满足的不过是日渐萎缩的偏爱原有传播内容的群体需要，并未有效开拓新的增量。

2014年8月，中央全面深化改革领导小组第四次会议审议通过了《关于推动传统媒体和新兴媒体融合发展的指导意见》。在此后的几年中，中央和地方各主要媒体，陆续开始了从“相加”到“相融”的加速跑，在内容、渠道、平台、经营、管理等方面加快推进深度融合。一批形态多样、手段先进、具有竞争力的新型主流媒体先后涌现。但是，很多新闻单位投入巨资打造的所谓“融媒体中心”，仅仅只是形式上的融合，而在本质上鲜有突破，在社会、经济效益方面取得“双丰收”的更是凤毛麟角。在惯性思维推动下，一些新闻媒体不过是喊着“融媒体”的口号，而做法仍停留在“全媒体”的层面。

如果说全媒体追求“我都有”，那么融媒体要实现的便是“都是我”的目标。融媒体更多是围绕内容建设集合内容资源，根据不同介质的传播特点和规律分类加工，分发到各类媒介对外输出，以此打通主流和网络两个舆论场，各媒介带来的内容价值和宣传效益均归属到同一品牌或媒体单位，看似分散，实则集中。

如果说全媒体实现的效果是“1＋1＝2”，那么融媒体能够凸现出来的将会是“1＋1＞2”的集聚效应。当下时代给予传统媒体最大的挑战并非是新兴媒体的崛起，而是受众信息接收需求的“多变”。从这个维度上来看，新老媒体都面临着巨大考验。实际上，传统媒体的公信力和内容生产能力，是以渠道制胜的新兴媒体相对缺失的核心资源；新媒体让内容变成产品、让受众成为用户的转化能力，又是传统媒体亟须解决的头等大事。打破传统与新兴边界的融媒体运作，在优势互补的基础上推出新内容、新产品、新服务和新营销，从而起到事半功倍的效果，最终才能共赢。2024年，党的二十届三中全会提出“推进主流媒体系统性变革”。主流媒体要深入贯彻落实习近平文化思想，特别是习近平总书记关于新闻舆论工作的重要论述，发扬自我革命精神，做改革的实干家、行动派，在攻坚克难中把握主动，在竞争比拼中强筋壮骨，在系统变革中赢得未来，为党和国家事业发展提供坚强有力的舆论支持。

三、以经济效益推动社会效益

立足于传媒产业特性，相关媒介产品既具有意识形态属性又有商品属性，媒介产品是在市场上用来交换的劳动产品，因而具有商品属性；同时，媒介产品和媒介服务中必然蕴含着一定的意识形态。传媒产业的意识形态属性和商品属性表现出相应的社会效益和经济效益，且社会效应处于首要位置。

媒体机构第一位的任务是社会效益，与其经济效益并不矛盾。因为媒介的多重属性，我们就需要从两方面来考虑和认识传媒产业的供给侧结构性改革问题。一方面，传媒产业的供给侧结构性改革必须坚持社会主义核心价值观的主导地位，坚持先进文化的前进方向，让优秀传统文化和社会主义先进文化扎根心底，引导人们增强对社会主义核心价值观的自信心和践行力；另一方面，要从产品和服务具有商品属性出发，在媒介作品创作、传媒产业结构性改革时，注意发挥市场在资源配置中的决定性作用，鼓励媒介机构不断创新，通过高品质的媒介产品来赢得市场。坚持社会效益和经济效益的统一，是传媒产业供给侧结构性改革必须坚守的原则。

思考题

1.怎样认识新闻媒体的基本属性？
2.媒体的社会责任体系如何建设？
3.我国的传媒产业发展进程是怎样的？
4.如何理解党的二十届三中全会提出的“推进主流媒体系统性变革”？

第十二章　新闻事业与人才队伍

——马克思主义新闻观“十大关系”之九

任何一项事业，如果没有人才支撑，注定就无法实现。人才是任何一个区域发展、任何一个产业发展、任何一个行业发展的根本支撑。因此，新闻人才也是新闻事业发展的基石，建设一支素质过硬、本领过硬的新闻人才队伍，对于繁荣新闻事业至关重要。当然，新闻事业的蓬勃发展也为新闻人才的成长提供了广阔的平台。没有事业平台作为基础，人才的成长如同无源之水、无本之木，也很难成功。因此，新闻事业与人才队伍之间互为支撑，相辅相成。

第一节　新闻人才是新闻事业的基石

一、新闻人才的八项要求

（一）坚持党性原则，同党中央保持政治、思想和组织上的一致

坚持党性原则是新时代新闻事业对新闻人才的基本要求。如果丧失原则，立场不坚定，党性党悟不高，那么就无法从事党的新闻工作。党性和人民性是统一的，我们所坚持的正面宣传为主、社会效益第一等基本原则，都是指向党性原则。既然是党报、党刊、党台，是党的新闻事业，那么就必须要坚持党性原则。

(二)坚持为人民服务的宗旨,当好人民的耳目喉舌,永远和人民在一起

这是新闻实践中党性和人民性的统一问题。作为党的新闻工作者,同样也要坚持党所确立的为人民服务的宗旨。党的十八大以来,特别强调以人民为中心的发展理念,国家全部的发展紧紧围绕以人民为中心,满足人民的利益。党的十九大提出中国社会的主要矛盾发生了变化,中国特色社会主义进入新时代,社会主要矛盾转化为人民日益增长的美好生活需要和不平衡、不充分的发展之间的矛盾。这进一步说明了我们党始终以人民的利益为最高利益,以人民的需求为最终需求。媒体服务的对象就是人民,服务的利益就是社会的公共利益。

(三)坚持实事求是的思想路线,坚持深入实际、调查研究的工作作风

多年以来,党的宣传部门对于新闻采访作风提出了明确要求,强调新闻工作者践行“走转改”,即“走基层”“转作风”“改文风”。到基层去、到实践中去,成为这个时代对于新闻人的基本要求。梳理一下这些年来为我们党的事业作出巨大贡献的优秀新闻工作者,无一不是在基层、在新闻一线采访和战斗。与文学创作不同,新闻写作不是一个闭门创作的过程,而是要靠脚步去丈量新闻的力量。因此,掌握调查研究的意识和方法对于新闻工作者来说,是非常有必要的。

(四)坚持真实性原则,坚决反对虚假新闻和有偿新闻

无论是虚假新闻还是有偿新闻,甚至“标题党”新闻,所涉及的都是新闻伦理问题。虚假新闻包括故意造假和无意失实两种情况,无论是哪种情况,都是我们所必须反对和坚决克服的。坚持新闻的真实性原则是新闻工作者需要始终牢记的,是党的新闻事业对新闻工作者的基本要求。有偿新闻同样是违反新闻伦理的一种新闻形式,严重者甚至违反国家法律法规。新闻一旦有偿,就意味着新闻工作者在新闻报道中带有了倾向性,从而失去了应有的客观公正立场。因此,报道出来的“新闻”与事实之间就可能存在偏差,进而误导广大人民群众。

(五)坚持全党办报、群众办报方针,坚持走群众路线

新闻工作要反映群众的生活,反映人民的利益与呼声。要善于用人民

群众喜闻乐见的形式去做新闻，做人民群众能看得懂、读得懂、愿意看、愿意读的新闻。即便是新闻形式中较为抽象的新闻评论，也不应该是从概念到概念的推导，而是可以娓娓道来，以增加作品的可读性和易读性。

(六)坚持艰苦奋斗、不断进取的创业精神和战斗作风

从事新闻工作是一件很辛苦的事情，包括精神与肉体两个方面。新闻的时效性要求新闻工作者倚马可待，临时加班、通宵达旦、废寝忘食等皆为常态。不仅有时效性的要求，记者的工作压力还来自于所要肩负的责任，包括要坚持正确的政治导向和舆论导向，传播社会正能量，做新闻宣传的第一把关人，等等。

(七)坚持开展业务学习和训练，不断提高业务水平和工作质量，树立良好文风

没有基本的业务训练和基本的业务保障，很难胜任新闻宣传的工作岗位，更无法做到在这个行业中出类拔萃，本职工作也将难以完成。因此，优秀的新闻工作者都把学习看得很重，既包括专业技能方面的不断提升，也包括理论政策的不断学习。特别是在向新媒体转型的过程中，对于新技术、新形态、新思维的学习与锻炼，是当代新闻工作者不落后于时代的前提条件和重要保障。

(八)坚持开展职业理想、职业精神和职业道德教育，加强新闻队伍的思想和道德建设

经典传播学认为，传播对社会具有教育功能。在中国，新闻宣传本身同样承担着社会教化职责。因此，新闻工作者首先要具备高尚的道德情操和坚定的社会主义理想信念。经常性开展职业理想、职业精神和职业道德教育，是加强新闻队伍思想道德建设的重要手段。这方面的常态化教育，已经成为我国新闻队伍建设的重要一环。

二、两大全国性人才奖项

(一)范长江新闻奖

1991 年设立，每三年评选一次，每届十名。范长江新闻奖由中华全国新

闻工作者协会和“范长江新闻奖”基金会联合举办，鼓励我国中青年新闻记者向范长江学习。范长江新闻奖目前是中国最高的新闻奖项，奖励对象以记者为主。

范长江(1909～1970)，男，四川内江人，原名希天，是中国杰出的新闻记者、社会活动家。写过很多有影响力的作品，为党的新闻事业作出过巨大贡献。代表作品有《陕北之行》《中国的西北角》等。

(二)邹韬奋新闻奖

1993年设立，每两年评奖一次，是中国新闻编辑领域的最高奖项。

1922年，邹韬奋在黄炎培等创办的中华职业教育社任编辑部主任，开始从事教育和编辑工作。1926年，接任《生活周刊》主编，以犀利之笔，力主正义舆论，抨击黑暗势力。1931年“九·一八”事变后，邹韬奋在上海全身心投入抗日救亡运动。1935年12月，他与沈钧儒、厉麟似等人组织成立了上海文化界救国会。1936年11月，国民党为了扑灭国内的抗日烈火，逮捕了正在领导抗日救亡运动的救国会领导人沈钧儒、邹韬奋等七人，酿成“七君子事件”，遭到全国人民包括宋庆龄、何香凝等社会名流的强烈反对。邹韬奋出狱后，辗转重庆、汉口、香港，继续开展爱国救亡工作。

邹韬奋(1895～1944)，原名恩润，曾用名李晋卿，近代中国著名记者和出版家。代表作品有《全民抗战》《萍踪寄语》等。

三、其他奖项

(一)人物类

全国优秀新闻工作者：奖励的是新闻人的职业精神与敬业精神。大众日报报业集团曾经出现过两位该奖项的杰出代表，分别是《大众日报》的陈中华和《齐鲁晚报》的张刚。这两个人有共同特点：第一，有百姓情怀，不是只把眼光盯着企业家与明星，而是把普通群众和小人物当作新闻主角，因此他们得到了老百姓的口碑和业界的认可；第二，都在扎实做新闻，为老百姓做实事；第三，都写作出了优秀的新闻作品。

(二)作品类

中国新闻奖：中国新闻奖的前身是全国好新闻作品奖，每年评选一届，类别众多。近年来,随着社会形势的发展,该奖项又增加了网络新闻奖和融合新闻奖。

(三)地方奖项

各地区范围内也有一些新闻奖项,如山东省的新闻奖就有泰山新闻奖、山东省十佳新闻工作者、山东省新闻奖等。

第二节 卓越新闻人才培养

一、"四向四做"的人才目标

2016 年 11 月 7 日,习近平总书记会见了中国记协理事会代表及中国新闻奖、长江韬奋奖获奖者代表并发表重要讲话(以下简称"11・7"讲话),对新闻工作者提出四点希望:坚持正确政治方向,做政治坚定的新闻工作者;坚持正确舆论导向,做引领时代的新闻工作者;坚持正确新闻取向,做业务精湛的新闻工作者;坚持正确工作取向,做作风优良的新闻工作者。[①] 此次讲话是一个理论体系完整、思想内容深刻、观点表述新颖的重要讲话,其中的核心便是"四向四做"。

(一)深刻领会"四向四做",培养卓越新闻人才

1.坚持"政治家办报",培养政治坚定的新闻人才

"政治家办报"是毛泽东关于报刊新闻工作的重要思想。对"政治家办报"提出新的时代要求,是习近平同志在党的新闻舆论工作座谈会讲话(以下简称"2・19"讲话)中的一个重要内容。在"11・7"讲话中,习近平同志再次将坚持马克思主义新闻观放在首位,将政治坚定作为衡量新闻工作者的第一标准。马克思主义新闻观的树立非一日之功,在风云变幻的国际形势和纷繁复杂的国内舆论环境中,只有将马克思主义新闻观作为坚定的信仰,才能确保政治立场的正确。与之相适应的是,要努力将马克思主义新闻观教育融入新闻人才培养的全过程。

---

① 参见《习近平在会见中国记协第九届理事会全体代表和中国新闻奖、长江韬奋奖获奖者代表时强调 做党和人民信赖的新闻工作者》,《人民日报》2016 年 11 月 8 日。

2.坚持正确舆论观,培养引领时代的新闻人才

舆论导向问题历来都受到党和国家领导人的重视。习近平同志在"2·19"讲话中将舆论导向作为核心观点加以阐述,提出要牢牢坚持正确舆论导向。他还特别强调了都市类报刊、新媒体、非新闻类节目都要讲导向。在"11·7"讲话中,舆论导向的内涵则被明确阐释为以正面宣传为主,引领全国为实现中华民族伟大复兴中国梦而奋斗。引领时代潮流,服务国家大局和社会发展需求,成为衡量新闻人才的又一重要标准。

3.创新观念和方法,培养业务精湛的全媒型、专家型人才

创新观念和方法,是对新形势下媒体融合发展的新要求。2013 年 8 月 19 日,习近平同志在全国宣传思想工作会议上发表重要讲话(以下简称"8·19"讲话),其中强调,要抓好理念创新,以创新思维打开工作新局面,并把重心放在基层。理念、手段、基层工作"三个创新"是遵循新闻传播规律的三条基本路径。"2·19"讲话把人才培养提到一个新的高度上加以强调,将其作为媒体的核心竞争力,全媒型、专家型人才首次被明确为新闻人才业务能力的新标准。"11·7"讲话则凸显创新意识的重要性,鼓励新闻工作者勇于突破自我,为新闻工作者的全面成长和成才指明了方向。

4.坚持"以人民为中心",培养具有人民情怀的新闻人才

从人民利益出发,以人为本一直是习近平总书记治国理政的核心观点。在"2·19"讲话中,他明确要求新闻工作者要转作风、改文风,深入基层一线,深入了解民情。把"党和人民放心"作为衡量新闻工作者的标尺。在"11·7"讲话中,他再次强调人民性的问题,对新闻工作者提出了不辜负"党和人民信赖"的更高要求。

(二)以"四向四做"为指导,优化新闻人才培养体系

在"四向四做"中,坚持正确政治方向居于首位,其实质是坚持党性原则,坚持政治家办报,以确保坚定的政治立场。在党的新闻舆论工作中,马克思主义是政治家办报的检验标尺,新闻观是新闻舆论工作的灵魂,马克思主义新闻观应该成为统领舆论工作和新闻人才培养工作的指南。

1.以马克思主义新闻观教育为统揽,提升新闻宣传素养

在我国,马克思主义新闻观教育由来已久,最早可以追溯到 1918 年北京大学新闻学研究会和李大钊创办的马克思学说研究会。而在当代高等院校新闻传播教育中,清华大学率先开展马克思主义新闻观教育,复旦大学、

中国人民大学、四川大学等相继开展马克思主义新闻观课程教学实践。目前,国内高校设立的新闻传播类专业基本上均开设了马克思主义新闻观相关课程。

2.以新闻评论为抓手,树立正确的舆论观

在新闻专业的课程体系中,“新闻评论”课占有重要地位,它既是对新闻采写编基本功从事实呈现到观点表达的综合运用,又是在社会调查研究基础上对新闻事实的判断分析和观点提升。借助新闻评论课程教学使新闻学子站稳政治立场,树立正确的舆论观,是优化新闻人才培养体系的重要一环。

3.以“走转改”改革实践教学,锤炼良好的新闻作风

互联网时代,“人人都是自媒体”。不仅是用户,新闻工作者也要面对铺天盖地的海量信息。数字技术的普及使得信息的获取更为便捷,门户网站、微博、微信、QQ 等社交媒体上有无穷无尽的新闻线索。“走基层”“转作风”“改文风”在我国新闻界广泛开展已有多年,正逐步成为一项常态实践活动,其目的就是要帮助新闻工作者克服电话、微博、微信等便捷的信息获取手段带来的工作惰性,避免脱离群众、闭门造车、偏听偏信无根之语。应鼓励编辑、记者走群众路线,学习群众鲜活的话语形式,以群众喜闻乐见的语言吸引其注意力,以踏实求真的调查核实精神获取群众的信赖。

二、“两个融通”的培养模式

人才培养模式改革是一项具有全局性、长期性和根本性的系统工程,必须按照教育教学规律、人才培养和人才成长规律、经济社会发展规律的客观要求,统筹考虑、整体设计、分期进行、稳步推进。当前媒体环境下,新闻人才培养已不再是单纯的新闻行业后备力量的培养。

(一)专业教育与创新创业教育相融通

传统观念认为产学结合的培养模式是理工科专利,而随着新媒体的崛起,掌握与新媒体相关的知识与技能在创新创业中越来越显现出巨大的优势。以复旦大学上海新媒体实验中心为例,该中心致力于打造教学、科研、创新、公共服务“四朵云”。通过云共享的方式,让师生可以随时随地通过多种终端设备接入新媒体实验中心,实现全媒体内容生产、数据汇聚、教学应用、受众实验、研究分析、技术研发、成果展示与服务社会 8 大功能,将真实先进的全媒体生产平台与科研、教学以及公共服务相结合。

南京大学新闻传播学院成立的紫金传媒研究院以“聚焦媒体实务”为特色，目的在于搭建一个新闻传播学界与业界密切交流、互利共赢的平台。研究院一方面为南京大学新闻传播学院师生开展教学、科研、实习提供服务，另一方面也为传媒界人士参与学院的教学、科研、培训提供便利。

(二)专业教育和能力培养相融通

进入21世纪后，随着我国新闻事业的快速发展，高校新闻教育也进入快车道，但教育取向单一、培养模式僵化、理论范式陈旧等问题仍然突出。

一方面，我国的新闻教育与新闻实践相脱离，容易造成学生专业知识扎实、动手能力薄弱的境况，对学生就业产生较大影响。另一方面，我国的新闻教育与融媒时代相脱离。传统教育模式局限于课堂，难以与最新的业界动态接轨，培养出来的新闻专业学生远离真实的新闻传播语境，在理论基础和实践能力等方面很难达到当代传媒行业的要求，新闻专业人才输出与行业需求之间的脱节现象越来越严重。

新闻理论从实践中来，自然要回到实践中去，课堂上传授的理论知识和实践方法需要在现实的传媒环境中加以巩固和提高。高校应充分利用自身条件，积极构建校内传统媒体与网络媒体联动的全媒体实践平台，为新闻专业学生提供更多的校内媒体实践机会。

校外实践平台能够提供比校内实践平台更加系统的实践能力训练，也是对学生进行新闻专业实践训练的重要途径。高校应在理顺专业教学与专业实训之间关系的前提下，加大资金投入，加强校企合作，发展一批类型多、质量高的实习单位，打造能够帮助学生强化理论基础、提高实践能力的专业实践渠道。

第三节　部校共建：从试点到模式

一、一种机制设计

随着新技术的不断发展、新媒体的不断兴起，如何培养一批立场坚定、素质过硬、适应新闻事业发展的新一代媒体人才，成为学界、业界等各方关注的重点。

2001年，上海市委宣传部与复旦大学签署了共建协议，在其新闻学院设立院务委员会，由上海市委常委、宣传部长兼任主任，相关负责人以及业界人士担任委员，负责制定学院发展规划等重大事宜。双方在教师挂职锻炼、记者编辑授课、学生实习就业等方面进行合作，实现分类教育与能力培养的融合。

2013年底，中宣部、教育部联合发出《关于地方党委宣传部门与高等学校共建新闻学院的意见》，推动包括北京市委宣传部与中国人民大学、江苏省委宣传部与南京大学、山东省委宣传部与山东大学等在内的10个省市党委宣传部门与高等学校签署共建协议。

2014年4月，光明日报社与中国政法大学合作共建"光明新闻传播学院"，迈出了中央媒体与高校共建新闻学院的第一步。此后，新华社与北京大学、人民日报社与清华大学也正式签署共建协议。

从共建新闻学院的经验来看，地方党委宣传部充分发挥政治、组织优势，媒体从业人员发挥敬业、实践优势，高等院校借助悠久的历史、深厚的科研积累和学术背景，强强联合，相互借力，共同打造新闻人才培养的核心竞争力。

在组织机制上，地方宣传部发挥积极作用，在政策导向、师资力量、基础设施等方面支持新闻学院建设，形成了一系列可行可用、行之有效的做法。在经费支持上，江苏省委宣传部进行专题研究，投入首期启动资金500万元。山东省委宣传部筹集资金给予学院建设，同时充分调动山东省新闻媒体的助教办学积极性，为学院的教学改革提供必要的资金和设备，首期投入启动资金500万元。此后，每年度按照学院建设实际需求给予后续经费支持，每年度支持经费不低于200万元。

在合作模式上，共建项目将精品课程共建、导师团队共建作为重要"突破口"。实施编辑记者与教师双向交流挂职，让媒体骨干融入课堂，将新鲜内容和实践经验悉心传授给学生。让教师走进新闻"前线"，在"实战"中获得教学和科研的灵感，共同打造教学、科研和实践的"生力军"。复旦大学首批聘任的15名专业硕士校外导师，搭建起新闻传播专业硕士培养的"双导师制"。

共建基础设施和实践基地，是让理论教学和实践能力"更上一层楼"的重要抓手。上海市委宣传部在复旦大学投资建设了2.6万平方米的培训中心，并支持舆情调查中心的建设；江苏省委宣传部则计划在南京大学仙林校区兴建办公楼和综合楼，将南京大学鼓楼校区现有设施改造为新媒体实验楼，并建设1万平方米的办公楼。

二、成果源于探索

"部校共建"构筑出党委部门、高等学校、主流媒体"三结合"的新闻人才培养大平台，是当下中国新闻教育界一股持续升温的新热潮。马克思主义新闻观教育是“部校共建”的核心环节，二者相辅相成。

自 2001 年上海市委宣传部与复旦大学签署了共建协议以来，全国各高校紧抓“部校共建”的互利共赢时机，努力培养造就高素质新闻后备人才。其中，复旦大学、北京大学、山东大学、重庆大学等高校成效显著，新疆大学和宁夏大学等少数民族地区高校也发展出地方性部校共建的特色型办学模式。

传统意义上作为人文科学的新闻学高等教育方式已经不复存在，现实意义上作为社会科学与工程科学交叉融合的新闻传播学高等教育方式正在蓬勃兴起。在注重开展思想理念上新闻观教学活动的同时，还要注重业务技能上专业拔尖人才的体系化，即“更加注重学科交叉融合、更加注重职业道德培养、更加注重现代技术运用的原则”，增强课程设置的科学性、时代性、针对性。具体来说，课程设计分为三个方面。

一是学科基础课程方面。保证中国语言文学、新闻传播学的基本地位，如现代汉语、中国历代文学作品选、新闻学与传播学理论、新闻传播史论等课程。

二是专业必修课方面。亟待在新闻业务课程群已经升华出的新闻技术课程群基础上继续研发核心课程，即在新闻采访、写作、编辑、评论、影像等业务课程群升华出的依托于实验平台而开展的文稿、版面编辑、音视频制作等技术课程群的基础上，需要更加注重新闻传播学、法学和管理学等社会科学，以及网络学和计算机科学等工程科学的交叉集合。进一步研发基于实验平台的“新-新闻传播学”课程，如新媒体技术与应用、数据新闻制作、网络新闻编辑、网络媒体运营与管理、移动客户端研究等。

三是专业选修课方面。在整合各选修模块基础上，提升媒体创业教育水准，推出文化传播人才，促进产学研媒深度协作，让新闻传播高等教育在培养职业工作者的同时，也增强社会公众的媒介素养。

三、经验总结与常态化

（一）复旦大学

复旦大学新闻学院“部校共建”项目主要集中于复旦大学上海新媒体实验中心、马克思主义新闻观教育、提高国际传播能力三个项目上。

1.推进新媒体实验中心建设，培养全媒型融合人才

复旦大学上海新媒体实验中心是上海市委宣传部给予资金支持的重要

建设项目，是复旦大学和市委宣传部共建新闻学院的重要建设标志。2015年，复旦大学新闻学院正式启动复旦大学上海新媒体实验中心的建设。在上海市委宣传部领导和学校领导的政策支持和积极推动下，复旦大学新闻学院依托新媒体实验中心平台，开展了一系列新媒体教育、新媒体案例库建设、新媒体人才招纳等方面的探索。

同时，在新媒体中心建设过程中，学院还借助“部校共建”的优势，不断整合政府、业界、学界的各方面资源。目前，新媒体中心已与阿里体育、网易、新浪、彭博和智慧树网等平台开展了不同形式的合作。

2.注重马克思主义新闻观教育，结合实践讲创新

以马克思主义新闻观统领新闻舆论工作和新闻舆论人才的培养，立足全局加强马克思主义新闻观教育，这是“部校共建”工作的题中要义。复旦大学新闻学院在马克思主义新闻思想教学方面历史悠久，并成功地探索出一套马克思主义新闻观教育模式。

为了方便传媒业界的学习培训和大专院校以上的青年学生的学习需要，2016年，复旦大学新闻学院专门出版了一部20万字的《马克思主义新闻观纲要》读本。该读本以马克思主义经典作家的著名论断为逻辑起点，讲述马克思主义新闻思想的基本观点，力求事理结合、观照当下、简明扼要、通俗易懂，便于学习者理解、掌握马克思主义新闻观的基本要义。

3.提升国际传播能力的建设，服务国家战略大局

“部校共建”以来，复旦大学新闻学院着力于与国际和港澳台地区的著名新闻传播院系建立各类交流合作关系，不断为学生搭建国际化人才培养平台。此外，复旦大学新闻学院通过举办学术研究夏令营，邀请了国际知名学界专家，开展国际学术对话，提升了国际传播能力。

学院的学术研究机构也积极发挥作用，服务于国际传播能力建设。由文化部批准成立的“复旦大学国家文化创新研究中心”从整体上把握国家文化创新研究，形成侧重于文化发展战略、文化产业规划、文化艺术传播、文化科技融合等方面的鲜明特点。

（二）南京大学

1.教学革新引领学生专业能力提升

学院以修订南京大学2017年新版教学计划为契机，率先将富有“部校共建”特色的“国情教育”系列课程纳入必修课教学体系，并开设了6门以

"实践中的马克思主义新闻观"为指导思想、由传媒精英任教的业务选修课程,从而积极打造融知识传授与价值引导于一体的"嵌入式课堂",系统全面地开展在校学生"思想教育和专业教育相结合"的培养工作。

2.科研队伍升级确保前进动力

科研建设是学院发展的主动力所在。部校共建的重点工程之一,就是加大师资队伍建设力度。近年来,学院面向全国乃至全球引进了一批学术领军人才、实务人才和后备人才,形成学术师资与实务师资(聘用行业精英,无需博士学位)并驾齐驱、相辅相成的合理师资梯队。多次派出青年教师赴海外访学、培训,以推进科研队伍的国际化进程,从而支撑新闻传播学院的长远发展。

3.教研结构全面革新

为更好地提升教育教学质量,自 2014 年下半年开始,学院将原有的系科体系进行调整,改建为新闻与新媒体系、应用传播系和广播电影电视系。通过双选的办法,重新配置各系的人员结构。与此同时,一系列教学内容和方式的变革同步展开:一是为本科一年级新生配备一对一导师,引导他们适应在校生活,思考人生规划;二是为有需要的教师配备助教,协助课堂教学与管理,极大地提升了教学效率效果;三是将课程体系改革日常化,对现有课程体系不断进行论证,邀请和鼓励教师为学生开设新课,淘汰陈旧课程内容;四是在常规的课程评估之外,增加对毕业班同学的课程效果追踪调查,以紧随业界和学生的切实需求。

思考题

1.新闻人才的基本要求是什么?

2.卓越新闻人才培养中的"四向四做"是指什么?

3.如何理解"部校共建"与新闻人才培养之间的关系?

第十三章　普遍原理与中国特色

——马克思主义新闻观“十大关系”之十

中国特色社会主义理论是马克思主义普遍原理与中国实践相结合的理论成果，是一个与时俱进的思想体系。马克思主义新闻观作为马克思主义普遍原理的重要组成部分，在中国也呈现出普遍原理与中国特色相结合的显著特点，并随着中国新闻实践的发展而发展。普遍原理是马克思主义新闻观的理论来源，马克思主义新闻观的全部观点都必须符合马克思主义；中国特色是马克思主义新闻观的现实依据，马克思主义新闻观的各种理论要与中国实际相结合，才能真正指导中国新闻实践。

第一节　马克思主义新闻观的永恒生命力

一、发展中的马克思主义新闻观

马克思主义新闻观，是一个充满了辩证唯物主义和历史唯物主义的新闻思想体系。它是一种世界观，是一种运用马克思主义的基本原理和基本原则来观察人类新闻活动的总的看法；它是一种方法论，运用辩证唯物主义和历史唯物主义的立场、观点和方法来指导新闻实践活动。与时俱进是它的理论品质，发展创新是它永葆生命活力的动力。马克思主义新闻观随着时代的进步与时俱进。从“喉舌论”“党性论”到“群众论”“导向论”，马克思主义新闻观一脉相承，与时俱进，其科学性、开放性、实践性和前瞻性，显示了在世界新闻学领域无可争辩的先进文化代表地位。

（一）马克思主义新闻观是一个与时俱进的思想体系

马克思主义新闻观一经诞生，就随着世界革命形势的发展不断更新，以便为不断涌现的工人运动指导正确的方向。只要审视世界历史就会知道，任何一种理论，如果壁垒森严，如果不是开放性的，如果不顺势创新，即便在当时具有存在的价值，但是随着时代进步，社会环境发生了巨大的变化，势必走向没落，甚至消亡。马克思主义发展观体现了马克思主义的开放性，马克思主义新闻观作为马克思主义的一部分，本身要求与时俱进，需要与时代精神相融合，这是马克思主义新闻观的基本特点。

（二）新闻传媒业的属性发生了重大变化，要求马克思主义新闻观与时俱进

我国社会已由计划经济转向社会主义市场经济，传媒业作为文化产业的一部分已经成为市场的主体。按照马克思主义基本原理，经济基础决定上层建筑，经济基础变化了，作为上层建筑的新闻观必须顺应时势而有所创新。

创新是一个民族之魂，是一个国家发展的动力。当今中国面临诸多的挑战，需要在新闻实践中不断丰富和发展马克思主义新闻观的时代内容。丰富和发展马克思主义新闻观，需要不断解放思想，实事求是，与时俱进，研究新情况，解决新问题，积累新经验。与时俱进更体现在创造性上，这是理论创新的灵魂，也是马克思主义新闻观与时俱进的关键。

（三）受众和社会舆论的地位及其需求的变化，要求与时俱进地发展马克思主义新闻观

受众与社会舆论地位及其需求的变化，正反映着我国传媒业由计划经济时代向市场经济时代的深刻变革。媒体一改过去由国家全额负担，转为面向市场求生存、谋发展。如何赢得读者、观众和听众，是传媒业面临时代转型所必须要解决的问题。

（四）马克思主义的自身发展，要求与时俱进发展马克思主义新闻观

在马克思、恩格斯及其继承发展者的所有观点中，凡是具有当今时代意义的内容，我们应当责无旁贷地予以继承。但有些明显带有着过去时代印

记和个人思想色彩的观点，需要在新的历史条件下，充分运用马克思主义哲学的认识方法，加以甄别和完善，这就是要建设有中国特色的马克思主义。与时俱进，是马克思主义新闻观主要理论品格。马克思主义的一个基本观点是，任何事物都处于不断发展变化的过程中，需要在否定之否定中继承和发扬合理因素，扬弃不合理因素，适时添加新的合理因素。马克思主义新闻观的发展，同样需要在批判的继承中，顺应时代的变化而创新发展。

二、理论自信的重要视角

在中华民族进入崛起轨道和中国改革进入攻坚阶段之际，党中央适时提出坚定中国特色社会主义的理论自信。理论自信是民族存在的精神确证，是民族强盛的灵魂支撑，也是中华民族崛起的文化标识。马克思主义新闻观方面的理论自信是指基于马克思主义信仰，对马克思主义新闻观的理论和价值体系的自信与认同。坚持马克思主义新闻观的立场，应正视原生态马克思主义的信仰缺失与边缘化问题。

（一）原生态马克思主义信仰与大众信仰的脱节

马克思主义信仰亦可称之为共产主义信仰，这种信仰将解放全人类、实现共产主义作为终极目标。马克思主义信仰是要在现实的发展中实现每个人的自由而全面的发展，具有科学性与革命性、现实性与理想性、受动性与能动性、真理性与价值性、批判性与建设性、历史性与逻辑性相统一的本质特征。现实社会中，人们对于马克思主义信仰是具有朴素认识的，特别是绝大多数共产党员的共产主义理想信念是坚定的。但是，受到认知能力、经济利益、非马克思主义思想等方面的影响，社会中也有一批人对于马克思主义信仰持怀疑态度。“一些党员、干部忽视理论学习、学用脱节，理想信念动摇，对马克思主义信仰不坚定，对中国特色社会主义缺乏信心。”[①]这种状况的存在也有其现实性，这种脱节的存在是不可否认的。

（二）原生态马克思主义与人文关怀的脱节

认真研究当前马克思主义信仰中存在的问题可以发现，一些人马克思主义信仰失落的原因，是对马克思主义信仰本身出现了认识问题。如一些

① 《中共中央关于加强和改进新形势下党的建设若干重大问题的决定》，人民出版社 2009 年版，第 2 页。

人认为，社会现实中存在一些突出的矛盾问题且长期得不到解决、国际共产主义运动中发生一些曲折失误的基本原因，在于马克思主义主要是一种真理认识论体系，对人的生存价值和意义重视不够，只关心人类社会整体发展，不关心个人生存的价值和意义，对人类生存的价值和意义缺乏完整系统的理论，等等。总之，他们认为，马克思主义信仰只强调客观规律不重视人文关怀，没有或严重缺乏人文主义。这本身就是对马克思主义的一种误读。

（三）原生态马克思主义与社会实践的脱节

马克思主义基本原理是对人类社会普遍规律的认识。这些原理来源于人类社会的实践，同时可以用来指导社会实践。由于马克思主义基本原理是对人类社会普遍规律的高度概括，具有高度的概括性、总结性和抽象性，因此，马克思主义指导的是普遍意义上的人类社会实践，而不是某一种具体的社会实践。人类社会实践丰富多彩，不应该也不可能用一种理论进行全类别、全过程的指导。马克思主义的诞生源自于马克思、恩格斯在欧洲工人运动中的亲身实践和深入思考，他们总结出的一般原理可以指导人类社会的未来发展，其中也包括新闻宣传事业的未来发展。因此，简单地说马克思主义与社会实践相脱节，是将马克思主义简单化的表现，也是将社会实践具象化的表现。但是对于二者脱节的认识，社会上的确存在。

增强理论自信，必须破除此三大“脱节”障碍，完成马克思主义新闻观的活化和回归，形成对马克思主义理论，特别是马克思主义新闻观的全面、系统、正确的认识。

第二节　马克思主义新闻观的中国贡献

一、马克思主义新闻观中的“中国话语”

20 世纪 80 年代末 90 年代初，中国特色社会主义新闻学的提出与构建，是在社会发展与学科发展的辩证关系中被提上议程的。马克思主义新闻观中的“中国话语”体系包括以下内容。

（一）坚守“一个核心”

马克思主义新闻观是构建中国特色社会主义新闻学话语体系的核心，

是中国特色社会主义新闻学之“魂”。在构建中国特色社会主义新闻学话语体系中，马克思主义新闻观不能缺席，否则就不符合中国国情，更无法指导新闻工作的开展。

这首先是由中国特色社会主义新闻事业的性质决定的。我国新闻事业是中国共产党领导下的社会主义新闻事业，是党和政府的“耳目喉舌”，并非单纯的企业机构。在这一点上，必须认识到新闻事业的属性中西有别。把马克思主义新闻观作为核心，就是要使新闻事业能够不被个人、财阀所控制，从而为党、政府和人民的利益服务。

社会主义新闻事业的基本属性，要求必须坚持“党管媒体”的原则，坚持党性原则，这也是马克思主义新闻观的核心所在。中国共产党是中国特色社会主义事业的领导者，作为中国特色社会主义事业的一部分，社会主义新闻事业自然要在党的领导之下，“党管媒体”是保证社会主义新闻事业发展方向的必然。从这个角度看，马克思主义新闻观自然是中国特色社会主义新闻学的核心。

如何坚持马克思主义新闻观，并使之贯穿于新闻工作的始终？这就要求把马克思主义新闻观纳入新闻学教育之中，要在马克思主义新闻观指导下，完善新闻院校的新闻教学体系和教材体系；对新闻工作者而言，要把坚持党性原则和坚持正确的政治方向作为基本前提。

（二）铸牢“两个基础”

政治导向与职业伦理是构建中国特色社会主义新闻学话语体系的两个基础。

马克思主义新闻观具有政治属性。马克思主义新闻观是中国特色社会主义新闻学的核心，而马克思主义新闻观的核心是党性原则。换言之，构建中国特色社会主义新闻学话语体系，党性原则占有重要位置。但需要注意的是，中国特色社会主义新闻学作为一门学科，其学科体系、学术体系和话语体系必须有理论内涵。党性原则是中国特色社会主义新闻学话语体系不可或缺的一部分，但这一话语体系却不能只有简单的政治要求。

马克思主义新闻观在政治属性之外，涵盖了世界范围内新闻工作者公认的基本原则和基本伦理。在马克思主义新闻观中，新闻事实、新闻真实、新闻客观公正、新闻自由、社会责任都是重要内容，而这些内容是马克思主义新闻观和西方新闻观都普遍认可的基本原则，是新闻工作必须遵守的基本伦理。对中国特色社会主义新闻学话语体系而言,需要对这些新闻理论的共识进行创新,要体现继承性、民族性,体现原创性、时代性,体现系统性、专业性。

政治导向和新闻工作的基本原则、基本伦理,共同构建起了中国特色社会主义新闻学,从而成为具有中国特色的社会主义新闻工作职业伦理。对任何一个行业而言,职业伦理都是保证行业公信力、推动行业发展的基本前提,社会主义新闻事业的发展同样如此。

(三)认清"三大关系"

构建中国特色社会主义新闻学话语体系,必须认清楚三大关系:新闻与政治的关系,马克思主义新闻观与西方新闻专业主义的关系,新闻自由与社会责任的关系。

首先是认清新闻与政治之间的关系。新闻与政治关系十分密切,这一点是有共识的。在如何处理新闻与政治的关系上,中西方新闻学有所不同。马克思主义新闻观认为,新闻与政治的关系是十分紧密的,新闻具有意识形态属性,因此明确提出党的新闻工作必须坚持党性原则。强调党性原则的新闻事业,正如列宁所言,不是"与无产阶级总的事业无关的个人事业",而是"整个无产阶级事业的一部分",是党的伟大事业中的"齿轮和螺丝钉"。在西方新闻事业发展史上,新闻与政治从来是形影不离的,只不过,自 19 世纪末政党报刊时期结束之后,新闻与政治的关系开始隐匿化。尽管标榜"第四权力"和"独立""自由",但西方媒体从来没有脱离其政治立场。

其次是认清马克思主义新闻观与西方新闻专业主义之间的关系。马克思主义新闻观既强调新闻工作的政治导向,又强调新闻工作的职业伦理,是一种具有中国特色的社会主义新闻工作伦理。而西方新闻专业的产生与发展,是新闻界与政治之间妥协的产物,其在新闻界与公众之间、新闻界与总统之间、新闻界与利益集团之间寻求生存空间,避免其政治立场受到质疑进而影响媒体的公信力。事实上,马克思主义新闻观与西方新闻专业主义在对新闻事实、新闻真实、新闻客观公正、新闻传播规律等的认识上是一致的;不同的是,西方新闻专业主义通过概念化手段把新闻与政治之间的关系隐藏了起来,而马克思主义新闻观则旗帜鲜明地把这组关系摆在了桌面上。

最后是认清新闻自由与社会责任之间的关系。新闻工作需要自由,新闻工作也需要承担社会责任,这是中西方新闻理论都认可的。但在两者之间的关系上，中西方新闻理论有一定区别：在中国特色社会主义新闻学的话语中，新闻事业是党和人民的事业，必须以社会责任为第一，新闻自由是建立在承担社会责任的基础上的；在西方新闻理论中，媒体首先是独立于政党和政府的，媒体和企业几乎没有区别，社会责任只有在其充分发展起来后才能提上议程。这里有个核心问题，西方新闻理论在形式上把媒体独立于政党和政府当作新闻自由的核心，至于其具体新闻业务是否受到政党、政府的干预，是否受到大财阀和广告主的控制，是否有本国利益至上的自我审查，均被有意地淡化处理了。如此看来，中国特色社会主义新闻学并未作虚伪掩饰，是更为全面阐释新闻自由、社会责任及其关系的。

二、马克思主义新闻观中的"中国故事"

习近平总书记指出，新闻观是新闻舆论工作的灵魂。马克思主义新闻观是新闻舆论工作的"定盘星"，是新闻舆论工作必须挺起的精神脊梁。旗帜鲜明的政治性、一以贯之的群众性、弥久日新的实践性、永不褪色的经典性构成了马克思主义新闻观鲜明的基本特性，新闻工作者应深刻把握马克思主义新闻观基本特性的内在特质，在意识形态多元化体系中，牢牢把握人民话语权，用马克思主义新闻观讲好中国故事，用社会主义核心价值观传递正能量。

（一）讲好"中国故事"须具备"国际视野"与"全球意识"

习近平总书记对当下党的新闻舆论工作提出具体要求，概括为非常核心的 48 个字——"高举旗帜、引领导向，围绕中心、服务大局，团结人民、鼓舞士气，成风化人、凝心聚力，澄清谬误、明辨是非，联接中外、沟通世界"。这 48 个字，是习近平总书记对当前新闻舆论工作社会职责与时代使命的精准总结，凝聚了党的新闻舆论工作的政治要求、中心工作、方式方法、目标宗旨与国际视野，系统又深刻地对新闻舆论工作提出定位与要求。在这 48 个字里面，"联接中外、沟通世界"是对新闻舆论工作的"国际视野"与"全球意识"的强调，在当下全球化传播环境下，尤其值得注意。

当代中国处于一个全新的传媒环境中，同时也面临一个越来越明显的现实，即全面深入发展的全球化及中外文化深度交流的历史境遇。中国与世界的关系日益密切，而世界也愈加关注中国。如何在新的历史条件下做好国际传播，是时代的新要求，更是传播者的新挑战。

正是出于对当前历史条件的深刻理解，习近平总书记在2013年8月19日召开的全国宣传思想工作会议上的重要讲话中就提出，要“讲好中国故事，传播好中国声音”，站在战略高度，提出新闻宣传工作更紧迫的任务和更创新性的方法。

“国际视野”与“全球意识”是全球化时代信息传播和舆论引导的必然要求，更是对习近平总书记“大宣传理念”的具体落实。① 在新闻宣传工作中培养和强化国际视野，意义重大。

(二)讲好“中国故事”须兼顾“时代主题”及“个体命运”

马克思主义是无产阶级和全人类解放的科学，是人的解放学，《共产党宣言》中也提到，“每个人的自由发展是一切人的自由发展的条件”。把无产阶级和全人类的解放最终落实到每个人的自由解放，这是马克思主义的核心之一。这一点，也恰恰是我们始终强调党报的党性与人民性相统一的理论基础。一方面，它源于党和人民在利益上的高度一致，人民的利益就是党的利益；另一方面，它源于党和人民在目标上的高度一致。习近平同志说：“人民对美好生活的向往，就是我们的奋斗目标。”党与人民群众奋斗目标的一致性，是我们党宝贵的政治优势和政治财富。在党性与人民性相统一的原则中，还同时强调党性寓于人民性之中，人民性以党性为引领方向。党的先进性，是党生存和发展的根本依据，是党得到广大人民群众信任和拥护的根本条件。所以在中国故事中，个体的奋斗离不开党在时代中的引领与推动。

按照这一要求，“中国故事”应该既是一个“个体的中国人的奋斗故事”，同样也是一个“中国共产党实现民族发展的奋斗故事”，以此实现激励当代人奋发向上的效果。在今天，讲好“中国故事”的目的，就是要激发个体的无限力量、引导无限的个体力量投身改革。同时，汇集个体力量成为“中国力量”，让“中国梦”成为个体的梦想、个体的梦想又是“中国梦”的组成，这是讲好“中国故事”与西方新闻中只强调个体奋斗的故事叙述间最本质的区别。

【案例】

2020年12月14日，南方周末有一篇独家报道——《无力“替父还债”55万，9岁孤女被限制消费》。一位9岁的未成年女孩被判替父还“债”55万

---

① 参见王敏芝：《强化国际视野　讲好中国故事》，《西安日报》2016年2月29日。

元。因无法还钱，她成为国内迄今为止年龄最小的“限制消费令”被执行人。报道发出后，引发社会关注。12月15日，在被限制消费20天后，河南郑州9岁孤女陈蔓（化名）收到了解除限制的执行决定书。12月16日凌晨，法院通过其官方微博发布道歉声明。声明称，已对案件进行复查，对未成年人发出限制消费令是错误的，已依法解除了限制消费令。从报道发出到解除限制消费，一共是2天时间，对其他人来说，这只是一篇新闻报道，但对女孩来说，可能是命运的改变。

前南方周末记者李海鹏在《在南方周末做特稿》中曾说：“我们始终希望用一个充满戏剧张力的小故事，指向这个国家的重大问题……我们在中国的现实中扎根甚深。”这是我们一如既往的坚持。

（三）讲好“中国故事”须融合优秀传统文化和社会主义核心价值观

马克思主义中国化的过程，也是马克思主义同中国优秀传统文化互诠互释的契合过程。马克思主义的强大力量就在于它与中国实际的结合，其中包括与中国历史和优秀传统文化的结合。

中国优秀传统文化是社会主义核心价值观的民族根基和重要源泉。习近平总书记强调：“不同民族、不同国家由于其自然条件和发展历程不同，产生和形成的核心价值观也各有特点。一个民族、一个国家的核心价值观必须同这个民族、这个国家的历史文化相契合。”[①]他强调要“四个讲清楚”：“讲清楚每个国家和民族的历史传统、文化积淀、基本国情不同，其发展道路必然有着自己的特色；讲清楚中华文化积淀着中华民族最深沉的精神追求，是中华民族生生不息、发展壮大的丰厚滋养；讲清楚中华优秀传统文化是中华民族的突出优势，是我们最深厚的文化软实力；讲清楚中国特色社会主义植根于中华文化沃土、反映中国人民意愿、适应中国和时代发展进步要求，有着深厚历史渊源和广泛现实基础。”[②]

因此与过往相比，“中国故事”应该既是中国优秀传统文化的传播载体，也是当下“社会主义核心价值观”的传播平台。在“中国故事”的这一平台上，应该让历史与现实实现共鸣。

---

① 《习近平在北京大学考察时强调　青年要自觉践行社会主义核心价值观　与祖国和人民同行努力创造精彩人生》，《人民日报》2014年5月5日。

② 《习近平在全国宣传思想工作会议上强调　胸怀大局把握大势着眼大事　努力把宣传思想工作做得更好》，《人民日报》2013年8月21日。

（四）讲好“中国故事”须呈现“多元声音”与“理性真实”

新闻具有双重属性：一是新闻传播属性，二是意识形态属性。前者是一般属性，后者是特殊属性。西方新闻观刻意强调新闻的一般属性，竭力掩盖新闻的意识形态属性。马克思主义新闻观则相反，从来不隐瞒自己的政治立场和倾向，强调新闻的党性。新闻是对事实的报道，事实本身并不是新闻，事实只有被媒体报道后才是新闻。新闻又是观念的产物，因为事实并没有价值特征，但新闻在报道事实时必然包含着对事实的评价，反映着价值观的差异。同样一件事，不同的媒体，报道可能很不相同。“用事实说话”是新闻最主要的特征，新闻把报道者的倾向寓于对事实的客观报道之中，表达的往往是一种“无形的意见”。

因此，只要新闻表达的是“理性真实”，就应该允许多种声音的存在、多种声音的表达。对于“讲好中国故事”来说，我们希望听到的不是各种“独奏”，而是目标明确、配合到位、共同发声的“交响乐”。

【案例】

2016 年 2 月 26 日，《人民日报》以“头版头条＋整版记者调查”的形式，深度报道了福建省三明市医疗体制改革。“三明医改”启动于 2012 年初，从治理药价入手，进而形成了涉及全面医疗体制内容的深度改革。改革从一开始就备受争议，肯定者与反对者彼此立场鲜明，争论不休。其间，中央领导也多次关注此项改革，进行实地考察，给予了积极的认可。然而，即便如此，福建省内对此依旧有不同声音，省外报道频频，省内报道寥寥。2016 年 1 月，《人民日报》记者三访三明，历时近一个月，全面厘清了“三明医改”的来龙去脉和各种争议焦点。《人民日报》总编辑李宝善批示：“记者对问题情况了解透彻，驾驭得当，叙述脉络清晰，行文严谨流畅。”

这篇报道之所以得到如此高的评价，与已往关于“三明医改”报道的最大不同，就是既详尽揭示了三明医改的背景、做法、效果，同时又没有回避各种争议，甚至通篇以各种争论、各种质疑为问题导向，逐一剖析、逐一回应、逐一解答。在《人民日报》头版头条这样最具有风向标意义的位置上，依然保留了肯定者与反对者的多元声音。

第三节　中国特色：马克思主义新闻观的发展命题

一、马克思主义新闻观的丰富与发展

马克思主义新闻观的形成是一个与时俱进，不断充实、完善和创新、发展的过程。在中国特色社会主义的背景下，马克思主义新闻观得到了不断丰富和发展。其内容包括以下几点。

（一）明确党的新闻舆论媒体的属性、定位、工作宗旨

习近平总书记强调，党的新闻舆论工作坚持党性原则，最根本的是坚持党对新闻舆论工作的领导。党和政府主办的媒体是党和政府的宣传阵地，必须姓党。党的新闻舆论媒体的所有工作，都要体现党的意志、反映党的主张，维护党中央权威、维护党的团结，做到爱党、护党、为党；都要增强看齐意识，在思想上、政治上、行动上同党中央保持高度一致。从坚持党性原则到媒体姓党，习近平总书记的重要论述明确了党的新闻舆论媒体的属性、定位、工作宗旨，确保了党的新闻舆论工作真正为党和人民事业服务，深化了马克思主义新闻观的党性原则。牢牢坚持党性原则，始终把新闻舆论工作同党和人民的事业、命运联系在一起，是无产阶级政党新闻舆论事业的鲜明特色，也是党的新闻舆论事业发展壮大、兴旺发达的根本保证。

（二）明确党性和人民性相统一

全心全意为人民服务，是中国共产党一切行动的根本出发点和落脚点。坚持为了人民、依靠人民，从群众中来、到群众中去，全心全意为人民服务，这是无产阶级政党新闻舆论事业的基本宗旨，也是党的新闻舆论事业健康发展的可靠保证。

习近平同志指出，党性和人民性从来都是一致的、统一的。从本质上说，坚持党性就是坚持人民性，坚持人民性就是坚持党性，党性寓于人民性之中，没有脱离人民性的党性，也没有脱离党性的人民性。他强调，党的新闻舆论工作，要坚持党性和人民性相统一，把党的理论和路线方针政策变成人民群众的自觉行动，及时把人民群众创造的经验和面临的实际情况反映出来，丰富人民精神世界，增强人民精神力量。习近平同志的重要论述，从

党的执政理念和新闻事业根本性质的角度，明确了马克思主义新闻观的人民性原则，将党性和人民性统一起来，在丰富和发展马克思主义新闻观的同时，也为正确认识党的新闻舆论工作的宗旨任务，以及党性和人民性的辩证关系确立了科学基点。

（三）明确新闻的真实性原则

真实是新闻的生命。马克思主义新闻观认为，新闻报道的真实性原则不仅仅体现在报道中，更反映在认识和看待世界的立场和观点上。习近平总书记把真实性作为新闻的生命，指出“要根据事实来描述事实，既准确报道个别事实，又从宏观上把握和反映事件或事物的全貌”[①]。这就要求我们既要在微观上追求细节的真实，更要从宏观上真实地把握和反映事物的全貌，发现事物之间的内在联系和发展趋势，认识事物的本质和规律。新闻报道应该真实、客观、公正，这是各国媒体公认的新闻工作准则。

马克思主义新闻观要求的真实是事实的真实、总体的真实、本质的真实，客观是通过事实本身的力量来说服人、引导人，公正是站在最广大人民根本利益的立场，而不是站在个人和小团体利益的立场。习近平总书记关于真实性原则的定义，从认识论和方法论的角度辨析了新闻真实的核心要义，进一步揭示了马克思主义新闻观的真实性原则。在丰富和发展马克思主义新闻观的同时，也为正确开展党的新闻舆论工作提供了基本遵循。

（四）强调传统媒体和新兴媒体融合发展

在新的形势下，读者在哪里、受众在哪里，宣传报道的触角就要伸向哪里、宣传思想工作的着力点和落脚点就要放在哪里。习近平总书记指出：“推动传统媒体和新兴媒体融合发展，要遵循新闻传播规律和新兴媒体发展规律，强化互联网思维，坚持传统媒体和新兴媒体优势互补、一体发展，坚持先进技术为支撑、内容建设为根本，推动传统媒体和新兴媒体在内容、渠道、平台、经营、管理等方面的深度融合。”[②]在党的新闻舆论工作座谈会上的讲话中，习近平总书记进一步指出，融合发展关键在融为一体、合而为一。随

---

① 《习近平在党的新闻舆论工作座谈会上强调　坚持正确方向创新方法手段　提高新闻舆论传播力引导力》，《人民日报》2016 年 2 月 20 日。

② 《习近平主持召开中央全面深化改革领导小组第四次会议强调　共同为改革想招一起为改革发力　群策群力把各项改革工作抓到位》，《人民日报》2014 年 8 月 19 日。

着形势发展，党的新闻舆论工作必须创新理念、内容、体裁、形式、方法、手段、业态、体制、机制，增强针对性和实效性。要适应分众化、差异化传播趋势，加快构建舆论引导新格局。要推动融合发展，主动借助新媒体传播优势。要抓住时机、把握节奏、讲究策略，从时度效着力，体现时度效要求。习近平总书记的这些重要论述，深刻揭示了互联网时代新闻信息传播的特征，准确把握了新时期新闻舆论工作的内在规律，是用辩证唯物主义和历史唯物主义看待和分析问题的成果，为党的新闻舆论工作进一步增强传播力、引导力、影响力、公信力，构建现代媒体传播格局指明了方向。

二、中国特色马克思主义新闻观的时代背景

马克思主义新闻观的中国化，大致经历了四个阶段，反映在中国共产党领导人的新闻思想上，反映了不同时代背景下中国特色马克思主义新闻观与时俱进的过程。

（一）萌芽期

1915 年，《青年杂志》（后改称《新青年》）在上海创刊，创办人是中国共产党早期的领导人陈独秀，这也被视为中国新文化运动兴起的标志。正当这场运动开展得如火如荼时，俄国十月革命爆发，它为处在动荡中的旧中国送来了马克思主义。于是，以李大钊为代表的一批先进的中国知识分子积极求索，开始把马克思主义作为拯救近代中国社会的思想武器，《新青年》随之成为了宣传马克思主义的思想阵地，这为马克思主义学说在中国本土的传播开辟了道路。

（二）探索期

中国共产党的早期创始者和领导人，虽然未明确报刊究竟应该具备何种性质，但已经开始重视利用报刊宣传传播自己的政治主张。这一时期是在马克思主义学说传入中国以后，中国无产阶级政党积极探索，将马克思主义的普遍真理融入具体国情，通过指导无产阶级新闻事业的实践来推动中国革命战争向前发展的过程。

一是中国首批无产阶级新闻事业诞生。1920 年 9 月，《新青年》杂志改组，自此该刊成为由中国共产党领导的社会主义刊物。此后，各地共产主义小组相继创办了《共产党》月刊及《劳动界》《劳动音》《劳动者》等工人报刊。

以马克思主义为指导的无产阶级新闻事业,为建党发挥了积极的宣传和组织作用。

二是党报系统的发展与壮大。1921年中国共产党成立后,中共中央及各级党委机关报、中国共产党领导的群众团体报刊相继创刊,用以不断发展党的新闻事业。国民大革命时期,中共中央机关报《向导》《新青年》《前锋》等相继出版,积极发挥了重要的舆论导向作用。土地革命战争时期,创办了红色中华通讯社(新华社的前身)与《红色中华》报,使得中国新闻事业第一次深入广大农村地区,马克思主义新闻思想与中国革命的结合,是对马克思主义理论的本土化探索。抗日民族统一战线建立后,中国共产党建立起一个抗日民主报刊系统,以党的机关报为核心,使党的新闻事业走上了成熟发展的道路。

三是《解放日报》改版与新闻界整风。1942年,延安《解放日报》改版,成为我国新闻界第一次新闻改革开始的标志。改革掀起了新闻界整风、反对"党八股"的浪潮。毛泽东先后作了《整顿党的作风》《反对党八股》等重要报告,《解放日报》上刊载了《中共中央宣传部为改造党报的通知》、《报纸是人民的教科书》(胡乔木)、《我们对于新闻学的基本观点》(陆定一)等诸多关于新闻工作的纲领性文件和理论文章,系统地论述党报的性质和任务、"全党办报"思想、党性原则、群众路线、工作方针、文风等基本问题,进一步丰富了马克思主义的党报理论基础。

四是新闻界反"客里空"运动。1946年,《晋绥日报》认识到土改宣传报道中的右倾错误,导致新闻失实,该报主动自我批评,一场中国新闻事业发展史上首次反对虚假报道、旨在维护新闻真实的反"客里空"运动就此在新闻界展开。这场运动是以马克思主义新闻观的基本原则纠正新闻工作者不良作风,克服了土改宣传中的右倾错误,提高了新闻工作者的政治素质。

(三)发展期

一是以《人民日报》改版为标志的第二次新闻改革。从1949年新中国成立到1956年,社会主义的新闻事业体制在中国基本确立起来,但是新闻报道中教条主义、党八股以及照搬照抄苏联公式化的宣传模式等现象严重,成为了新闻工作中的主要弊病。党报"内容枯燥,讨论缺少,语言生涩,形式呆板"。由此,1956年新闻界开展了以《人民日报》改版为标志的中国第二次新闻改革,这次改革的指导思想是反对教条主义,提倡"双百"方针。

二是“大跃进”与“文化大革命”中的虚假宣传与拨乱反正。“大跃进”运动中，各级媒体大规模宣传报道，全国各地竞相放“卫星”，严重背离新闻真实，虚假成风。“文化大革命”中，“文化大革命”成为宣传报道的唯一主题，新闻事业沦为政治斗争的工具。“文化大革命”结束后，新闻界全面开展拨乱反正，纠正“文化大革命”中形成的新闻宣传“假大空”的文风，批判“四人帮”对新闻宣传工作的破坏，肃清极“左”路线在新闻战线的影响。1978 年，《人民日报》等媒体开展了一场关于真理标准问题的讨论，批判“两个凡是”的错误观点。5 月 11 日，《光明日报》头版发表《实践是检验真理的唯一标准》，社会反响强烈，在全国范围掀起讨论高潮。

（四）繁荣期

一是关于新闻属性的大讨论。1978 年底，党的十一届三中全会召开，邓小平发表了《解放思想，实事求是，团结一致向前看》的讲话，我国社会主义新闻事业进入改革开放的新时期，第三次新闻改革也由此发端。

二是新时期马克思主义新闻观中国化的理论成果。新时期，在马克思主义经典作家新闻思想基础上，以邓小平、江泽民、胡锦涛、习近平为代表的中国领导人是马克思主义新闻观中国化的最新践行者、创新者和丰富者。一代代党和国家领导人在中国特色社会主义的进程中，将马克思主义新闻观推向了新的时代高度。

三、理论创新与实践突破

中国共产党的新闻思想在其产生和发展的历程中始终坚持马克思主义唯物辩证法的基本原理，始终坚持求真求善的基本原则，始终贯穿着为党和人民服务、党性和人民性相统一这条红线，与时俱进，不断地丰富和发展马克思主义新闻观，使马克思主义新闻观具有了党性、时代性、民族性和实践性，实现了马克思主义新闻观的中国化，形成了成熟的具有中国特色的马克思主义新闻观。

中国化的马克思主义新闻观的理论创新可概括为以下几个方面。

（一）新闻舆论工作是治国理政、定国安邦的大事

人的思想观念的形成与变化要受环境的影响。新闻舆论是影响人们认识世界以及形成世界观、人生观和价值观的重要因素，它为人们提供社会生

活中的各种信息并引导人们去感知、判断，使人们对这个社会产生不同的认知与情感，直接影响着人的行为选择与产生，对社会风气的形成、人心的向背起着重要的作用。因此，在人类发展历史的长河中，新闻舆论一直是影响社会发展的重要因素，也被古今中外的政治家、政党高度重视并加以运用。中国共产党人高度重视新闻舆论工作，认为新闻舆论工作是治国理政、定国安邦的大事，把新闻舆论工作视为革命和建设的"武器""喉舌"，把新闻媒体看成是革命与建设的阵地、思想中心。

【案例】

毛泽东同志指出，夺取革命的胜利，一靠枪杆子、二靠笔杆子。他对新闻舆论工作提出了明确的职责与使命，明确"为什么出版《政治周刊》？为了革命。为了中华民族得到解放，为了实现人民的统治，为了使人民得到经济上的幸福"[①]。《解放日报》的使命为"团结全国人民战胜日本帝国主义"。在战争年代，毛泽东同志极为重视军事新闻，并把军事新闻的功效发挥得淋漓尽致，使之成为发展自己、克敌制胜的无形力量。新中国成立后，毛泽东同志要求新闻舆论工作要发挥"唤起工农千百万、同心干"的宣传、鼓舞与凝聚人心的作用，认为"一张省报，对于全省工作，全体人民，有极大的组织、鼓舞、激励、批判、推动的作用"[②]。

（二）党性原则是新闻舆论工作的根本原则

新闻舆论工作的党性原则，就是党要管媒体，新闻舆论工作要服从党的领导、服务党的事业。坚持党性原则，首先是坚持党对新闻舆论工作的绝对领导。毛泽东同志认为实现党对媒体的领导，一是"把新闻记者、报纸工作人员和广播工作人员召集起来开个会，跟他们交换意见，告诉他们宣传方针"[③]；二是检查新闻工作；三是党委第一书记要亲自抓社论，把握党报宣传的基调。习近平同志在谈到新闻舆论工作的党性原则时指出："坚持党性，核心就是坚持正确政治方向，站稳政治立场，坚定宣传党的理论和路线方针政策，坚定宣传中央重大工作部署，坚定宣传中央关于形势的重大分析判

---

① 《毛泽东文集》第1卷，人民出版社1996年版，第21页。
② 《毛泽东书信选集》，人民出版社1983年版，第533页。
③ 《毛泽东新闻工作文选》，新华出版社1983年版，第214页。

断，坚决同党中央保持高度一致，坚决维护中央权威。”①

（三）正面宣传为主是新闻舆论工作的基本方针

正面宣传为主是我们党新闻工作长期坚持的基本方针。毛泽东同志要求报纸要正确地宣传党的方针政策，通过报纸加强党和群众的联系，凝聚力量、同心同德进行革命和建设。媒体宣传典型、树立榜样，为人民群众导向，为社会弘扬正气、抵制邪恶，对形成良好的社会风尚起到了积极作用。江泽民同志也明确提出，党的新闻宣传工作要坚持团结稳定鼓劲、正面宣传为主的基本方针。习近平同志进一步对如何做好正面宣传提出了要求：“做好正面宣传，要增强吸引力和感染力。”②

（四）良好的工作方法是搞好新闻舆论工作的基础

搞好新闻舆论工作，必须坚持正确的工作方法。时代在飞速发展，中国特色社会主义事业日新月异，人民的生活水平、文化水平不断提高，新闻舆论工作要满足人民群众日益增长的需求，必须创新工作方法。马克思主义新闻观具有与时俱进的理论品质，需要在实践中不断丰富和发展。时代的车轮总是滚滚向前，人们的物质文化水平在不断提高，世情、国情、党情、民情也在不断地变化，新闻舆论工作必须随之发生相应的变化，开拓创新，探索具有时代性、民族性的方法。

（五）优秀人才是搞好新闻舆论工作的关键

媒体竞争的关键是人才竞争，媒体优势的核心是人才优势。做好党的新闻舆论工作，关键在人。优秀的新闻工作者要具有好的脚力、眼力、脑力和笔力。脚力，就是深入一线获取第一手资料、信息的能力，是使新闻作品“沾泥土”的保证。眼力，就是观察、发现的能力，是新闻工作者的新闻意识，是使新闻“带露珠”“冒热气”的保证。脑力，就是思考力，是挖掘并使新闻作品有思想、有温度、有品质的保证。笔力，就是新闻采编的能力。新闻需要文学、需要文化，更需要文采。好的笔力是使新闻作品能够吸引人、感染人

---

① 《习近平在全国宣传思想工作会议上强调　胸怀大局把握大势着眼大事　努力把宣传思想工作做得更好》，《人民日报》2013 年 8 月 21 日。

② 《习近平在党的新闻舆论工作座谈会上强调　坚持正确方向创新方法手段　提高新闻舆论传播力引导力》，《人民日报》2016 年 2 月 20 日。

的保证。讲故事是新闻宣传的重要方式，新闻舆论工作者要提高讲故事的能力，增强国际话语权。

优秀新闻舆论工作者的培养需要办好新闻教育。一是要加强媒体从业人员的继续教育。在新闻舆论界大力开展马克思主义新闻观教育，使其入耳入脑，并作为党的新闻舆论工作的“定盘星”。二是要办好高校新闻院系。要加强和改进高校新闻教育，实现马克思主义新闻观进教材、进课堂、进头脑，用马克思主义新闻观武装师生的头脑，使新闻院系的学生成为具有牢固的马克思主义新闻观的优秀人才，成为中国特色新闻舆论事业的接班人。各级党委要高度重视新闻舆论工作人才队伍建设。新闻舆论工作人才的成长是受诸多因素影响的，其中社会环境是一个重要影响因素。

思考题

1.为什么说马克思主义新闻观是一个与时俱进的思想体系？

2.如何从马克思主义新闻观出发讲好中国故事？

3.如何做到马克思主义新闻观的理论创新与实践突破？

第十四章　推动马克思主义新闻观的发展

马克思主义新闻观是一个开放包容的体系。在新闻宣传领域，马克思主义新闻观始终居于指导地位。同时，当代中国丰富的新闻实践也为其发展提供了源源不断的动力。与时俱进始终是包括马克思主义新闻观在内的马克思主义理论体系的重要理论品格，用发展的眼光来看待马克思主义新闻观，用发展的眼光来解决马克思主义新闻观自身的发展问题，才能真正推动马克思主义新闻观在当代中国的持续发展。

一、坚持马克思主义新闻观的开放性

（一）马克思主义新闻观来源的开放性

马克思主义新闻观和马克思主义理论体系一样，是一个开放性的体系。这种开放性不仅体现为开放性发展，更重要的是来源的开放性。

马克思主义理论有三大经典来源，分别是德国古典哲学、英国古典政治经济学和空想社会主义。在后来的发展过程中，马克思主义理论来源已逐渐超越了上述传统的理论成果，更主要的来源是人类社会的丰富实践活动。同样的，大量的新闻实践也为马克思主义新闻观的发展提供了源源不断的鲜活素材。马克思主义新闻观是整个马克思主义理论体系的一个重要组成部分，它的基本观点、理论体系与马克思主义理论中的哲学观、世界观、方法论，以及对于科学社会主义的理解和社会规律的判断等是融合在一起的。马克思主义新闻观的基本来源是马克思主义基本理论体系，它们之间一脉相承，环环相扣。因此，马克思主义新闻观从来不是从马克思主义理论体系当中的某一个理论形成的单一体系，而是与马克思主义哲学、政治经济学和科学社会主义有密不可分的关系，也可以说是上述三个理论融合后的重要成果。

（二）马克思主义新闻观理论成果的开放性

十月革命一声炮响给中国送来了马克思列宁主义之后，马克思主义中国化的过程就始终没有中断过。在整个中国化的过程中，马克思主义理论成果的开放性是一个典型代表。历代党和国家的领导人在马克思主义中国化的过程中提出许多丰富了马克思主义理论与马克思主义新闻观的内容。这种情况的出现，主要源于国际国内两个传播环境的问题。马克思、恩格斯时代的新闻宣传缺乏对国际传播环境的观照视角。但是，新形势下的新闻舆论工作必须统筹考虑国际国内两个传播环境。

新闻舆论是我们党非常重要的一条战线，马克思、恩格斯同样呼吁用报纸去唤起人们的武装革命斗争，这样的思想是一脉相承的。改革开放以来，我们党对于新闻工作的理解，对于新闻传播规律的认识和把握，越来深刻，越来越熟练。这在一定程度上也体现了马克思主义新闻观理论成果的开放性。

（三）马克思主义新闻观实践应用的开放性

从之前的对内传播到现在的国际传播，当代中国的新闻实践已经远远超越了马克思恩格斯时期。在这个过程中，传播领域更宽广，传播平台更多元，传播方式更丰富。在新时代，我们要推动媒体的集团化产业化的发展，不断壮大我们的媒体的实力，才能实现更符合时代要求的媒体传播。

既然马克思主义新闻观的来源、理论成果与实践应用都具有开放性，那么新时代马克思主义新闻理论创新的开放性就可以重点关注以下几个方面。

1.价值

媒体（人）的价值，要与党和人民的利益紧密联系在一起。但是，如何定位现代媒体自身的价值？如何将其与党和人民的利益联系在一起？这个问题较为突出。全媒体环境中，大量自媒体出现，民间技术公司与传统技术公司纷纷参与其中，使得许多商业媒体公司在价值观上容易出现问题。例如，算法计算造成新闻“焦虑”频频出现，“饭圈”“流量为王”现象过度泛滥，等等。若任由类似现象发展下去，媒体价值将逐渐被颠覆。因此，在媒体价值观、世界观上出现的种种问题需要引起足够的重视，亟待通过理论创新和实践创新加以修正。

2.文化

媒介文化可以分为两个层次。第一层次是媒介系统文化，即把媒介系统作为社会系统的一个子系统，社会中的全部媒介文化构成一个媒介系统文化，与之并行的是商业文化等其他文化。媒介系统文化研究的范围包括媒介在系统文化中的作用，以及它与社会文化或者大众文化的关系。关注点聚焦于考察媒介系统文化在全球化视野中的作用，以及媒介文化在这个系统文化中的作用及角色发生的变化。第二层次是媒介组织文化，即一个单独的媒体组织在系统文化之下如何建设一种组织文化，如媒体采写制度、员工管理制度等。因此，单独的媒体组织只能在媒介系统文化之下去提炼专属于自己的组织文化，而不能在商业系统文化等其他文化之下去提炼。无论何种组织文化都从属于相应的系统文化，不能独立于该系统文化之外。

3.伦理

当下，当我们用互联网思维来考量新闻伦理的时候，可以发现，传统媒体时代的新闻伦理在互联网时代遇到了很大挑战。例如，真实性问题。互联网化的机器学习的确为当下新闻传播带来了极大的便利，提高了人们获取信息的效率。但是，单纯的机器化“思考”与人的判断、取舍、把关等依然有明显不同，其中在人文化、伦理化方面的表现最为突出。这些都是在新时代、新媒体环境下遇到的新问题，需要马克思主义新闻观加以指导解决。

4.秩序

在传统媒体和新兴媒体交融的今天，我们需要重新建立媒介秩序。在这个过程中，谁拥有话语权，谁才能主导秩序的重建。在中国，新闻宣传的话语权必须牢牢掌握在党的手中，党管媒体、党媒姓党是必须坚守的原则。因此，中国的媒体秩序重建只能在党的领导下才能沿着正确的轨道进行，才能牢牢守住底线原则，才能符合广大人民群众的根本利益。只有不断进行马克思主义新闻观的理论实践与创新，才能避免媒介秩序重建中的片面主义与形式主义。

二、坚持马克思主义新闻观的指导性

（一）理论自信与马克思主义新闻观

理论自信的一个重要方面就是坚持马克思主义作为党的基本理论不动

摇。具体到新闻舆论工作中，就要坚持马克思主义新闻观在传媒实践中的理论指导地位。这种理论指导地位主要体现在两个方面：一方面是指导新闻舆论工作，就是用马克思主义新闻观来指导全部新闻事业工作实践，引导舆论走向，巩固思想基础；另一方面是指导媒体产业发展，就是用马克思主义新闻观来指导全部传媒产业工作实践，促进事业与产业的协调发展。

（二）发展的马克思主义新闻观与新闻实践

当代马克思主义新闻观是发展的新闻观，不是教条的历史的新闻观。它符合我们时代的发展需求，能够解决当下遇到的各种新闻舆论问题。它源于早期的马克思主义新闻思想，经历过也正在经历着媒介技术与媒介应用方面的淬炼。其核心思想和理论已经被无数实践证明是正确的，是可以用来指导无产阶级新闻实践发展的。尽管新闻实践丰富多彩、充满变化，但是发展的马克思主义新闻观的指导性地位仍然不可动摇，这是党的新闻舆论工作的根本。

（三）马克思主义新闻观与传媒产业

在当前的媒介环境下，做大做强主流舆论需要强大的主流媒体机构做支撑。习近平总书记强调："着力打造一批形态多样、手段先进、具有竞争力的新型主流媒体，建成几家拥有强大实力和传播力、公信力、影响力的新型媒体集团。"[①]我国的主流新型媒体集团具备马克思主义新闻观所概括总结的两种属性，即产业属性和意识形态属性。当两种属性阶段性发生冲突时，必须遵循意识形态属性优先的原则。这并不是说不重视媒体的产业属性，而是要用马克思主义新闻观来指导传媒产业发展，从思想上为传媒产业的发展把握好方向。

三、与时俱进地发展马克思主义新闻观

（一）与时俱进是马克思主义新闻观的本色

马克思主义理论本身就是一个开放、发展的理论体系，与时俱进是它重要的理论品格。在马克思主义中国化的过程中，作为党的基本理论，马克思

① 《习近平主持召开中央全面深化改革领导小组第四次会议强调　共同为改革想招一起为改革发力　群策群力把各项改革工作抓到位》，《人民日报》2014年8月19日。

主义始终与中国实践相结合，伴随着中国革命实践的发展而发展，因此才先后出现了毛泽东思想、邓小平理论、“三个代表”重要思想、科学发展观，直到现在的习近平新时代中国特色社会主义思想。马克思主义新闻观也是如此，也是随着中国丰富的新闻实践而不断发展、丰富和完善。与时俱进是马克思主义新闻观的重要特色。

（二）树立新闻工作的问题意识

党的新闻舆论工作时常面临一些新问题，这是社会发展的必然，也是时代发展的必然。对出现的新问题，要区分出哪些是需要当下立即解决的，哪些是需要持续解决的。这种梳理与分类，可以促使我们运用马克思主义理论去解决不断出现的新问题。新闻实践中问题的出现与解决，可以从另一个方面丰富充实马克思主义新闻观，使得马克思主义新闻观更加符合时代的前进方向。

（三）树立新闻工作的建设意识

在新闻工作中不仅要善于发现问题，还要善于解决问题。要树立顶层设计意识。未来的新闻工作无论是平台化、数据化还是智能化，都需要进行顶层设计。好的顶层设计需要有前瞻性、制度性和体系性。前瞻性是指当下的设计对未来相当长一段时间的包容性和适用性；制度性是指顶层设计一旦确立，便对设计范围内的人、事、物具有制度约束；体系性是指顶层设计是一个系统设计，需要通盘考虑、统筹运行。我们的新闻工作的很多方面需要在马克思主义新闻观的指导下，进行合理顶层设计，用以解决实践中出现的问题，最终起到对社会的建构作用。

马克思主义新闻观的时代主题包括三个方面：主流舆论、媒介生活、双重建构。其中，主流舆论应该成为我们这个时代的最强音；媒介生活主要是指人们的媒介生活方式和生活状态；双重建构则包括知识体系与技术体系两个方面的建构。那么主流舆论如何才能成为社会共识？如何把媒介作为一种生活方式和生活状态？如何在新媒体环境下实现知识体系与技术体系的双重建构？这些问题都需要借助于发展的马克思主义新闻观加以研究。

四、马克思主义新闻观的大众性

能用于指导实践，并且可以在实践中不断完善与发展的理论，才算是真正有价值的理论。马克思主义新闻观的大众性可以实现理论指导实践，并在实践中使马克思主义新闻观得到进一步完善与发展。实现马克思主义新闻观的大众性可以从以下几个方面人手。

(一)新闻传播生态变化

传统媒体时代，新闻机构与广大群众之间角色差异明显，新闻宣传中的传者与受者泾渭分明。作为受众的广大群众基本没有参与媒体传播的权利和渠道。所谓大众传播，更多是媒介对人而言，是一种单向度传播。马克思主义新闻观也只需要是官方媒体所坚守的新闻观，与大众几乎没有关系。新媒体环境下，传受之间的角色弥合在增加，身份差异在变小。特别是进入全媒体时代，人人都有麦克风，人人都是自媒体。此时的马克思主义新闻观就由过去的官方媒体准则向普通公众传播准则转变。新闻传播生态的变化，使得马克思主义新闻观真正成为了大众新闻观，大众性彻底显现出来。

(二)公民的责任

每个公民作为社会的个体单元，在享受社会发展带来的成果的同时，也应该积极参与到社会建设中去，这是一个公民的社会责任。马克思主义新闻观是构建和谐舆论社会的有效指导和基本原则。从公民的角度去理解马克思主义新闻观，自觉学习马克思主义新闻观，这也应该成为公民的责任。

(三)大众媒介素养

学会认识媒体、利用媒体、应对媒体，是这个时代每个人都应该具备的媒介素养。媒介素养不只是使用媒体的技术性问题，还有在这个过程中应该遵循的基本原则，马克思主义新闻观就是其中一项。一个全民具有较高媒介素养的社会，其和谐程度一定更高，各种正能量声音一定会遍布舆论场域。

(四)自媒体建设体验

自媒体也是媒体，应当纳入国家媒介体系范畴加以引导和管理，也应当承担相应的社会责任。在这个过程中，是否符合马克思主义新闻观的基本要求会成为衡量自媒体是否成功的重要标志之一，这也可以成为马克思主义新闻观大众化的一条重要路径。

思考题

1.马克思主义新闻观实践应用的开放性体现在哪几个方面?

2.如何理解马克思主义新闻观的大众性?